FISCHER / GIEST / PECH
# DER SACHUNTERRICHT
# UND SEINE DIDAKTIK

# PROBLEME UND PERSPEKTIVEN
# DES SACHUNTERRICHTS
BAND 23

# DER SACHUNTERRICHT UND SEINE DIDAKTIK
## Bestände prüfen und Perspektiven entwickeln

herausgegeben von
Hans-Joachim Fischer,
Hartmut Giest und Detlef Pech

VERLAG JULIUS KLINKHARDT
BAD HEILBRUNN 2013

Schriftenreihe der
Gesellschaft für Didaktik des Sachunterrichts e.V.

Die Gesellschaft für Didaktik des Sachunterrichts (GDSU) e.V. ist ein Zusammenschluss
von Lehrenden aus Hochschule, Lehrerfortbildung, Lehrerweiterbildung und Schule. Ihre
Aufgabe ist die Förderung der Didaktik des Sachunterrichts als wissenschaftlicher Disziplin
in Forschung und Lehre sowie die Vertretung der Belange des Schulfaches Sachunterricht.

Bibliografische Information der Deutschen Nationalbibliothek
Die Deutsche Nationalbibliothek verzeichnet diese Publikation
in der Deutschen Nationalbibliografie; detaillierte bibliografische Daten
sind im Internet abrufbar über http://dnb.d-nb.de.

Druck und Bindung: AZ Druck und Datentechnik, Kempten.
Printed in Germany 2013.
Gedruckt auf chlorfrei gebleichtem alterungsbeständigem Papier.

ISBN 978-3-7815-1904-6

# Inhaltsverzeichnis

**Forschung und Entwicklung zur naturwissenschaftlich-
technischen Perspektive**

**Forschung und Entwicklung zur gesellschaftlichen Perspektive**

7

*Hans-Joachim Fischer, Hartmut Giest und Detlef Pech*

# Editorial: Von der Notwendigkeit eines Dialogs über Denkstile und Forschungsformate in der Didaktik des Sachunterrichts

In der Reihe der GDSU-Jahresbände nimmt der vorliegende Band eine besondere Stellung ein. Obwohl die Jahresbände ausdrücklich nicht als Tagungsbände fungieren, stellen sie in der Regel doch thematisch einen engen Bezug zu den Jahrestagungen der Gesellschaft her. Die Tagung des Jahres 2012 fand 20 Jahre nach der Gründung der GDSU im Jahre 1992 statt. Deshalb diente sie einer Standortbestimmung. Die Rückbesinnung auf Herkünfte und Ursprünge macht bewusst, aus welchen äußeren Bedingungen und inneren Motivationen heraus die Gesellschaft gegründet wurde und was durch ihre Gründung erreicht werden sollte. Bedingungen ändern sich allerdings ebenso wie Begründungen und Zielsetzungen, die ja von Wertsetzungen getragen werden, für die immer wieder neu unter sich ändernden Verhältnissen ein Konsens gefunden werden muss. Daher fordert eine Rückbesinnung dazu heraus zu prüfen, was aktuell notwendig, gültig und sinnvoll ist, um die Didaktik des Sachunterricht als wissenschaftliche Disziplin, als Studienfach und als Unterrichtsfach der Grundschule zu behaupten und zu fördern. Identität, Verbundenheit mit den Anfängen, Kontinuität und Wandel werden dabei sichtbar. Die Reflexion auf das Vergangene gibt dem Blick auf die eigene Gegenwart ein Licht und ein Maß. Aber auch umgekehrt formuliert die Gegenwart ein zeitgebundenes Interesse, rahmt ein „Fenster" aus Bedeutung und Sinn, aus dem heraus wir perspektivisch zurückblicken. Das gilt auch für die, die in den Anfängen dabei waren. Das Interesse der Gegenwart bildet sich vor allem an den Aufgaben, die zukünftig zu bewältigen sind. Die rückblickende Standortbestimmung, die auf der Jubiläumstagung 2012 geleistet wurde und die in diesem Band dokumentiert ist, dient vor allem einer Klärung des Blicks nach vorn.

Walter Köhnlein, Roland Lauterbach und Helmut Schreier haben nicht nur entscheidend dazu beigetragen, die GDSU zu begründen, sie haben ihr auch ein Profil gegeben, welches, aus der Zeit geboren, immer noch zukunftsweisend ist. Walter Köhnlein steht markant und unmissverständlich für den Anspruch, die Didaktik des Sachunterrichts als wissenschaftliche Disziplin zu begründen. Diesem Ziel diente auch die Gründung der GDSU. Roland Lauterbach hat in der Gründungsphase und danach entscheidend dazu beigetragen, den Wissenschaftsanspruch durch Anbindung an das IPN und damit an renommierte Forschungskontexte zu unterstreichen und zu stabilisieren. Dass der Forschungsbezug unserer Disziplin heute so deutlich geworden und auf den Jahrestagungen präsent ist, ist ein Ergebnis dieser Weichenstellungen. Freilich erkennen wir heute mit wachsender Dringlichkeit, dass Forschung nicht um ihrer selbst willen, sondern um der Entwicklung von Theorie willen betrieben werden sollte. Auch dafür stehen die genannten Autoren. Der Theoriebezug wird allmählich lauter und vernehmlicher eingefordert – übrigens nicht nur in der Didaktik des Sachunterrichts, die freilich wegen der spezifischen Gefährdung, in heterogene Teil-Bildungsaufgaben auseinanderzufallen, besonders wachsam sein sollte. In allen Fachdidaktiken wird aktuell nach einer Phase der notwendigen Aufarbeitung eines empirischen Forschungsdefizits die Tendenz festgestellt, dass das Spezifische der jeweiligen Fachdidaktik, ihr eigener Theoriezusammenhang, den Forschungsformaten immer mehr zu entgleiten droht. Hier ist eine Neubesinnung nötig. Wir brauchen auch deshalb eine Theorie des Sachunterrichts, weil er in der Politik und in der schulischen wie auch universitären Praxis gefährdet ist, in seiner wichtigen und zentralen Bildungsaufgabe missachtet und missverstanden zu werden. Helmut Schreiers Name ist untrennbar mit der Entwicklung des Perspektivrahmens Sachunterricht verbunden, der entwickelt wurde, um genau dieser Gefahr zu begegnen. Die Erfolgsgeschichte des Perspektivrahmens hat ihm Recht gegeben. Gleichzeitig mit dem Jahresband erscheint deshalb eine aktualisierte Neufassung des Perspektivrahmens, dessen Präzisierungen deutlich auf die Entwicklung der Fachgesellschaft in den vergangenen zehn Jahren verweisen. Dieser Band dokumentiert in Beiträgen der genannten Autoren ein Forum „20 Jahre GDSU", das anlässlich der Jubiläumstagung am Gründungsort Berlin durchgeführt wurde.

Die weiteren Kapitel enthalten aktuelle Beiträge, die u.a. dem Diskurs zur Konzeption einer Didaktik des Sachunterrichts gewidmet sind. Unsere Disziplin lebt von der Vielfältigkeit der Perspektiven ebenso wie von einer Pluralität substantieller und qualitativ hochwertiger Forschungsformate und reflektierter wissenschaftstheoretischer Standorte. Die Herausgeber stimmen darin überein, dass der kritische Diskurs unserer Disziplin gut zu Gesicht steht und dass neben kontinuierlichen Anstrengungen in der Forschung und Theoriebildung sowie in der Entwicklung von praktischen Problemlösungen auch methodologische Auseinandersetzungen geführt werden müssen und dass verschiedene Denkstiele, ja Paradigmen in der Didaktik des Sachunterrichts nicht sprachlos nebeneinander bestehen, sondern aufeinander Bezug nehmen sollten. Auch die Herausgeber suchen, jeder in eigener Weise standpunktbezogen, diesen Dialog.

Die in diesem Band versammelten Beiträge werfen direkt oder indirekt Fragen auf, die im Rahmen eines solchen Diskurses bearbeitet werden könnten und sollten. Beispiele hierfür sind die dem Sachunterricht und seiner Didaktik zu Grunde liegende entwicklungstheoretische Grundauffassung bzw. die Forschungsmethodologie, die im Rahmen der Forschung zu untersuchenden stofflichen Inhalte und deren entwicklungstheoretische Fundierung sowie die Terminologie, welche im Zusammenhang mit dem Lernen und Lehren im Sachunterricht genutzt wird. Ferner ist die Frage nach einer dem Gegenstand Didaktik des Sachunterrichts angemessenen Forschungsmethodik stets neu zu stellen und zu beantworten.

Wenn davon ausgegangen wird, wie die meisten Autoren es tun, dass der Piagetsche Grundansatz der Annahme einer alterskorrelierten Entwicklung überholt ist, müsste dann nicht auch die in aktuellen Untersuchungen angewandte Forschungsmethodologie einer kritischen Revision unterzogen werden? Das aber würde bedeuten, die sich im Rahmen der kindlichen Tätigkeit gerade *herausbildenden* Entwicklungsprozesse und deren Resultate zu untersuchen und weniger den Fokus auf das bereits Vorliegende zu richten. Das würde ferner bedeuten, verstärkt im Unterricht selbst und vor allem hinsichtlich der darin ablaufenden *Lern-* und der damit in Wechselbeziehung stehenden *Lehrprozesse* zu forschen.

Eine weitere Frage, die im Mittelpunkt des Diskurses stehen sollte, wirft Walter Köhnlein auf, wenn er in seinem Beitrag vorschlägt, den Fokus auf das Kategoriale der Inhalte zu richten. Denn es kann nicht vordergründig darum gehen, danach zu fragen, was Kinder alles erlernen können, wofür Lernvoraussetzungen existieren, welche Präkonzepte für welchen potentiellen Lerngegenstand vorliegen, sondern darum, wie der Unterricht *Bildung* vermittelt und dazu beigetragen kann, dass Kinder in die Lage versetzt werden, sich auf der Basis erworbenen kategorialen Wissens in einem kumulativen Prozess selbst Wissen anzueigen. Dazu ist es erforderlich, das inhaltlich Wesentliche (inhaltlich Abstrakte, das Paradigmatische...) in den Inhalten und Gegenständen stärker in den Fokus zu nehmen. Die diesen zugrunde liegenden inneren Prinzipien und Zusammenhänge, welche deren Entwicklung bestimmt haben oder die zu paradigmatischen Veränderungen im Wissen bzw. der Weltsicht geführt haben, sollten ins Zentrum der Inhalte des

Sachunterrichts und der darauf bezogenen Unterrichtsforschung rücken. Das (auf Vygotskij zurückgehende) Konzept der *Zone der nächsten Entwicklung* ist inzwischen weitgehend anerkannt und theoretische Grundlage von Unterrichtsforschung. Allerdings wird es z.T. zu sehr verkürzt nur auf die Notwendigkeit einer sozio-kulturellen Stützung des Lernens bezogen. Aber nicht alles, was einem Lernenden im gemeinsamen Handeln mit einem kompetenteren Partner möglich ist, ist für das Kind auch sinnvoll, d.h. subjektiv bedeutsam erfahrbar (vgl. die kontroversen Diskussionen zu Möglichkeiten und Grenzen der Frühförderung kindlichen Lernens – siehe auch die Debatte um das Verschwenden der Kindheit[1]).

Eine dritte Fragerichtung, die die Beiträge aufwerfen, betrifft die genutzte Terminologie. In den Beiträgen werden beispielsweise die Begriffe Lernziele, Lerngegenstände und Lernhandlungen teilweise als der mehr oder weniger gezielten Didaktisierung zugänglich behandelt. Es stellt sich die Frage, ob die in allen Beiträgen dezidiert bezogene konstruktivistische Grundposition es nicht verlangt, konsequent zwischen Zielen, Gegenständen und Handlungen der Lehrkraft und denen der Lernenden zu unterscheiden. Denn ein unscharfer Blick auf Lernen und Lehren verhindert, dass die unterschiedlichen Perspektiven klar ins Auge gefasst und ihre Beziehungen bearbeitet werden können: Im Unterricht sollten Lernen und Lehren eine (dialektische) Einheit (Klingberg, Meyer) bilden, was aber gleichzeitig bedeutet, dass Lehrziele, Lehrgegenstände und Lehrhandlungen nicht identisch sind mit Lernzielen, Lerngegenständen und Lernhandlungen – diese können prinzipiell nicht didaktisiert werden. Die Subjektposition des Lernenden (Holzkamp) zu betonen, eine Sichtweise, die auch bei allen Beiträgen festzustellen ist, bedeutet aber gleichzeitig, die Unterschiede beider im Unterricht interagierenden Subjekte klar zu benennen.

Schließlich sollten wir mit Blick auf unsere Wissenschaftsdisziplin über die angewandten Forschungsmethoden, ihre Potenzen und Grenzen sowie Möglichkeiten der Entwicklung einer dem Gegenstand angemessenen Forschungsmethodik diskutieren. Empirische Unterrichtsforschung, erst recht empirische Bildungsforschung haben zum Verständnis von Wirkungen des Unterrichts, seinen Ergebnissen und Problemen wesentlich beigetragen. Aber sie sind nicht deckungsgleich mit der Didaktik. Daher ist empirische Unterrichtsforschung im Sachunterricht auch nicht deckungsgleich mit der Didaktik des Sachunterrichts. Sowohl die Forschungen zur Didaktik des Sachunterrichts müssen breiter angelegt sein als auch das Profil der Professuren für

---

[1] siehe etwa Berth, F. (2011): Die Verschwendung der Kindheit. Beltz.

Didaktik des Sachunterrichts. Weder empirisch-analytisch ausgerichtete, noch rein qualitativ ausgerichtete Forschungen genügen dem Anspruch unseres Gegenstandes. Weitgehend offen ist aber die Frage, wie beide Forschungsansätze in geeigneter, d.h. das Hervorbringen der erforderlichen wissenschaftlichen Erkenntnisse förderlichen, Weise, sichern, dass aus ihnen relevante Schlussfolgerungen für die unterrichtliche Praxisgestaltung (evtl. im Sinne der Entwicklungsforschung) abzuleiten wären. Sollte uns dies nicht gelingen, weitet sich der Spalt zwischen wissenschaftlicher und schulischer Praxis weiter aus (vgl. etwa Duit/ Treagust/ Widodo 2008).

Das zweite Kapitel ist dem Leitthema „Konzeptionen und Entwicklungen der Sachunterrichtsdidaktik" gewidmet. Es wird durch den Einführungsbeitrag von *Hans-Joachim Fischer* zu „20 Jahre GDSU – Rückblick und Ausblick" eingeleitet. *Arnd-Michael Nohl* argumentiert zum Zusammenhang von Sachen und Bildung und entwirft in seinem Beitrag Perspektiven einer Pädagogik der Dinge. *Kerstin Michalik* thematisiert Entwicklungen, Bilanz und Perspektiven des Philosophierens im Sachunterricht und *Detlef Pech* diskutiert unter Bezugnahme auf das Thema der letzten Jahrestagung der GDSU kontroverse Auffassungen zur sachunterrichtsdidaktischen Bedeutung von Konstruktion und Instruktion. *Bernd Wagner* argumentiert zum Sachunterricht und seiner Didaktik aus anthropologisch-pädagogischer Perspektive und *Jutta Wiesemann, Jochen Lange und Friederike Wille* werfen einen Blick auf Bilanz und Perspektiven der qualitativen Forschung zum Sachunterricht. Gegenstand der Argumentation im Beitrag von *Ute Stoltenberg, Sören Asmussen, Nadine Golly, Verena Holz, Thorsten Kosler, Susanne Offen und Bahadir Uzun* ist der Sachunterricht für das 21. Jahrhundert unter der Perspektive des Konzepts der Bildung für eine nachhaltige Entwicklung. *Markus Peschel und Stefanie Carell* nehmen zu Entwicklungen in der Medienpädagogik Stellung und fragen aus dieser Perspektive nach einer zukunftsfähigen Konzeption für den Sachunterricht.

Im dritten Kapitel zu „Forschung und Entwicklung zur naturwissenschaftlich-technischen Perspektive" wird vor allem über empirische Forschungsprojekte berichtet. *Veronika Schwelle, Katrin Lohrmann, Jana Groß-Ophoff und Andreas Hartinger* berichten über eine empirische Untersuchung zu Präkonzepten von Drittklässlern zum Hebelgesetz, *Christine Waldenmaier, Hilde Köster und Bernhard Müller* untersuchen in ihrem Beitrag Unterschiede bezüglich der Engagiertheit von Kindergruppen bei geöffneten und geschlossenen Experimentierangeboten im naturwissenschaftsbezogenen Sachunterricht, *Michael Haider, Marika Keck, Thomas Haider und Maria Fölling-Albers* berichten über eine Untersuchung zur Bedeutung von Analogiemodellen als didaktisches Mittel zur Unterstützung naturwissenschaftlicher Lernprozesse. *Swen Linke* berichtet über sein Promotionsprojekt zu aktuellen fachdidaktischen Grundlagen und Entwicklungsperspektiven im Erkenntniskomplex Technik im Sachunterricht. Es schließt sich ein Kapitel zu Forschung und Entwicklung zur gesellschaftlichen Perspektive an, in dem *Andrea Becher* und *Eva Gläser* zu Desiderata und aktuellen Ergebnissen empirischer Studien zum historischen Lernen argumentieren. *Dagmar Richter* gibt in ihrem Beitrag einen Ausblick auf den Forschungsstand zum sozialwissenschaftlichen Lernen im Sachunterricht, *Iris Baumgardt* argumentiert zur politische Bildung im Sachunterricht und *Daniela Schmeinck* richtet die Aufmerksamkeit der Leser auf Digitale Geomedien und Realtime Geographies und leitet Konsequenzen für den Sachunterricht ab. *Christina Klätte* thematisiert anhand der Problematik „Kinder und NS-Geschichte" empirisch begründete Impulse für das historisch-politische Lernen. Das abschließende Kapitel ist dem Thema „Professionalität und Lehrerbildung" gewidmet. *Sabine Herrmann, Jörg Nicht und Hilde Köster* berichten über ein Schulkooperationsprojekt an der FU Berlin, bei dem es u.a. darum geht, Praxiserfahrungen im Sachunterricht zu stärken, *Markus Kübler* informiert aus der Schweiz über Arbeiten an einem kompetenzorientierten Lehrplan im Sachunterricht, *Susanne Miller und Vera Brinkmann* thematisieren in ihrem Beitrag die Bedeutung von Schülerfragen für die Planung und Analyse subjektiv bedeutsamer Lernprozesse und *Ines Oldenburg* fragt, „Wie sieht heutiger Sachunterricht eigentlich aus?" und fordert dazu auf, Datenmaterial externer Evaluation zu nutzen, um einer Antwort auf die aufgeworfene Frage näher zu kommen.

## Literatur

Berth, F. (2011): Die Verschwendung der Kindheit. Beltz.
Duit, R.; Treagust, D.F.; Widodo, A. (2008): Teaching Science for Conceptual Change: Theory and Practice. In: Vosniadou, St. (Ed.): International Handbook of Research on Conceptual Change. New York, London, pp. 629-645.
Köhnlein, W. (in diesem Band): Hoffnungsvolle Anfänge und bleibende Aufgaben, S. 15-22.

*Hans-Joachim Fischer, Hartmut Giest und Detlef Pech*

# Forum 20 Jahre GDSU:
# Hoffnungsvolle Anfänge und bleibende Aufgaben

*Walter Köhnlein*
*(1. Vorsitzender der GDSU 1992-1997)*

*The article provides an insight into the origins of GDSU in order to review critical ideas, motives and impulses that lead to its foundation, and however, – and especially – it makes suggestions for further developments and perspectives.*

In meinem Rückblick auf die Anfänge der GDSU geht es nicht um Heraufbeschwörung der Vergangenheit als Vergangenheit, auch nicht um die Würdigung des nun vier Jahrzehnte zurückliegenden epochalen Umbruchs und des damit verbundenen Fortschritts, in dessen Folge ein moderner Sachunterricht erst möglich wurde. Vielmehr geht es darum, Ideen, Motive und Impulse, die zur Gründung unserer Fachgesellschaft führten, kritisch zu sichten, um Wichtiges wiederzufinden und erneut zu bedenken. Darüber hinaus aber – und das vor allem – Vorschläge für Weiterentwicklungen zu machen und Perspektiven aufzuzeigen. Die Entwicklung unserer Gesellschaft ist eng mit der des Faches als akademischer Disziplin verbunden, und auch umgekehrt: Die Didaktik und die Praxis haben entscheidende konzeptionelle und inhaltliche Anstöße durch die GDSU erhalten.

Im Zuge der hoffnungsvollen inhaltlichen Erneuerung der Grundschule, beginnend mit dem letzten Drittel des zwanzigsten Jahrhunderts, war klar geworden, dass sich eine Wissenschaft vom Sachunterricht nicht als Teildisziplin der Schulpädagogik oder der Grundschuldidaktik fassen lässt. Verwandtschaft ist nicht Identität. Denn zunächst steht Sachunterricht in der seit Ratke und Comenius währenden Tradition des Sachlernens und eines konstitutiven Sachbezuges, durch den sein Gegenstandsfeld bestimmt ist. Darüber hinaus hat er in der Zeit vor vierzig Jahren insbesondere durch das Prinzip der Wissenschaftsorientierung eine grundlegende Neuorientierung, d.h. eine Hinwendung zu neuen Inhalten und didaktischen Konzepten erfahren (vgl. Köhnlein 1984a, Köhnlein/ Schreier 2001). Immer wieder aber wird dieser für das Fach charakteristische Sachbezug dort aufgeweicht, verfremdet und sogar korrumpiert, wo das Lernfeld als „Sammelbecken" für diverse, curricular sonst schwer zu verortende Anliegen in Anspruch genommen wird.[1]

Eine *Fachdidaktik* entsteht, wenn das Lehren und Lernen eines (institutionell) bestimmten Inhaltsbereiches zum Gegenstand wissenschaftlicher Forschung und Entwicklung gemacht wird. Sie gewinnt disziplinäre Identität und hat den Status eines akademischen Faches erreicht, wenn sie eigene Kongresse abhalten kann (und muss) und ein eigenes Korpus an Publikationen aufbaut, aus dem nicht zuletzt seine praxisbezogene Relevanz für die Bildung junger Menschen auch für die Öffentlichkeit sichtbar wird. Das gelingt in der Regel nicht ohne die Zusammenarbeit in einer Fachgesellschaft und die Repräsentation der Disziplin durch diese. Am Anfang der neunziger Jahre waren wir so weit. Der erste Band unserer Reihe „Probleme und Perspektiven des Sachunterrichts" ist 1991 mit nachhaltiger Unterstützung und unter dem Dach des IPN erschienen.[2] Schon 1997 konnten wir – wiederum mit Hilfe des IPN – die Reihe der Forschungsbände begründen.

Von Anfang an hat sich gezeigt, dass das, was als Didaktik des Sachunterrichts zusammengehört, nämlich ihre schulpädagogischen, naturwissenschaftsbezogenen und gesellschaftswissenschaftlichen Ansätze und deren Protagonisten, nicht unter dem Dach einer der bestehenden erziehungswissenschaftlichen oder fachdidaktischen Gesellschaften zu vereinigen war. Deshalb war eine Neugründung geboten. Wir haben sie im März 1992 in Berlin an der Freien Universität vollzogen (vgl. Lauterbach u.a. 1992). Damit war ein institutionelles Forum für die gemeinsame Aufgabe geschaffen, näm-

---

[1]  Das gilt zunächst für die Vielzahl der wechselnden „Bindestrich-Erziehungen" und „-bildungen", für die keine zusätzlichen Lernzeit-Ressourcen geschaffen werden, aber auch wo z.B. in Qualifikationsarbeiten ein wenig kompetenter Rückgriff auf sachunterrichtliche Inhalte versucht wird. Kritisch zu bewerten sind einige Zugriffe aus den Fachdidaktiken, die mit den Bedingungen und Aufgaben des Sachunterrichts zu wenig vertraut sind und die Anfänge des fachbezogenen Lernens noch nicht zu ihren Forschungsaufgaben gemacht haben.

[2]  Schon seit 1984 fanden jährliche Arbeitstreffen statt, deren Themen und Inhalte in bei den betreffenden Hochschulen herausgegebenen Broschüren dokumentiert sind: vgl. Köhnlein (1984b), Spreckelsen (1985), Löffler/ Möhle (1986), Thiel [1987] (1989), Soostmeyer (1988), Schwedes (1989).
Die Jahresbände 1 (1991) und 2 (1992) der Reihe „Probleme und Perspektiven des Sachunterrichts", die noch vor der Gründung der GDSU erschienen sind, wurden getragen von einem „Arbeitskreis Sachunterricht in der GDCP" (Gesellschaft für Didaktik der Chemie und Physik) und vom IPN (Institut für die Pädagogik der Naturwissenschaften an der Universität Kiel) – vgl. GDSU-Info, Sonderheft, Juni 2002.

lich die Disziplin auszuformen und ihr eine akademische Gestalt zu geben, die dann ihrerseits Anspruch und Verpflichtung symbolisiert. Im Rückblick ist es mir ein Bedürfnis, allen Kolleginnen und Kollegen zu danken, die damals zum Gelingen beitrugen. Herzlichen Dank sage ich denen, die unsere Sache weitergeführt haben, den Vorsitzenden und Mitgliedern der Vorstände, den Herausgebern der Jahres- und Forschungsbände, den Direktoren des IPN für die Förderung unserer Buchreihen sowie den Initiatoren und Autoren des Perspektivrahmens und schließlich denen, die für uns die Jahrestagungen ausgerichtet haben.

In den vier Jahrzehnten ihrer Entwicklung hat die Didaktik des Sachunterrichts eine Substanz gewonnen, die es ermöglicht und rechtfertigt, als akademische Disziplin zu bestehen und Aufgaben über die Grundschule hinaus in Forschung und Lehre wahrzunehmen. Wissenschaft, die hier entwickelt und formuliert wird, eröffnet neue Felder und Möglichkeiten des Sachlernens. Das Gewinnen von Welt auf dem Weg der Wahrnehmung von Sachen ist nicht auf die Schule beschränkt. Die Ausweitung dieser Bildungsaufgabe auf die Vorschule (oder den Kindergarten) ist dringend geboten. Kindergärten müssen mit dem Auftrag und der Kompetenz für eine elementare Sacherkundung ausgestattet werden. Die Didaktik des Lernfeldes Sachunterricht hat auch im Rahmen unserer Gesellschaft begonnen, diese Aufgabe aufzunehmen, für Vorschulkinder relevantes Sachwissen zu identifizieren und für Lehr-Lernprozesse aufzuarbeiten.

Der Blick richtet sich nun auf die jüngeren Mitglieder unserer Fachgesellschaft, denen die Weiterführung aufgetragen ist. Aufgaben gibt es genug. Ich nenne einige Punkte von unmittelbarer Dringlichkeit und füge einen weiteren Vorschlag an:

1. Die Implementation des neuen Perspektivrahmens bei Ministerien, Lehrplankommissionen sowie bei den Lehrerinnen und Lehrern. Längerfristig wäre darauf zu achten, dass die Wurzeln der (fachlichen) Sachbezüge, die im Sachunterricht gründen, nicht beim Übergang in die Sekundarstufe abgeschnitten werden.

2. Die Durchsetzung eines normativ auf Bildung bezogenen Sachunterrichts als eigenes Lernfeld in allen Bundesländern. *Bildung* ist nicht bloß eine mit „Sinnkonstituierung" verbundene „Transformation des Welt- und Selbstverhältnisses" (Gebhard 1999); zu ihr gehört auch ein auf *Verstehen* gegründeter Aufbau von Wissen und Kompetenz, ausgerichtet auf eine intellektuell konsistente und moralisch verantwortliche Persönlichkeit (vgl. Köhnlein 2012, bes. S. 244ff.). Verstehen ist im Sachunterricht das metho-

disch angeleitete, im Denken sich vollziehende Nachkonstruieren eines Sachverhaltes, verbunden mit dem Erfassen von Sinn und Bedeutung.

a. Notwendig ist erneut die Ablösung des in den Grundschulen wieder verbreiteten „Triviums" aus Lesen – Schreiben – Rechnen durch ein zukunftsfähiges Trivium aus *Sprache – Mathematik – Sache*. Sachunterricht muss in den Stundentafeln angemessen berücksichtigt werden.

b. In der *Lehrerbildung* muss die Didaktik des Sachunterrichts in anspruchsvoller Weise sowohl mit der Schulpädagogik als auch mit den Didaktiken der Sachfächer verbunden werden. Qualitätsvoller Sachunterricht scheitert immer wieder auch an der nicht ausreichenden Sachkompetenz von Lehrerinnen und Lehrern.

c. Leider ist durch formale Zwänge neuer Studienstrukturen und sachfremde Entscheidungen von Ministerien das Fach Didaktik des Sachunterrichts an manchen Hochschulen aufgelöst oder in andere Strukturen transformiert worden. Dadurch verfallen dann auch professionelles Wissen und spezifischer Sachverstand. Aber der gesellschaftliche Bedarf wird bleiben, und es wird – ähnlich vielleicht wie international in den sechziger Jahren – der Fokus der Aufmerksamkeit nicht nur auf das frühe und vorfachliche Sachlernen gerichtet werden, sondern auch auf die damit zusammenhängenden notwendigen Forschungs- und Lehraufgaben. Müssen wir uns in Deutschland diese Notwendigkeit erst wieder von anderen Ländern oder supranationalen Organisationen vor Augen führen lassen?

d. Damit eine gute Lehrerbildung gelingen kann, muss die GDSU hörbarer als bisher *Sachunterrichts-Professuren* und entsprechende Studiengänge an allen Universitäten und Pädagogischen Hochschulen einfordern. Die Didaktik des Sachunterrichts muss den Didaktiken der anderen Unterrichtsfächer gleichgestellt werden. Professorinnen und Professoren für Didaktik des Sachunterrichts sollten über fundierte Kompetenzen in wenigstens einem der Sachfächer verfügen und ebenso wie mit der Schulpädagogik auch mit den Fachdidaktiken in Austausch stehen.

Eine Anregung möchte ich noch anfügen und unserer gemeinsamen Überlegung empfehlen.

Nachhaltigen Einfluss auf die Entwicklung des Sachunterrichts in Deutschland hat die GDSU durch den Perspektivrahmen (2002) gewonnen. Die im Entwurf vorliegende Neufassung wird weiterhin zur Profilierung des Faches und seines Sachbezuges beitragen. Die Wiedergewinnung von Inhalten – nach einer Zeit der Trivialisierung (Schreier 1989) und oberflächlicher Beliebigkeiten oder der Fixierung auf inhaltsarme Kompetenzen –, die stärkere

Zentrierung auf das „Kategoriale der Inhalte" (Klafki 1965) und die exemplarische Vertiefung sind ausgerichtet auf die Grundlegung einer sachbezogenen Bildung, also auf den „Bildungssinn" (Weniger 1963) des Sachunterrichts. Benötigt wird für die immerwährende Curriculumarbeit und für jede aktuelle Unterrichtsvorbereitung ein an den Zwecken von Bildungsprozessen orientiertes spezifisches Sachwissen. Die Didaktik als umfassende Wissenschaft vom Unterricht muss etwas wissen über die materiale Verfasstheit der Gegenstände des Lernens sowie über deren phänomenale, historische und strukturelle Zusammenhänge. Das ist nur möglich durch eigene Forschung und Entwicklung in enger Verbindung mit den Sachwissenschaften und deren Didaktiken.

Ein neuer Impuls für die Entwicklung sachunterrichtsspezifischer inhaltlicher Konzepte ist die nunmehr vorliegende Ausarbeitung von neun *Dimensionen*, die didaktisch auf den Zugang von Kindern zu kulturell bedeutsamen Wissensdomänen und Handlungsfeldern ausgerichtet sind (Köhnlein 2012, Teil V). Vielleicht ergibt sich daraus ein Anstoß – im Rahmen der Didaktik des Sachunterrichts und in Korrespondenz mit fachlichen und fachdidaktischen Diskursen – ein auf Phänomene bezogenes, *genetisch* (nicht fachsystematisch) strukturiertes Sachwissen aufzubauen, das dann auch Verfahrensschritte (und ihre Begründung) zur Einführung im Sachunterricht enthält. Es geht also zunächst darum, Stücke zu einer auf die Zwecke des Unterrichts ausgerichteten „Sachwissenschaft" zu erarbeiten, die dann durchaus auch in den Fachwissenschaften wenig berücksichtigtes Wesentliches über Sachen vielperspektivisch erschließen kann.[3]

Die dafür erforderliche Detailarbeit könnte nach und nach in einer durch Lehr-Lernforschung gestützten Ausarbeitung von Themenkomplexen geschehen. Im Zusammenspiel von didaktischer Analyse, Sachanalyse und didaktischer Reduktion (vgl. Köhnlein 2012, S. 309 ff.), von Lehr-Lernforschung, unterrichtlicher Erprobung und Evaluation entstehen die Bausteine

---

[3] Die Didaktik eines Faches oder Lernfeldes schließt notwendig das Sachwissen über (potenzielle) Unterrichtsgegenstände ein. – Nur nebenbei sei darauf verwiesen, dass wohl die meisten Wissenschaftsdisziplinen Kenntnisse und Methoden aus anderen Disziplinen importieren, nach eigenen Bedürfnissen weiterentwickeln und schließlich als eigene Bestände integrieren, nicht nur mathematische und statistische „Werkzeuge", Techniken der Laborarbeit oder Feldforschung, sondern auch das in anderen Bereichen verfügbare Wissen über ihre Gegenstände.

für ein sachunterrichtsspezifisches Sachwissen, das dann auch Bestandteil der Disziplin und damit des Studiums und beruflicher Qualifikation sein muss.[4] Zuletzt noch ein Wort zur Ausrichtung des Lernfeldes auf Allgemeinbildung, wie sie uns Wolfgang Klafki (1992) bei der Gründung der GDSU empfohlen hat: Mit dem Sachunterricht beginnt für Kinder die Lesbarkeit der Welt. *Verstehen lehren und Verstehen lernen* ist Weg und Ziel grundlegender Bildung, die auch die für eine vernünftige Lebensführung erforderlichen Kompetenzen einschließt.

## Literatur

Gebhard, U. (1999): Weltbezug und Symbolisierung. Zwischen Objektivierung und Subjektivierung. In: Baier, H.; Gärtner, H.; Marquardt-Mau, B.; Schreier, H. (Hrsg.): Umwelt, Mitwelt, Lebenswelt im Sachunterricht. Bad Heilbrunn, S. 33-53.

GDSU (2002): Perspektivrahmen Sachunterricht. Bad Heilbrunn.

Hauenschild, K.; Bolscho, D. (2005): Bildung für Nachhaltige Entwicklung in der Schule. Frankfurt am Main.

Klafki, W. ([1959] [5/7]1965): Kategoriale Bildung. Zur bildungstheoretischen Deutung der modernen Didaktik. In: Ders.: Studien zur Bildungstheorie und Didaktik. Weinheim, S. 25-45.

Klafki, W. (1992): Allgemeinbildung in der Grundschule und der Bildungsauftrag des Sachunterrichts. In: Lauterbach, R.; Köhnlein, W.; Spreckelsen, K.; Klewitz, E. (Hrsg.): Brennpunkte des Sachunterrichts. Kiel, S. 11-31.

Köhnlein, W. (1984a): Die Hinwendung zu einem naturwissenschaftlich orientierten Sachunterricht in der Grundschule. In: Bauer, H.F.; Köhnlein, W. (Hrsg.): Problemfeld Natur und Technik. Bad Heilbrunn, S. 23-37.

Köhnlein, W. (Hrsg.) (1984b): Fächerübergreifender naturwissenschaftlich-technischer Sachunterricht in der Grundschule. Hildesheim.

Köhnlein, W. (2011): Sachunterricht als herausfordernde Aufgabe. In: Hempel, M.; Wittkowske, S. (Hrsg.): Entwicklungslinien Sachunterricht. Bad Heilbrunn, S. 13–28.nicht im Text

Köhnlein, W. (2012): Sachunterricht und Bildung. Bad Heilbrunn.

Köhnlein, W. (2013): Zum Selbstverständnis und zur Aufgabenstellung der GDSU. In: GDSU (Hrsg.): Die Didaktik des Sachunterrichts und ihre Fachgesellschaft GDSU e.V. Bad Heilbrunn [in Vorbereitung].

Köhnlein, W.; Schreier, H. (Hrsg.) (2001): Innovation Sachunterricht – Befragung der Anfänge nach zukunftsfähigen Beständen. Bad Heilbrunn: Klinkhardt.

Lauterbach, R.; Köhnlein, W.; Spreckelsen, K.; Klewitz, E. (Hrsg.) (1992): Brennpunkte des Sachunterrichts. Kiel.

Löffler, G.; Möhle, V. (Hrsg.) (1986): Die Kontinuitätsthese des Lernens im Sachunterricht Naturwissenschaft/ Technik. Bielefeld.

---

[4] In jüngster Zeit ist das z.B. in Studien zu Gegenstandsbereichen wie „Schwimmen und Sinken" (Möller 1999) oder zu Zusammenhängen von Ökologie und Ökonomie geschehen (Hauenschild/ Bolscho 2005).

Möller, K. (1999): Konstruktivistisch orientierte Lehr-Lernprozeßforschung im naturwissenschaftlich-technischen Bereich des Sachunterrichts. In: Köhnlein, W.; Marquardt-Mau, B.; Schreier, H. (Hrsg.): Vielperspektivisches Denken im Sachunterricht. Bad Heilbrunn, S. 125-191.

Schreier, H. (1989): Enttrivialisiert den Sachunterricht! In: Grundschule, 21. 3, S. 10-13.

Schwedes, H. (Hrsg.) (1989): Erziehung zur Sachlichkeit im Sachunterricht der Grundschule. Bremen.

Spreckelsen, K. (Hrsg.) (1985): Schülervorstellungen im Sachunterricht der Grundschule. Kassel.

Soostmeyer, M. (Hrsg.) (1988): Erfahrungserschließung in Sachthemen. Essen.

Thiel, S. (Hrsg.) [1987] (1989): Uminterpretation von Sachunterrichtsthemen. Freiburg.

Thomas, B. ($^3$2009): Der Sachunterricht und seine Konzeptionen.

Weniger, E. ($^5$1963): Didaktik als Bildungslehre. Teil 1: Theorie der Bildungsinhalte und des Lehrplans. Weinheim.

# Forum 20 Jahre GDSU: Strukturen der Nachhaltigkeit im Gründungsprozess

*Roland Lauterbach*

*(Erster Geschäftsführer der GDSU)*

*On March 23, 1992, the Society for Educational Science of General Studies was founded in Germany, more precisely Gesellschaft für Didaktik der Sachunterrichts (GDSU), where Didaktik denotes the educational science of the subject area. For the development of German General Studies it was an important step towards quality and sustainability. By establishing structures, processes and criteria for a functioning scientific community, the dynamics of research and development accelerated, productivity and effectiveness increased, image and status of the field were upgraded. The article recapitulates the stipulations and influences in the making and becoming of the GDSU, focusing on the input and backup given by the Institute of Science Education (IPN) at the University of Kiel, Germany.*

## 1. Postulat und Selbstverständnis

Am 20. März 1992 zündete die dritte Stufe des Neuen Sachunterrichts mit der Gründung der wissenschaftlichen Gesellschaft für die Didaktik des Sachunterrichts e.V. (GDSU) in Berlin. Über 90 Personen aus Hochschule, Lehrerfort- und -weiterbildung zeichneten als Gründungsmitglieder und wählten einen Gründungsvorstand.[1] Für die Ausarbeitung der Satzung wurde ein mehrköpfiger Gründungsbeirat gebildet. Ein Jahr später, am 19.03.1993, ver-

---

[1] Mitglieder des Gründungsvorstands: 1. Vorsitzender: Walter Köhnlein, Hildesheim; 2. Vorsitzende: Ursula Plischke, Dresden; Geschäftsführer: Roland Lauterbach, Kiel; Beisitzer: Helmut Schreier, Hamburg und Hanna Kiper, Bielefeld.

abschiedete die Mitgliederversammlung die Satzung und wählte satzungsgemäß ihren ersten Vorstand.[2]

Nach dem fulminanten Start von 1969/70, angetrieben vor allem vom Strukturplan der Bildungskommission des Deutschen Bildungsrates und den Empfehlungen der Kultusministerkonferenz zum Neuen Sachunterricht von 1970 sowie neuen Lehrplänen, Curricula und neuartigen Unterrichtsmaterialien, setzte 1980 mit der Errichtung von Professuren für den Sachunterricht in Niedersachsen eher unauffällig der wichtige zweite Schub ein. Die erste Professur wurde in Hildesheim mit Walter Köhnlein besetzt.

Die Entwicklung zu einem wissenschaftlichen, fundierten Sachunterricht wurde vielfältig beschrieben und gründlich diskutiert (u.a. Thomas 2009, Köhnlein 2012). Insbesondere die Beiträge im Rahmen des vierzigjährigen Jubiläums des Sachunterrichts (Hempel/ Wittkowske 2011) lassen indes erkennen, dass trotz der zugänglichen Faktenlage die Geschichte des Faches mit neuen Facetten versehen, auf andere Art erzählt und das Geschehene verschieden begründet werden kann. Die Gründungsgeschichte der GDSU stelle ich deshalb aus eigner Sicht dar, zumal ich Mitglied der Gründungskommission, des Gründungsvorstandes und erster Geschäftsführer der GDSU war.

Die Kulturhoheit der Bundesländer begünstigte die Proliferation inhaltlicher und leistungsbezogener Anforderungen im Bildungswesen. Allein für das Fach Mathematik, bedingt für Naturwissenschaften, in Ansätzen für Deutsch und die Fremdsprachen vermochten sich die Bundesländer nach dem sog. PISA-Schock auf funktionelle Gemeinsamkeiten im Anforderungsprofil der Schulstufen einigen. Die für den Sachunterricht getroffenen Zusagen blieben dagegen weitgehend unerfüllt: In der Bundesrepublik gibt es weiterhin verschiedene Bezeichnungen des Unterrichtsfaches, unterschiedliche Lehr- und Stundenpläne, Ausbildungsgänge und Fortbildungsprogramme, unbestimmte Qualifikationsprofile für den Einsatz von Sachunterrichtslehrern. Demgegenüber zeigen sich in der Didaktik des Sachunterrichts hinsichtlich ihrer fachlichen Prinzipien, ihres Forschungsfeldes, ihrer Forschungsmethoden und ihres Theorieverständnisses größere Gemeinsamkeiten, sofern die in ihr Tätigen Didaktik als Wissenschaft verstehen und mit diesem Verständnis forschen und lehren.

---

[2] Mitglieder des ersten Vorstandes: Walter Köhnlein (1. Vorsitzender), Inge-Astrid Koch (2. Vorsitzende), Roland Lauterbach (Geschäftsführer), Hans-Joachim Schwier und Brunhilde Marquardt-Mau (Beisitzer).

Beide zusammen, Sachverstand und Habitus des Wissenschaftlers, begünstigen die Durchsetzung fachlicher Belange sowohl in Hochschulen und Schulen als auch gegenüber Bildungsverwaltung und Öffentlichkeit. Und durch eine wissenschaftlich verstandene und praktizierte Didaktik wird Sachunterricht verbindlich und beständig: Er bildet bildungsrelevante Strukturen aus, entwickelt Dynamik und systemische Nachhaltigkeit.
Auf diesen Punkt komme ich abschließend zurück.

## 2. Auf dem Weg zur Gesellschaft für Didaktik des Sachunterrichts

Die Gründung der GDSU geht auf mehrere Personen zurück, vorrangig Walter Köhnlein, Kay Spreckelsen und Helmut Schreier. Begünstigt und in der Ausführung beeinflusst wurde sie von diversen Faktoren, vor allem der gerade vollzogenen deutschen Wiedervereinigung, einem mehrjährig aktiven *Arbeitskreis Sachunterricht in der Gesellschaft der Didaktik für Chemie und Physik (GDCP)* und der überregionalen Förderung der Entwicklung des Sachunterrichts durch das Institut für die Pädagogik der Naturwissenschaften (IPN) an der Universität Kiel (vgl. Fischer, Köhnlein und Schreier in diesem Band). In meinem Beitrag gehe ich speziell auf den Anteil und den Einfluss des IPN ein. Walter Köhnlein hat mehrfach, in diesem Band und anderswo, darauf hingewiesen, dass die Gründung, insbesondere jedoch die Etablierung der GDSU als wissenschaftlich leistungsfähige Fachgesellschaft ohne das IPN in den neunziger Jahren kaum erfolgt wäre. Auch Helmut Schreier nennt das IPN als die maßgebende Institution in der Anfangsphase der Gesellschaft.

## 3. Der Beitrag des IPN[3]

### 3.1 Zuständigkeiten und Reichweite
Als wissenschaftlicher Mitarbeiter des IPN hatte ich seit 1975 Gelegenheit, zusammen mit Brunhilde Marquardt, später Marquardt-Mau, ein Beobach-

---

[3] Im Wortlaut der Selbstbeschreibung: „Das Institut für die Pädagogik der Naturwissenschaften ist ein überregionales Zentrum für die interdisziplinäre Forschung, Entwicklung und Lehre im Bereich des naturwissenschaftlichen Unterrichts in allen Bildungsbereichen. Das Institut gliedert sich in die Abteilungen Didaktik der Biologie, Didaktik der Chemie, Didaktik der Physik, Erziehungswissenschaften, Pädagogisch-Psychologische Methodenlehre und die Zentralabteilung. Es wird im Rahmen der Vereinbarung des Bundes und der Länder zur gemeinsamen Forschungsförderung finanziert" (Lauterbach et al. 1992, U 4).

tungsgebiet zum naturwissenschaftlichen Sachunterricht einzurichten und über mehrere Forschungsperioden weiterzuführen. Das Institut war zwar in fünf Fachabteilungen und eine Zentraleinheit für Organisation und Verwaltung gegliedert, doch die wissenschaftliche Tätigkeit fand unter dem Prinzip interaktiver Selbstorganisation in abteilungsübergreifenden Arbeitsgebieten statt, die jeweils im Rahmen der dreijährigen Forschungs- und Wirtschaftsplanung genehmigt wurden. Sie mussten mit Zielsetzung, Aufgaben und Vorgehensweise beantragt, in Planungsklausuren des Instituts vorgetragen, diskutiert, bewertet und von der jeweiligen Dreijahresplankommission angenommen werden. Diese fertigte dann einen Entwurf des zukünftigen Dreijahresplanes an und stimmte ihn bei Vorbehalt der Überarbeitung mit den darin aufgenommen Arbeitsgebieten ab. Anschließend wurde er dem *Beraterkreis der Kultusministerkonferenz für das IPN* zur Stellungnahme und dem *Kuratorium* bzw. *Verwaltungs- und Sachverständigenrates des IPN* zur Prüfung und nach Überarbeitung zur Verabschiedung vorgelegt (ausführlich Frey 1979).

Die Arbeitsgruppen handelten relativ autonom nach Maßgabe ihres Projektplanes in den Funktionsgebieten Beobachtung, Forschung, Entwicklung und Service. Ihre Arbeit stellten sie jährlich in einem institutsübergreifenden Forschungskolloquium zur Diskussion.

Die Aufgabe der Beobachtungsgebiete bestand vorwiegend in der Sichtung, Dokumentation und Beratung sowie der bedingten Mitwirkung in ausgewiesenen Relevanzbereichen für den naturwissenschaftlichen Unterricht und den zentralen Forschungs- und Entwicklungsgebieten des Instituts. Für das Arbeitsgebiet *Sachunterricht*, zeitweise *Natur und Technik im Primarbereich* (*Primary Science and Technology*), erwarteten der Bund und die Länder insbesondere länderübergreifende und internationale Aufmerksamkeit, gelegentlich auch verhaltene Mitwirkung. Die spezifischen Belange einzelner Bundesländer spielten eher eine untergeordnete Rolle.

## 3.2 Schritte

Auf Wunsch mehrerer Teilnehmer eines Symposiums zur Bedeutung der Neuen Medien im Bildungswesen, das ausschließlich für Personen aus dem Bundesministerium für Bildung und Wissenschaft und den Kultusministerien durchgeführt wurde, beantragten wir für die Dreijahresplanung 1980-1982 die Einrichtung einer überregionalen Arbeitsgruppe „Sachunterricht – Lehrerbildung". Insbesondere der Vertreter Nordrhein-Westfalens zeigte großes Interesse und die Bereitschaft, ein solches Vorhaben auch mit Landesmitteln über drei Jahre zu stützen. Als universitäre Vertreter Nordrhein-Westfalens nahmen Michael Soostmeyer für den naturwissenschaftlichen und Tassilo Knauf für den sozialwissenschaftlichen Schwerpunkt des Sachunterrichts teil. Vom 3. bis 5. Mai 1982 fand ein abschließendes Symposium mit Gastbeiträgen von Ilse-Lichtenstein-Rother, Jörg Ramseger, Jürgen Liepe, Elard Klewitz, Fritz Bärmann, Gertrud Beck, Siegfried Thiel und Jürgen Ziechmann in Kiel statt, auf dem auch die von der Arbeitsgruppe erarbeitete Empfehlung *Grundlinien der Lehrerausbildung für den Sachunterricht* vorgestellt wurde (Lauterbach/ Marquardt 1983[4]).

Bereits zu jener Zeit war sowohl im IPN als auch in dessen Aufsichtsgremien weitgehend akzeptiert, dass die Didaktik des Sachunterrichts nicht als Sammlung fachdidaktischer Elementaria der Sekundarstufe zu betrachten sei. Dennoch sollte das Institut dessen Entwicklung fördernd begleiten. Zu dieser Haltung trug das vorteilhafte Ergebnis einer international besetzten Evaluationskommission bei, die einzelne Arbeitsgebiete des Instituts und das IPN als Ganzes begutachtete.

In der Folgezeit wurde es möglich, das Arbeitsgebiet über seine Beobachtungsaufgaben hinaus zu erweitern. Dazu gehörten die Mitarbeit in dem bereits erwähnten Arbeitskreis Sachunterricht der GDCP, der sich unter Leitung von Walter Köhnlein und Kay Spreckelsen 1984 gegründet hatte, Kurzzeiteinsätze in Projekten der naturwissenschaftlichen Grundbildung in Afrika, Asien, Mittel- und Südamerika, der Computereinsatz im Sachunterricht in Zusammenarbeit mit den Landesinstituten für Fort- und Weiterbildung.

In den achtziger Jahren untersuchte Uwe Hameyer, Mitarbeiter in der Abteilung Erziehungswissenschaft des Instituts, Innovationsprozesse in der Grundschule mit dem Ziel, die Merkmale einer „guten Schule" zu identifizieren und *Entwicklungsprofile innovativer Grundschulen* zu entwerfen. Im Herbst 1990 führten wir ein Symposium zu dieser Thematik durch. Dazu gehörte auch, dass in diversen Werkstätten Beispiele für Innovationsprozesse im Sachunterricht veranschaulicht und weitergehende Innovationserfordernisse in diesen Bereichen ermittelt wurden (Hameyer/ Lauterbach/ Wiechmann 1992).

Die Vorbereitung und Leitung der Werkstätten übernahmen Walter Köhnlein und Kay Spreckelsen (Experimentieren), Kornelia Möller und Gerhard Wiesenfarth (Technik), Helmut Schreier und Harald Gesing (Ökologie), Petra Millhofer und Renate Schmidt (Sexualität), Volker Harms und Barbara Zahn (Dritte Welt), Barbara Schwaner-Heitmann (Gesundheit), Ben Bachmair

---

[4] Erstveröffentlichung 1982 in der Reihe „Beiträge zur Reform der Grundschule 52/53". Frankfurt am Main: Arbeitskreis Grundschule e.V. & Institut für die Pädagogik der Naturwissenschaften (IPN).

(Film und Fernsehen), Jürgen Liepe (Drucken), Hannelore Schwedes (Spielwelten) und Klaus Wiebel (Natur begreifen). Nach getaner Arbeit fand im Restaurant Drahtenhof am Freilicht-Museum Molfsee bei Kiel ein gemeinsames Abendessen statt. Die Vertreter der Didaktik des Sachunterrichts saßen an mehreren Tischen beieinander und diskutierten angeregt die zurückliegende Veranstaltung und hoffnungsfreudig mögliche Konsequenzen für zukünftige Forschungen. An meinem Nachbartisch, an dem unter anderen Walter Köhnlein und Helmut Schreier saßen, emergierte der Gedanke zur Gründung einer wissenschaftlichen Fachgesellschaft für den Sachunterricht. Die Frage, ob das IPN, in diesem Fall Brunhilde Marquardt und ich, sich beteiligen und die Institution ein solches Vorhaben stützen würde, beantworteten wir mit Blick auf die erzielte Anerkennung des Arbeitsgebietes im Institut zuversichtlich. Die Idee wurde von mehreren Teilnehmern wohlwollend aufgenommen.

## 3.3 Aufbruch

Die Chance für ein bildungspolitisch gemeinsames Projekt von Ost und West mit hohem Innovations- und Integrationswert erschien günstig, dessen Perspektive ermutigend: Im Arbeitskreis Sachunterricht hatten sich inzwischen Vertreter aus nahezu allen Bereichen des Sachunterrichts versammelt. Sie trafen sich regelmäßig zum fachlichen Diskurs und eröffneten 1991 die Reihe *Probleme und Perspektiven des Sachunterrichts*, in der die Vorträge der jährlichen Arbeitstreffen vom IPN publiziert wurden. Die Neuen Bundesländer begannen mit der Erarbeitung neuer Lehrpläne, erstmals auch dort für ein eigenständiges Fach Sachunterricht, und ebenfalls erstmals konnte das Lehramt an Grundschulen an Universitäten studiert werden und zwar mit Grundschuldidaktik Sachunterricht im Pflichtbereich. Für das Fach wurden hierzu Professuren errichtet und für Forschung und Lehre ausgestattet.

## 3.4 Gründung

Schon 1991 fanden mehrere Treffen interessierter Vertreter des Sachunterrichts und seiner Didaktik aus der gesamten Bundesrepublik mit dem Ziel statt, eine Gesellschaft für die Didaktik des Sachunterrichts zu gründen. Walter Köhnlein erklärte sich bereit, für den Posten des 1. Vorsitzenden zu kandidieren, Roland Lauterbach als Mitarbeiter des IPN und Sprecher des dortigen Arbeitsgebietes Sachunterricht für den des Geschäftsführers. Elard Klewitz und Jürgen Liepe waren bereit, die Gründungstagung an der Freien Universität Berlin auszurichten. Eine erweiterte, paritätisch zusammengesetzte Gründungskommission wurde eingerichtet und begann umgehend mit der

Planung und Realisierung. Wie eingangs schon erwähnt, fand die Gründungstagung im März 1992 statt. In seinem programmatischen Eröffnungsvortrag ordnete Wolfgang Klafki den Bildungsauftrag des Sachunterrichts in den Rahmen der Allgemeinbildung in der Grundschule ein, zeichnete konzeptionelle Leitlinien für die inhaltliche Orientierung des Faches und diskutierte anstehende Aufgaben seiner Didaktik (vgl. Klafki 1992). Die Gründungsversammlung war bereit. Sie berief einen Gründungsvorstand, stellte ihm einen Gründungsbeirat zur Seite, und trug ihnen auf, binnen eines Jahres eine annehmbare Satzung zu erarbeiten. Im Vorstand sollten Männer und Frauen, neue und alte Bundesländer, natur- und sozialwissenschaftliche Kompetenzen balanciert vertreten sein.
Die Ergebnisse und ihre fruchtbaren Folgen sind bekannt.

## 4. Person, Struktur und Nachhaltigkeit

Bisher bin ich weder auf mein eigenes Interesse an der Gründung und Bestandssicherung der GDSU noch auf die konzeptionelle und systematische Seite im Beitrag des IPN eingegangen.
I. *Mein Interesse* gründet zum einen in meiner fünfjährigen Mitarbeit in dem Forschungs- und Entwicklungsprojekt zum naturwissenschaftlichen Primarschulunterricht in der Arbeitsgruppe für Unterrichtsforschung des Pädagogischen Seminars der Universität Göttingen (u.a. Lauterbach 2011), in meiner Studienbiografie und in meiner Forschungs- und Entwicklungsarbeit im IPN. Zum anderen bestimmen meine Erfahrungen als Lehrer, als Bürger und Teilhaber am gesellschaftlichen Leben, als Vater von drei Kindern dessen Ausprägung. Ich störte mich am Mangel an Kenntnis, wie die Welt und die Sachen, die Menschen sowie andere Lebewesen in ihr beschaffen sind und wie sie so geworden sind, wie sie sind, obwohl das Wissen und die Möglichkeiten, den Mangel zu beseitigen, vorhanden sind. Schon Kinder sollten inhaltlich wie methodisch so lernen können, dass sie erkenntnisgeleitet und folglich auch verantwortlich handeln können und wollen. Dazu müssen sie erkenntnisgeleitet unterrichtet werden. Das gelingt heute nicht mehr ohne Wissenschaft. Daraus folgt nicht, dass Wissenschaft allenthalben hilft.
II. Seinen konzeptionellen Rahmen hatte das Kieler Institut mit seinem Namen erhalten; es wurde ausdrücklich der Pädagogik der Naturwissenschaften verpflichtet mit den Didaktiken der Naturwissenschaften als deren systematische Mittel und der Erziehungswissenschaft als Garant für eine wissenschaftliche Pädagogik. So galt weithin das bildungstheoretische Prinzip auch für die Fachdidaktiken, obwohl die Psychologie in der Abteilung Erziehungswis-

senschaft personell stark vertreten war und später auch als pädagogisch-psychologische Methodenlehre eigenständig wurde. Die Verpflichtung des Instituts auf empirische Forschung führte zwangsläufig zu Konflikten zwischen der etablierten und international starken psychologischen Forschung des Lernens, des Lehrens und der Entwicklung, auf deren Ergebnisse die Fachdidaktiker gern zugriffen, und der eher konzeptionell und inspektiv agierenden bildungs- und lerntheoretisch orientierten Pädagogiktradition unserer Schulen. Dank der interaktiven Forschungsorganisation des IPN (s.o.) entwickelte sich im Institut eine weitgehend neue Qualität fachdidaktischer Forschung, unter anderem die mit Bezug auf die neuere Curriculumforschung sich ausbildende fachdidaktische Wirkungs-, Entwicklungs- oder Innovationsforschung. Diese Arbeiten erhielten in kurzer Zeit internationale Anerkennung und wurden schrittweise für alle Bereiche der drei im Institut vertretenen Fachdidaktiken umgesetzt. Ein bekanntes Beispiel waren die Delphi-Studien. Die Entwicklung des IPN zu einem national wie international renommierten Forschungsinstitut war vor allem das Verdienst von Karl Frey und später auch von Jürgen Baumert, die als Geschäftsführende Direktoren die Präsenz des Instituts auf angesehenen internationalen Kongressen und in ebensolchen Publikationen einforderten. Auch sorgten sie dafür, dass das IPN Forschungsevaluationen sowohl auf internationaler (s.o.) als auch auf nationaler Ebene (Wissenschaftsrat) mehrfach schadlos überstand.

Die GDSU profitierte davon auf eine unaufdringliche Art und Weise. Das IPN genoss national wie international hohes Ansehen in Politik, Wissenschaft und Schule. Die teils rigorosen Zulassungsprozeduren für Arbeitsgebiete und die ständige Diskurs- und Evaluationspraxis für Projekte sicherte Partnern des Instituts – zusammen mit dem soliden Haushalt – die Einhaltung von Vereinbarungen. Mit der Zusage, eine Entscheidung für die Gründung einer didaktischen Fachgesellschaft für den Sachunterricht ideell, personell und materiell zu stützen, wurden der Vollzug und die Umsetzung verlässlich geschützt. Für Interessenten aus den Hochschulen, gleich welcher Fachrichtung, war der Beitritt zu der neuen wissenschaftlichen Gesellschaft für Didaktik des Sachunterricht daher unschädlich hinsichtlich Status und Image. Universitäten und Hochschulen begrüßen den Kontakt ihrer Hochschullehrer mit einer prestigeträchtigen Forschungsinstitution.

Auf den ersten Blick erschien die Verbindung mit dem IPN ausschließlich von Vorteil für die Entwicklung der neuen Gesellschaft. Dank des designierten Vorsitzenden traf das auch zu. Bei näherem Hinsehen gab es zu Beginn fünf teils implizite Auflagen für das Versprechen der mittelfristigen Absicherung:

- Vorrang der Forschung
- einen auch bildungspolitisch sichtbaren Anteil an naturwissenschaftlich orientierter Sachunterrichtsdidaktik
- ein IPN-Mitglied der GDSU im Vorstand und unter den Herausgebern der Jahresbände
- Einhaltung von wissenschaftlichen Qualitätsstandards für die vom IPN mitfinanzierten Publikationen der Gesellschaft (Jahresband und später Forschungsbände der GDSU)
- personelle Qualitätszusage für die Herausgeber, namentlich verantwortlich Walter Köhnlein, später (für die Forschungsbände ebenso Helmut Schreier)

Helmut Schreier sah diese Abhängigkeit der GDSU vom IPN kritisch; er befürchtete sogar den Durchgriff des Instituts bei zu geringer Betonung oder nicht genehmer Ausprägung der Naturwissenschaften. Derartiges geschah weder während der Vorbereitungs- und Startphase der GDSU noch danach.

III. In den achtziger Jahren beschäftigte ich mich (wie einige andere Mitarbeiter des IPN) mit Ludwik Flecks 1935 veröffentlichter Abhandlung *Entstehung und Entwicklung einer wissenschaftlichen Tatsache*. Der Wissenschaftstheoretiker Lothar Schäfer und der Soziologe Thomas Schnelle hatten sie 1980 im Verlag Suhrkamp herausgegeben mit der Einschätzung, diese „so gut wie unbekannte Schrift [...] könnte unter günstigeren Umständen [gemeint war Flecks ‚deutsches Schicksal' als polnischer Jude] heute im Rang eines Klassikers der Wissenschaftstheorie stehen, vergleichbar mit Poppers ‚Logik der Forschung' (1934)" (Fleck [3]1994, VII). Die Verbindung zu Thomas Kuhns *Struktur wissenschaftlicher Revolutionen* von 1962, die wir ebenfalls diskutierten, war unvermeidlich, zumal dieser in seinem Vorwort seine wissenssoziologische Ausrichtung auf Flecks Essay zurückführte.

Zusammen mit neueren wissenschaftssystematischen Arbeiten (u.a. Knorr-Cetina 1984, Krohn/ Küppers 1989) waren es insbesondere fünf Einsichten, die sich uns erschlossen und im Zusammenhang mit der Etablierung curricularer Entwicklungsforschung und eines in den gesellschaftlichen Lebens- und Arbeitszusammenhang integrierten naturwissenschaftlichen Unterrichts nachhaltig wirken sollten.

1. Wissenschaftler agieren neben ihrem Forschungsbereich auch in anderen wissenschaftlichen und außerwissenschaftlichen Kontexten, aus denen sie ihre Forschungsaufträge erhalten oder gewinnen und in denen sie für ihr Gebiet und ihre Ergebnisse „Definitionsgewalt" erzeugen und durchsetzen können (müssen).

2. Wissenschaft ist vor allem Tätigkeit einer Forschergemeinschaft in einem grenzstarken Gegenstandsbereich mit gemeinsamer Zielorientierung, einer

identitätssichernden Bezeichnung und eigener Fachsprache, typischen Methoden und Routinen sowie traditionsträchtigen Ritualen. Werden diese Merkmale berücksichtigt und nach außen sichtbar gemacht, dürfen Wissenschaftler ohne Schaden in ihrer Forschung auch quasi-chaotisch handeln.

3. Die Entstehung wissenschaftlicher Tatsachen (und auch die wissenschaftlicher Disziplinen und Teildisziplinen) durchläuft typische Stadien: von der gesellschaftlichen Thematisierung eines Problems oder Problemfeldes in der wissenschaftlich interessierten Öffentlichkeit über dessen wissenschaftliche Befassung, Bearbeitung und Relevanzbestimmung in Forschung und Lehre einer Wissenschaftlergemeinschaft bis zum Wiedereintritt in den gesellschaftlichen, nunmehr populärwissenschaftliche Diskurs und der Nutzung der Ergebnisse für die Bearbeitung gesellschaftlich relevanter Aufgaben. Die Abläufe sind in sich differenziert, erfolgen oft iterativ und rekursiv.

4. Akzeptanz und Außenwirksamkeit hängen u.a. vom sozialen Status und Prestige eines Wissenschaftlers, seiner Institution und seines Faches ab.

5. Als nützliche, kontextbedingt oft auch notwendige Begleitmaßnahmen zählen unter anderem: Professuren, Promotionen, Studiengänge, Forschungseinrichtungen (Institute), Fachgesellschaften, inner- wie außerfachliche Diskurse, nationale und internationale Kongresse und Publikationen (auch englischsprachig): Forschungsberichte, Monografien und Sammelwerke, Handbücher, Lehrbücher, Fachbücher, Fachzeitschriften, Fachverlage, Präsenz und Pflege in den Praxisfeldern, Aufmerksamkeit einer interessierten Öffentlichkeit.

Die Entwicklung der Didaktik des Sachunterrichts und die Entstehung der GDSU lassen sich durchaus unter diesen Gesichtspunkten betrachten. Mit den bereits geschilderten günstigen Konstellationen für das Zustandekommen der GDSU und den Glücksfällen bei den Wegbereitern und den für den Sachunterricht in den Hochschulen verantwortlichen Personen stellen sich die notwendigen Bedingungen und sichernden Elemente für eine nachhaltig wirkende Didaktik des Sachunterrichts scheinbar wie von selbst nach und nach ein. Die unter Punkt (5) des vorigen Absatzes genannten Maßnahmen wurden teilweise, einige sogar ganz ausgebildet, doch sie sind nicht in allen Bundesländern wirksam. Die Punkte (1) bis (4) blieben vergleichsweise unterentwickelt. Übergreifend ist insbesondere der Vorstand der GDSU gefordert, insgesamt sind allerdings erhebliche Anstrengungen auch von jenen Mitgliedern gefordert, die von Amts wegen in der Lage sind, die Didaktik unseres Faches offensiv als Wissenschaft zu vertreten und durchsetzen.

# 5. Dank

Rückblickend erinnere ich mich an eine engagierte, meist heitere Zeit, kaum an ernste Probleme. Das gilt für die Zusammenarbeit im IPN wie in der Gründungskommission und im ersten Vorstand der GDSU. Mein Dank streut daher breit und weit. Tiefer und stärker richtet er sich an Brunhilde Marquardt und Walter Köhnlein: Ohne sie wäre vieles unvollständig geblieben, der Beitrag des IPN deutlich geringer ausgefallen und meine Mitarbeit in der Anfangsphase der GDSU weniger beständig gewesen.

## Literatur

Fleck, L. (³1994): Entstehung und Entwicklung einer wissenschaftlichen Tatsache. Einführung in die Lehre vom Denkstil und Denkkollektiv. stw 312. Frankfurt am Main.

Frey, K. (1979): Forschungsplanung am IPN. Konzeptionen, Bedingungen, Erfahrungen. IPN-Kurzberichte 20. Kiel.

Hameyer, U.; Lauterbach, R.; Wiechmann, J. (Hrsg.) (1992): Innovationsprozesse in der Grundschule. Fallstudien, Analysen und Vorschläge zum Sachunterricht. Bad Heilbrunn/ Obb.

Hempel, M.; Wittkowske, S. (Hrsg.) (2011): Entwicklungslinien Sachunterricht. Bad Heilbrunn.

Klafki, W. (1992): Allgemeinbildung in der Grundschule und der Bildungsauftrag des Sachunterrichts. In: Lauterbach, R.; Köhnlein, W.; Spreckelsen, K.; Klewitz, E. (Hrsg.): Brennpunkte des Sachunterrichts. Kiel, S. 11-31.

Knorr-Cetina, K. (1984): Die Fabrikation von Erkenntnis. Zur Anthropologie der Naturwissenschaft. Frankfurt am Main.

Köhnlein, W. (2013): Forum 20 Jahre GDSU: Hoffnungsvolle Anfänge und bleibende Aufgaben. [In diesem Band, S. 15-22.]

Köhnlein, W. (2012): Sachunterricht und Bildung. Bad Heilbrunn.

Köhnlein, W.; Schreier, H. (Hrsg.) (2001): Innovation Sachunterricht – Befragung der Anfänge nach zukunftsfähigen Beständen. Bad Heilbrunn.

Krohn, W.; Küppers, G. (1989): Die Selbstorganisation der Wissenschaft. stw 776. Frankfurt am Main.

Kuhn, Th. (1973): Die Struktur wissenschaftlicher Revolutionen. stw 25. Frankfurt am Main.

Lauterbach, R.; Marquardt, B. (Hrsg.) (1983): Sachunterricht zwischen Alltag und Wissenschaft. Grundlagen und Beispiele für Schulpraxis und Lehrerbildung. Beltz Praxis. Weinheim, Basel: Beltz.

Lauterbach, R.; Köhnlein, W.; Spreckelsen, K.; Bauer, H.F. (Hrsg.) (1990): Wie Kinder erkennen. (Probleme und Perspektiven des Sachunterrichts, 1). Kiel.

Lauterbach, R.; Köhnlein, W.; Spreckelsen, K.; Klewitz, E. (Hrsg.) (1992): Brennpunkte des Sachunterrichts. (Probleme und Perspektiven des Sachunterrichts, 3). Kiel.

Lauterbach, R. (2011): Vom Einzug der Wissenschaft in den Sachunterricht. In: Hempel, M.; Wittkowske, S. (Hrsg.): Entwicklungslinien Sachunterricht. Bad Heilbrunn, S. 101-120.

Schreier, H. (2013): Forum 20 Jahre GDSU: Perspektivrahmen. [In diesem Band, S. 35-40.]

Thomas, B. (2009): Der Sachunterricht und seine Konzeptionen. Historische und aktuelle Entwicklungen. (3. Überarbeitete Auflage) Bad Heilbrunn.

# Forum 20 Jahre GDSU:
# Der Perspektivrahmen Sachunterricht

*Helmut Schreier*
*(1. Vorsitzender der GDSU 1997-2001)*

*The perspective frame for General Studies was developed to protect and at the same time to promote General Studies as a subject in school, field of study and scientific discipline within an educational system with disparate responsibilities and competences. It is obvious that the process is even more important than the result, i.e. discourse and communication between experts and political representatives.*

## 1. Wie es Ende der neunziger Jahre zur Idee kam, einen „Perspektivrahmen" zu entwickeln

Der Stellenwert des Sachunterrichts in Begriffen von Zeitanteilen auf der Stundentafel und Ausbildungsanteilen innerhalb der Lehramtsstudiengänge war in den neunziger Jahren gesunken, eine Abwertung, die in den einzelnen Bundesländern auf unterschiedliche Weise zum Ausdruck kam. Zum Beispiel schaffte das baden-württembergische Kultusministerium die Ausbildungsgänge zum Sachunterrichtslehrer an den Pädagogischen Hochschulen des Landes ab, das Sport- und Bildungsministerium im Land Brandenburg kombinierte den Sachunterricht auf der Stundentafel mit anderen Fächern so, dass der Besuch der sechsjährigen Grundschule ohne Sachunterricht zwar nicht de jure möglich wurde, aber de facto in Einzelfällen vorkommen konnte, das Ministerium für Bildung in Nordrhein-Westfalen kürzte die Anteile des Sachunterrichts zugunsten des neu eingeführten Englischunterrichts. Mitglieder der GDSU klagten darüber, dass der Sachunterricht in der Praxis des Geschehens der Verkehrserziehung oder Varianten der so genannten Bindestrich-Pädagogik gewidmet wurde.

Die Korrespondenz mit den zuständigen Ministerien zeigte eine vorsichtige Gesprächsbereitschaft – meine Schreiben wurden meist beantwortet, aber an den Beschlüssen änderte sich wenig. Möglicherweise, so spekulierten wir in vielen Gesprächen unter uns, genügt die Strategie des Klagens nicht, weil unsere Forderungen den Entscheidungsträgern in den Ministerien nur auf einen vermeintlichen Besitzstand bezogen erschienen, der durch eine kurze und vergleichsweise schwache Tradition kaum gerechtfertigt war. Die Heimatkunde war in den Ländern der alten Bundesrepublik ja erst im Jahre 1970 von einer amtlich verordneten Wende zum Sachunterricht abgelöst worden – eine bildungspolitische Entscheidung, die vielen im Zuge der Bildungsreform und der damit verbundenen Euphorie ein wenig vorschnell getroffen erschien. Die Länder Bayern und Schleswig-Holstein waren mit der Bezeichnung des Faches halb zur Heimatkunde zurück gekehrt und die neuen Bundesländer hatten den Sachunterricht Anfang der neunziger Jahre als Teil des Pakets von Neuerungen übernommen, das die Wiedervereinigung gebracht hatte, ohne den Aneignungsprozess, der im Westen von teilweise heftigen Auseinandersetzungen begleitet worden war.

Später – Anfang des Jahres 2000 – einigten wir uns in der Kommission, die inzwischen innerhalb der GDSU ihre Arbeit aufgenommen hatte, auf die Formel von der fehlenden Grenzstärke des Sachunterrichts: Das Profil unseres Faches erscheint als derart vage, dass es leicht ist, alle möglichen aktuellen pädagogischen Konzepte anzudocken, – leichter als beim Sprach-, Mathematik-, Sport- und Musikunterricht und was es sonst noch an Fachbezügen mit einigermaßen klar umrissenen Bildungsaufträgen in der Grundschule gibt. Die Diagnose führte zu Überlegungen für eine Therapie und zugleich empfanden wir eine Art Verpflichtung, die in folgender Frage formuliert werden konnte:

Hatten wir als Gesellschaft für Didaktik des Sachunterrichts nicht die Aufgabe, das Profil des Sachunterrichts so darzustellen, dass es allen, die mit dem Fach zu tun hatten, auf plausible Weise als klar umrissener Bildungsauftrag erschien: den Eltern und Lehrerinnen und den Sachunterrichtsverantwortlichen in den Ministerien?

Die Aufgabe erschien uns damals unausweichlich, als wichtigstes Mittel, um dem Verfall des Faches entgegenzuwirken. Und wer anders sollte sich ihr unterziehen als wir von der GDSU selber? Die Länder verfolgten jeweils eigene, voneinander weit abweichende Konzepte, ihre Kulturhoheit erschien unter unserer – die Bundesrepublik Deutschland mit ihren 16 Kleinstaaten und einige Nachbarländer umfassenden – Perspektive eher als Hemmschuh denn als Hilfe für diese Bestimmung. Das IPN in Kiel, das uns von Anfang an mit Wohlwollen und Tatkraft unterstützt hatte, war den naturwissenschaftlichen Aspekten verpflichtet und konnte wenig zu einem Plan beitragen, der Konzeption und Stellenwert der sozialen Fächer einschließen musste. Die Verlage für pädagogische Zeitschriften, auf deren Redaktions- und Beiratssitzungen sich Vertreter des Sachunterrichts aus verschiedenen Bundesländern gelegentlich trafen, verfolgten eigene, eher sporadische Interessen.

Im Lauf des Jahres 1998 traten die Umrisse unserer Aufgabe immer deutlicher hervor, die Bezeichnung „Perspektivrahmen" hatte Uwe Hameyer damals bei einem Gespräch in Kiel ins Spiel gebracht; das Wort gab die Richtung der Arbeit vor, vermied aber, was allzu sehr nach Fixierung und Verbindlichkeit aussah. Wir konnten und wollten in die Lehrplanbestimmung der Ministerien nicht direkt eingreifen, aber einen Rahmen geben, an dem sich diese Bestimmung so orientieren konnte, dass der Sachunterricht in den Freistaaten und Bundesländern Deutschlands ein möglichst vergleichbares Profil erhielt.

Der Perspektivrahmen war von Anfang an konzipiert als bildungspolitisches Instrument. Es ist nicht überflüssig, die ursprünglich instrumentelle Funktion unseres Entwurfs zu betonen, weil zumal im akademischen Raum die Suche nach einer Art Weltformel des Sachunterrichts nach wie vor als Krönung theoriebezogenen Forschens gilt. Der Perspektivrahmen beanspruchte im Jahre 2000 keineswegs, das ultimative Produkt solchen Theoretisierens zu sein; er sollte einzig als Instrument dienen, um die Mängel der Grenzstärke des Sachunterrichts zu beseitigen in der bildungspolitischen Absicht, die Position des Faches in Curriculum und Stundentafel der Bundesländer zu stärken.

## 2. Wie der Perspektivrahmen zu seiner Gestalt kam und im September 2000 den Vertretern der Bildungsbehörden vorgestellt wurde

Die Hoffnung, durch eine breit angelegte Fragebogenaktion unter den Mitgliedern der GDSU ein Muster zu finden, das als Strukturgrundlage für ein Konzept des Sachunterrichts dienen könnte – sei es als Konsens, der bestimmte Eckpunkte bezeichnet, sei es als Figur eines ausgeglichenen Zusammenhangs, sei es als angedeutete Ökologie des Ganzen und seiner Teile – diese Hoffnung erfüllte sich nicht.

Daraufhin wurde vom Vorstand eine Kommission mit kooptierten Mitgliedern in der Hoffnung gebildet, durch Austausch und Gespräch in diesem kleineren Zirkel einen brauchbaren Ansatz zu finden. Im Jahr 2000, bei einer Nachtsitzung im winterlichen München, die zuerst dem Austausch von neuen Erfahrungen mit den Kultusbürokratien der Länder gewidmet war, was in meiner Erinnerung eine depressive Stimmung hinterließ, kreiste die Debatte um das, was als „harter Kern" unseres Faches bezeichnet werden könnte. Bei der Suche nach einer Antwort brachte Kornelia Möller die Wendung vom „Wissensbestand der Wissenschaften" ins Spiel, was allen einleuchtete. Wir bestimmten die fünf Fachbezüge, die der Perspektivrahmen umfasst, entwarfen noch in der gleichen Nacht die Grundmuster der einzelnen Fachbezüge und bestimmten dann die für die Ausformulierung dieser Bezüge Zuständigen.

Die folgenden Monate waren besonders arbeitsreich, die Entwürfe der Arbeitsgruppen wurden im dauernden Austausch optimiert, und es gab auch Sondersitzungen, um die Vorstellung des Perspektivrahmens vor der kultusministeriellen Öffentlichkeit der Länder so gut als möglich vorzubereiten, die im September in der Evangelischen Akademie Tutzing stattfinden sollte.

Von den eingeladenen Vertretern der Senats- und Ministeriumsabteilungen der 16 Länder kamen fünfzehn nach Tutzing. Wir stellten ihnen unser Pentagramm (die fünf fachbezogenen Eckpunkte des Perspektivrahmens) Punkt für Punkt vor und trafen auf ein überraschend hohes Maß an Zustimmung.

Tatsächlich ist das Grundmuster des Perspektivrahmens – die Orientierung an einer Reihe von fünf Fachbezügen – seither in die Lehrpläne der meisten Länder der Bundesrepublik mehr oder weniger weit aufgenommen worden, am weitgehendsten in den Lehrplan des Landes Niedersachsen, dessen „Kerncurriculum Sachunterricht" mit dem Perspektivrahmen weitgehend identisch ist.

Auswirkungen zeigen sich auch in der Lehreraus- und -fortbildung; dies ist an der weiten Verbreitung (viele Auflagen) der Druckversion des Perspektivrahmens ablesbar, die freundlicherweise von Andreas Klinkhardt zum Selbstkostenpreis übernommen worden ist (der Vertrieb und Verkauf ist Sache der GDSU, was die durch die Tutzing-Konferenz geplünderte Vereinskasse wieder füllen half). Auch Zeitschriften zum Sachunterricht („Weltwissen" ist ein Beleg) richten sich nach dem Muster, das im Jahre 2000 zum ersten Mal vorgestellt wurde.

## 3. Wie ich den Perspektivrahmen-Impuls einschätze

Die Wirkung ist noch da, aber sie wird schwächer. Der Vorstand unserer Fachgesellschaft versucht seit einigen Jahren, eine neue Variante des Perspektivrahmens zu entwickeln, deren einzelne Facetten mir unbekannt sind. Ich möchte allerdings bezweifeln, dass der Trick, den wir im Jahr 2000 erfolgreich anwandten, noch einmal funktionieren wird. Es geht nämlich nicht darum, einen Entwurf vorzulegen, der gewissermaßen derart perfekt (aktuell, umsichtig, durchdacht, „wasserdicht" usw.) ist, dass keiner dieses Angebot wird ablehnen können, sondern um einen Gesprächszusammenhang in politischer Absicht.

Die Erfahrung des Zusammenwirkens mit den Vertretern der Ministerien hat vor allem einen Bedarf ans Licht gebracht, der sich aus der Struktur des Bildungswesens in Deutschland ergibt: Die Notwendigkeit eines Forums, das dem Austausch der Vertreter der einzelnen Länder untereinander und mit maßgeblichen Vertretern des Faches Sachunterricht dient.

Wir haben in Tutzing die Tür zu dieser Möglichkeit geöffnet und vielleicht Hoffnungen hervorgerufen, die sich nicht erfüllt haben: die Hoffnung auf einen Gesprächszusammenhang, der die Isolation der Entscheidungsträger überwindet. Dass es die Einrichtung eines regelmäßig stattfindenden Forums nicht gibt in einem Land, dessen Bildungspolitik im kleinstaatlichen „Kantönligeist" untergeht, bezeichnet einen zum Himmel schreienden Mangel. Ich kann nicht verstehen, weshalb dieses Desiderat, dieser Bedarf, dieses Bedürfnis, diese Erfordernis nicht zur Einrichtung eines Gremiums geführt hat oder eines Forums oder was es sonst noch an Instrumenten gibt, um die Ministeriumsvertreter der Ländern miteinander und mit den Experten der Didaktik des Sachunterrichts in den Austausch zu bringen, der notwendig ist, um ein Mindestmaß an Ähnlichkeit der amtlichen Vorgaben zu erreichen, denen der Sachunterricht in Deutschland folgt. Hans-Joachim Fischer erwähnt in seinem Rechenschaftsbericht 2012 ein Treffen mit den Ministerialvertretern der Länder im November 2011, dessen Erfolg ich als Beleg für das anhaltende Interesse dieser wichtigen Klientel an einer planvoll ausgebauten Zusammenarbeit werten möchte. Ein lobenswerter erster Schritt (nach elf Jahren Pause) in Richtung Bildungspolitik, die systematisch verfolgt werden muss.

Hätte man ein bildungspolitisches Forum, so hätte man Klarheit über die anstehenden Herausforderungen und man hätte Einwirkungsmöglichkeit auf bildungspolitische Entscheidungen. Das Gespräch ist ein machtvolles Instrument. Und wer anders sollte ein solches Forum organisieren als die Fachgesellschaft, die den Fortbestand und die Fortentwicklung des Sachunterrichts zu ihrem Daseinszweck erklärt?

*Hans-Joachim Fischer*

# 20 Jahre GDSU – Rückblick und Ausblick

*In 1992 the „Gesellschaft für Didaktik des Sachunterrichts (GDSU)" was founded mainly initialized by science didacts. Nevertheless, it was considered to develop and to promote a multi perspective approach based on research. Twenty years after the multi perspective approach is in discussion as well as the culture of research.*

## 1. Anfänge der GDSU

Die 21. Jahrestagung der GDSU, die Anfang März 2012 an der Humboldt-Universität und an der Freien Universität in Berlin stattfand, diente unter anderem einer feierlichen Rückbesinnung auf das zwanzigjährige Bestehen der Gesellschaft. Die anthropologische und pädagogische Funktion einer Feier – dies ist in einer wissenschaftlichen Gesellschaft nicht anders als in pädagogischen Feldern – liegt ja vor allem darin, sich darauf zu besinnen, wo man herkommt, um daran abzuklären, wer man ist und um sich im Blick auf zukünftig Aufgaben zu orientieren (vgl. etwa Bollnow 1968, S. 73ff.). Vom 19. bis 21. März 1992 fand in Berlin die Gründungstagung der Gesellschaft für Didaktik des Sachunterrichts (GDSU) statt. Im Vorwort des Tagungsbandes erläuterten die Herausgeber den Zweck dieser Gründung:

> „Die schulpädagogisch, sozialwissenschaftlich, naturwissenschaftlich-technisch oder mehrperspektivisch akzentuierten Ansätze einer Didaktik des Sachunterrichts sind unter dem Gesichtspunkt der Einheit auf enge Zusammenarbeit und auf ein gemeinsames Forum verwiesen, damit sie insgesamt weiterführende Entwicklungen zu fördern vermögen. Diesem Anliegen des übergreifenden innerfachlichen Gesprächs trägt die Gründung der Gesellschaft für Didaktik des Sachunterrichts Rechnung" (Lauterbach u.a. 1992, S. 7).

Was bis dahin in verschiedenen, durchaus voneinander getrennten Formen und Fassungen einer Didaktik des Sachunterrichts vorlag, sollte zusammengeführt werden. In einer Zusammenführung, so die Erwartung, entstehen wechselseitige Lernanlässe, die den Sachunterricht und seine Didaktik insgesamt voranbringen.

Die Gründung 1992 setzte nicht nur einen hoffnungsvollen Anfang, sie markierte auch den erfolgreichen Abschluss einer Entwicklung, deren Ursprünge in der vorhergehenden Dekade auszumachen sind. Der Plan zur Gründung konkretisierte sich dann zwei Jahre vor der Berliner Tagung bei einem abendlichen Austausch von Kolleginnen und Kollegen im Drathenhof auf dem Gelände des Freilichtmuseums Molfsee bei Kiel.[1] Es waren Teilnehmer einer Tagung am Institut für die Pädagogik der Naturwissenschaften (IPN), die sich um ein tieferes Verständnis von Innovationen im Grundschulbereich bemühte. An diesem Abend spitzte sich das Tagungsthema auf den Plan zu, die Didaktik des Sachunterrichts durch eine eigene Fachgesellschaft zu stützen.

Dieser Plan war nicht aus der Luft gegriffen. Überlegungen dazu waren bereits Jahre zuvor entwickelt. In der Gesellschaft für Didaktik der Chemie und Physik (GDCP) hatten sich einige Kolleginnen und Kollegen den besonderen Fragen des naturwissenschaftlichen Sachunterrichts zugewandt. Unter den etwas argwöhnischen Augen ihrer Gesellschaft gründeten sie dafür eine eigene Arbeitsgemeinschaft, die sich jährlich an wechselnden Universitätsstandorten, so auch 1990 in Kiel, traf. Walter Köhnlein und Kai Spreckelsen waren treibende Kräfte dieser Bewegung. Ihre Weggefährten sammelten sie anfangs im Umfeld der Naturwissenschaftsdidaktik, Gerhard Löffler und Siegfried Thiel gehörten dazu. Aber die Bewegung war von Anfang an auf eine Erweiterung des naturwissenschaftlichen Spektrums angelegt. Deshalb konnten auch Kollegen wie Elard Klewitz oder Helmut Schreier zur Arbeitsgruppe hinzustoßen, die Affinitäten zu den Naturwissenschaften hatten, aber auch andere Standpunkte einbrachten. Der Anstoß zur Gründung einer fachdidaktischen Gesellschaft Sachunterricht kam also aus der Naturwissenschaftsdidaktik. Deutlich war jedoch von Anbeginn das Bestreben, auch andere Standpunkte und Perspektiven zu gewinnen und sich an ihnen zu relativieren. Bereits hier zeigte sich ein im Bildungsfeld Sachunterricht begründeter integrativer Anspruch, der zehn Jahre nach der Gründung der GDSU in der Formulierung eines „Perspektivrahmens Sachunterricht" vollends eingelöst wurde. In diese Relativität der Perspektiven war zugleich die alles fundierende Relation von Kind und Sache einzubringen (vgl. etwa

---

[1] Ich danke Roland Lauterbach für eine ausführliche Schilderung der Entwicklungen, die zur Gründung der GDSU geführt haben, in die er als Mitbeteiligter Einblick hatte.

Klewitz 1996). Zu erwähnen bleibt, dass die Deutschen Gesellschaft für Erziehungswissenschaft in dieser Zeit durchaus ein Interesse daran signalisierte, die neu entstehende Fachgesellschaft als eine ihrer Sektionen aufzunehmen. Nicht alle Initiatoren aus dem Umfeld der GDCP waren jedoch bereit, einen solchen Schritt mitzugehen.

1990, das Jahr, in dem das Projekt GDSU ausgehandelt und verabredet wurde, war zugleich das Jahr der deutschen Einigung. Daraus erwuchs die Vision, die zu gründende wissenschaftliche Gesellschaft von vornherein als eine gesamtdeutsche Gesellschaft hervorzubringen. Schon in der Gründungskommission, die die Gründungsversammlung des Jahres 1992 vorbereitete, waren neben den westdeutschen Kollegen Köhnlein, Lauterbach und Schreier die ostdeutschen Kolleginnen Plischke und Koch aktiv. Ostdeutschland brachte eigene Erfahrungen und besondere Voraussetzungen zur Geltung. Dazu gehörte neben dem Fach Schulgartenunterricht auch eine neue Wertschätzung der Heimatorientierung in einer Zeit des gesellschaftlichen Umbruchs.

## 2. Die Leistung der Gründer

Es war also eine wachsende Vielfalt der Motivationen und der Perspektiven, die in den Gründungsprozess eingingen. Da brauchte es eine stabile Form, um die wachsende inhaltliche Fülle und Bandbreite der Positionen zu binden. Sicher war es ein Glücksfall, dass die GDSU in ihrer gesamten Gründungsphase über den ersten Geschäftsführer Roland Lauterbach materiell an das Institut für die Pädagogik der Naturwissenschaften (IPN) in Kiel angebunden werden konnte. Hebamme und Amme zugleich, konnte das Institut bereits den Arbeitskreis Sachunterricht in der GDCP mit einer eigenen Schriftenreihe, den Problemen und Perspektiven des Sachunterrichts, ausstatten. In der GDSU wurde die IPN-Reihe dann fortgeführt und erst ab 1996 in die verlegerische Verantwortung des Klinkhardt-Verlags gegeben.

Es bedurfte also eines klugen Managements, um das Projekt GDSU zum nachhaltigen Gelingen zu führen. Aber vor allem bedurfte es eines starken Willens, der von der Überzeugung getragen war, dass sich lohnt, für eine integrative Didaktik des Sachunterricht einzustehen. Für diesen Willen und für diese Überzeugung stehen alle Gründungsmitglieder, vor allem aber Walter Köhnlein, der erste Vorsitzende der GDSU. Er war die wichtigste treibende Kraft des Projekts und hat für sein Gelingen auch die meisten Kräfte investiert.[2] Dafür wurde er inzwischen von der Gesellschaft mit der Ehrenmitgliedschaft ausgezeichnet.

Die Gesellschaft lebt natürlich aus den Ideen, der Kreativität und der Arbeit aller ihrer Mitglieder. Und sie hat nur darin eine Zukunft, dass diese Quellen nicht versiegen, sondern weiter sprudeln. Und gewiss können wir gestern, heute und morgen nicht verzichten auf die Initiative und den besonderen Einsatz von Kolleginnen und Kollegen, die sich im Vorstand und in den Kommissionen und Arbeitsgruppen darum bemühen, an den Themen und Fragestellungen der Gesellschaft zu arbeiten. Aber jemand musste erst einmal auf die Idee kommen, in jenem schwierigen Gelände, das wir mit „Didaktik des Sachunterrichts" umschreiben, einen Grundstein für eine Fachgesellschaft zu legen. Die nötige Gemeinsamkeit, die gemeinsame Sprache, das gemeinsame Interesse konnten ja nicht einfach vorausgesetzt werden. Die GDSU war keine reife Frucht, die einfach so vom Baume fiel. Eher gleicht sie einem Versprechen auf die Zukunft, einer möglicherweise unabschließbaren Anstrengung, Identität, Übereinstimmung und Gemeinsamkeit zu finden. Wahrscheinlich gibt es keine zweite Fachgesellschaft, die so heterogen ist wie sie. Diese Heterogenität nicht nur auszuhalten, sondern sie produktiv zu nutzen, darin liegt der große Wurf, der den Grundsteinlegern der GDSU gelang. Heterogenität und damit Mehrperspektivität ist ein Markenzeichen der Didaktik des Sachunterrichts. Dahinter stehen ethische Grundhaltungen, die die Suche nach Wahrheit (unsere Grundmotivation) an die Werte der Toleranz und eines offenen Denkens binden, ein Denken in Alternativen, das die Bereitschaft einschließt, Denkbrücken, Netze des Verstehens vom Eigenen zum Anderen zu ziehen. Der Didaktik des Sachunterrichts und ihrer Fachgesellschaft ist es in den zwanzig Jahren ihres Bestehens nicht gelungen, einheitlich und stromlinienförmig zu werden. Das war auch nicht ihr Ziel. Wohl aber ist es ihr gelungen, eine Kultur des mehrperspektivischen Denkens zu begründen und zu leben.

---

[2] Exakt 20 Jahre nach dem GDSU-Gründungskongress hat Walter Köhnlein (2012) eine umfangreiche Monographie publiziert, in der er das „Gelände" des Sachunterrichts und seiner Didaktik auslotet, wie es in den Entwicklungen, die schließlich in der Etablierung einer eigenen Fachgesellschaft einmünden, angelegt wurde.

# 3. Aktuelle Brennpunkte des Sachunterrichts

Die Gründungsveranstaltung im März 1992 war „Brennpunkten des Sachunterrichts" gewidmet. Brennpunkte entstehen dadurch, dass man eine Sammellinse ins Licht hält, um es zu fokussieren. Im Brennpunkt kommt alles zusammen. Verdichtet und konzentriert enthält er das ganze Licht, die ganze Wahrheit, um sie an einer ausgewählten Stelle auf den Punkt zu bringen. Kind und Vernunft, Lebenserfahrung und Sachanspruch, Erziehung und Bildung, Heimat und Wissenschaft waren solche Brennpunkte, in denen das Licht der Gründungsveranstaltung gesammelt wurde. Wir alle wissen, dass es in Brennpunkten nicht nur hell, sondern auch heiß wird. Das kann weh tun und man kann sich verletzen.

Einer, der seine Sammellinse ins Licht der Gründungsveranstaltung gehalten hat, war Wolfgang Klafki (1992). In seinem Eröffnungsvortrag mahnte er die Gesellschaft und ihre Didaktik des Sachunterrichts, den Kontakt mit der Allgemeinen Didaktik lebendig zu halten und dabei jenen Kompass nicht aus den Augen zu verlieren, der mit dem Auftrag einer Allgemeinbildung gegeben ist, die den mündigen Menschen und die Herausforderungen seiner Zeit gleichermaßen im Blick hat. Welcher Lernbereich könnte diese Doppelaufgabe besser und umfassender bewältigen als der Sachunterricht? Welche Bildungszeit könnte für diese Aufgabenstellung bedeutsamer sein als die Grundschulzeit? Gleichwohl betonte Klafki, handelt es sich dabei um die schwierigste und komplexeste Aufgabe, die sich im Bildungsfeld der Grundschule einerseits und im wissenschaftlichen Aufgabenfeld der Fach- und Bereichsdidaktiken andererseits stellt.

## 3.1 Den Sachunterricht zerlegen?

Die Aufgabe ist so komplex und schwierig, dass in neuerer Zeit vermehrt Stimmen aufkommen, die im Anschluss an den aglo-amerikanischen Diskurs dazu raten, den Sachunterricht und seine Didaktik dadurch zu vereinfachen, dass wir ihn in verschiedene Bestandteile auflösen. Darin äußert sich wohl eher eine ökonomische, weniger eine pädagogische Rationalität. Die Vorbilder stammen aus dem betriebswirtschaftlichen Denken. Betriebe, die unter gegebenen organisatorischen Bedingungen in Teilen nicht profitabel wirtschaften können, werden, was übrigens nicht immer von Vorteil ist, aufgeteilt und die Teile in neue Strukturen überführt. Ähnlich wird für den Sachunterricht festgestellt, dass er in seiner Gesamtheit zu unüberschaubar sei, um effektiv von einer Lehrperson unterrichtet zu werden. Teilte man ihn auf in unterschiedliche Zuständigkeiten, z.B. in eine naturwissenschaftliche und in eine sozialwissenschaftliche Zuständigkeit, so die Argumentation, dann könnte man fachlich kompetenteres Lehrpersonal bereitstellen und damit im Endeffekt bessere Produkte, d.h. Lernergebnisse erwirtschaften. Wir müssen solche Überlegungen ernst nehmen.[3] Effektivität, Lernertrag ist ein wichtiges Kriterium. Aber der Kompass, den Wolfgang Klafki für den Sachunterricht aufgestellt hat, reicht weiter. Er verweist darauf, dass Bildung nicht schon da am Ende ist, wo die Methoden und Inhalte der Wissenschaften effektiv erworben wurden. Der Reichtum der Wissenschaften kann schon deshalb kein Ende markieren, weil er schier endlos und unerschöpflich ist. Das Ende der Bildung kommt vielmehr da in den Blick, wo der einzelne Mensch sinnvoll sein Leben bewältigt. Und in der Bewältigung des Lebens liegt dicht zusammen, was in den Wissenschaften perspektivisch auseinandergehalten wird. Pure Effektivität, so wichtig sie auch ist, garantiert noch nicht Bildung. Es lohnt sich deshalb, die Einheit des Sachunterrichts als Perspektiven aufschließendes, gleichwohl integrativ angelegtes Bildungsfeld für Kinder zu bewahren und auch Lehrende für diesen Zusammenhang auszubilden. Darin entspricht das Bildungsfeld nicht nur dem Ende, auf das der Bildungskompass weist, sondern auch den Anfängen des kindlichen Lernens, in denen Körper und Geist, Erfahrung und Reflexion eng beieinander liegen. Genau darum hat Jan-Hendrick Olbertz (2003, S. 33), der gegenwärtige Präsident der Humboldt-Universität zu Berlin, den Sachunterricht als „die ursprünglichste Art, den Kindern den Weg in diese Welt zu bereiten", bezeichnet.

Jedenfalls wird uns zwanzig Jahre nach der Gründung der GDSU die Diskussion um den rechten didaktischen Zuschnitt des Sachunterrichts bzw. die Frage, ob er nicht abgeschafft werden sollte, neu beschäftigen. Würde die Antwort positiv ausfallen, hätte das einschneidende Konsequenzen für die Grundschule, für die Lehrerbildung sowie für die Didaktik und ihre Fachgesellschaft. Der historische Weg, den die Gründer im Ausgang von der naturwissenschaftlichen Perspektive hin zur Vielperspektivität gegangen sind, würde sich umkehren müssen. Er hätte sich als Irrtum herausgestellt. Tatsächlich aber kann dieser Weg zwar durchaus im Licht von Tatsachen diskutiert werden. Aber die Tatsachen können ihn nicht vorschreiben oder widerlegen. Er beruht auf einer Wertentscheidung, auf der Entscheidung, dass es für Kinder bildungswichtig und -förderlich ist, nahe an ihren Lebenserfahrungen Denkmöglichkeiten zu gewinnen, die ihnen einerseits ihr Leben auf-

---

[3] Jörg Ramseger hat dazu die wichtigen Argumente in einem Vortrag auf der GDSU-Jahrestagung 2012 in Berlin zusammengetragen.

schließen und dabei helfen, ihre Erfahrungen zu ordnen. Andererseits sollen sie ihnen in Anfängen Methoden, Inhalte und Maßstäbe von fachlich differenzierten Wissenskulturen aufschließen. Bei der ersten Aufgabe liegen die Denkmöglichkeiten, die in den Wissenschaften weit ausdifferenziert werden, noch dicht zusammen. Würde man sie trennen, dann ginge das zu Lasten der Lebens- und Erfahrungsbedeutsamkeit des kindlichen Weltwissens. Der Sachunterricht hätte weniger Spielraum, Erfahrungskontexte zu schaffen, um sie von unterschiedlichen Standpunkten aus nahe an den Sprach- und Denkhorizonten der Kinder zu ordnen und die unterschiedlichen Ordnungen lebensbedeutsam zueinander in Beziehung zu setzen. Tatsächlich ist diese erste Aufgabe auch grundlegend für die zweite, die der perspektivischen Erschließung des fachkulturellen Wissens. Würden wir dieses in der Kinderbildung verabsolutieren, um es optimieren zu können, käme dies einem Dammbruch gleich. An welcher Stelle könnten wir dann noch ein „Genug" oder „Hinreichend" in der Lehrerbildung einziehen, wenn doch niemand in der Lage ist, die Naturwissenschaften oder Sozialwissenschaften als Ganzes, ja nicht einmal eine einzelne Wissenschaft oder auch nur eine Teildisziplin zu überschauen. Wenden wir uns stattdessen lieber der schwierigen, aber lohnenden Aufgabe zu, die wir dem Sachunterricht gestellt haben: Kinder herauszufordern, ihre erlebte und erfahrene Welt als Sache und Gegenstand zu gewinnen und selbst denkend und urteilend zu ordnen und sich darin als Subjekt hervorzubringen. Wenn uns diese Aufgabe bislang nicht gut genug gelungen ist, sollten wir die Anstrengungen vergrößern, sie zu bewältigen. Sie in wichtigen Teilen aufzugeben, wäre ein Holzweg.

### 3.2 Forschung zum Sachunterricht

Die GDSU wurde nicht zuletzt deshalb gegründet, um die Didaktik des Sachunterrichts mehr als zuvor als eine wissenschaftliche Disziplin zu etablieren. Wissenschaft ist untrennbar mit Forschung verbunden. Tatsächlich steckt die Sachunterrichtsforschung, ähnlich wie die anderer Fachdidaktiken, eher noch in Anfängen. Wohl deshalb sind in letzter Zeit Stimmen aufgekommen, die sich dafür aussprechen, das Gebiet unserer Disziplin, der Didaktik des Sachunterrichts, exklusiver als bisher für bestimmte? empirische Forschung zu reservieren. Dies hätte aber zur Konsequenz, dass wir dann am Rande dieses Gebiets Schilder aufzustellen müssten, die ein „Betreten verboten" für alle Aktivitäten aussprechen, die nicht das Siegel dieser Forschungsausrichtung empirischer Forschung tragen. Unverkennbar ist ein allmählicher Wandel in unserer Disziplin, der auf den GDSU-Tagungen der letzten 20 Jahre gespiegelt wird. Der Wandel besteht darin, dass immer mehr Berichte und Diskussionen über Forschungsvorhaben und -ergebnisse das Bild bestimmen. Forschung ist vor allem das Thema des wissenschaftlichen Nachwuchses. Und tatsächlich haben sich immer mehr Standorte herausgebildet, an denen sinnvolle Forschungsschwerpunkte für Nachwuchswissenschaftler organisiert werden. Die GDSU unterstützt diese Entwicklungen, indem sie mit gar zwei expliziten Angeboten ein Forum für Präsentation, Austausch und Publikation bereitstellt. Es ist eine wichtige und zentrale Zukunftsaufgabe, sachunterrichtsdidaktische Forschung zu fördern und das empirische Wissen über sachunterrichtsbezogene Lehr- und Lernprozesse zu mehren. Aber so wichtig diese Aufgabe auch ist, sie darf sich nicht exklusiv machen, darf sich nicht einzäunen und nach außen hin Verbotsschilder aufstellen. Das Erkenntnisinteresse, das diese Forschung trägt, hat sie nicht aus sich selbst. Sie braucht deshalb den gesellschaftlichen Dialog und sie steht im Verantwortungszusammenhang jener Praxis, die sie erforscht. Und sie braucht einen theoretischen Bezugsrahmen, der an der umfassenden und integrativen Bildungsaufgabe des Sachunterrichts orientiert ist. Nahe an dieser Forschung und im engen Bezug zu ihr müssen Sinn- und Wertfragen reflektiert und diskutiert werden. Was immer Forschung über den Bedingungszusammenhang von Lehren und Lernen herausfindet, es entbindet uns nicht von der ethischen Aufgabenstellung, dieses Lehren und Lernen als sinnvoll und wertvoll zu begründen und zu erweisen. Wolfgang Klafki jedenfalls hat der GDSU mit auf den Weg gegeben, sich nicht nur über Forschung, sondern auch über Theorienbildung und über die Praxis des Sachunterrichts zu verständigen. Sein Lebenswerk besteht ja auch darin, eine Brücke zu schlagen zwischen der älteren Pädagogik, die sich in Deutschland als geisteswissenschaftliche Pädagogik begründet hat und deren Wurzeln tief in die europäische Geistesgeschichte hineinreichen, und den neueren Paradigmen, aus denen die Impulse für eine Didaktik des Sachunterrichts gekommen sind. Auch die Didaktik des Sachunterrichts hat Wurzeln, die tiefer reichen als das Gründungsjahr der GDSU oder die Zeit der Paradigmenwechsel in den 1960er Jahren. Die Frage- und Aufgabenstellung des Sachunterrichts hat sich, wie die der Pädagogik, in jenen Jahrhunderten herausgebildet, in denen die Menschen sich immer bewusster herausgefordert sahen, ihre Welt selbst denkend und erkennend zu ergründen und verantwortungsvoll zu gestalten, so dass sie darin eine Heimat finden können. Diese Ursprünge dürfen wir nicht vergessen, auch weil sie immer wieder neu gefährdet sind.

# Literatur

Bollnow, O.F. (1968): Die pädagogische Atmosphäre. Heidelberg.

Klafki, W. (1992): Allgemeinbildung in der Grundschule und der Bildungsauftrag des Sachunterrichts. In: Lauterbach, R.; Köhnlein, W.; Spreckelsen, K.; Klewitz, E. (Hrsg.): Brennpunkte des Sachunterrichts. Vorträge zur Gründungstagung der Gesellschaft für Didaktik des Sachunterrichts e.V. (GDSU) vom 19. bis 21. März 1992 in Berlin. (Probleme und Perspektiven des Sachunterrichts, Bd. 3.) Kiel, S. 11-31.

Klewitz, E. (1996): Sachunterricht zwischen Wissenschaftsorientierung und Kindbezug. Antrittsvorlesung 10. Juni 1993. Humboldt-Universität zu Berlin. Berlin. URL: http://edoc.hu-berlin.de/humboldt-vl/klewitz-elard/PDF/Klewitz.pdf [04.12.2012].

Köhnlein, W. (2012): Sachunterricht und Bildung. Bad Heilbrunn.

Lauterbach, R.; Köhnlein, W.; Spreckelsen, K.; Klewitz, E. (Hrsg.) (1992): Brennpunkte des Sachunterrichts. Vorträge zur Gründungstagung der Gesellschaft für Didaktik des Sachunterrichts e.V. (GDSU) vom 19. bis 21. März 1992 in Berlin. (Probleme und Perspektiven des Sachunterrichts, Bd. 3.) Kiel.

Olbertz, J.-H. (2003): An den Dingen lernen – authentisches Wissen als „Rohstoff" für Bildung. In: Cech, D.; Schwier, H.-J. (Hrsg.): Lernwege und Aneignungsformen im Sachunterricht. (Probleme und Perspektiven des Sachunterrichts, Bd. 13.) Bad Heilbrunn, S. 27-36.

*Arnd-Michael Nohl*

# Sachen und Bildung – Perspektiven einer Pädagogik der Dinge

*Can constructivistic realism give an epistemological perspective to „Sachunterricht"? Peirce's distinction between three categories of consciousness (of feeling, of interruption and a synthetic consciousness) is used to point out the quality of learning and „Bildung" within the subject „Sachunterricht" in primary education.*

„So jetz geh ma und gucken wo die Diefebach in die Lahn fließt, damit Ihr mal richtich Mündungen seht und Euch das vorstellen könnt." Mit diesen Worten erinnert sich Peter Kurzeck (2007) des Heimatkundeunterrichts im Dorf seiner Kindheit nach dem Krieg. Der begnadete Stegreiferzähler schildert dann, wie sein Lehrer nach dem Ausflug die Mündung des Baches in den Fluss ebenso an die Tafel gemalt hat wie die Frauen, die am Bach ihre Wäsche wuschen, und die „Schleppkähne" auf dem Strom des Rheins, in den die Lahn schließlich fließt. Darüber, so vergisst er nicht zu erwähnen, zeichnete der Lehrer noch Wolken ein, zu denen das Wasser des Flusses verdunstet. „Und dann habe ich wirklich wochenlang solche Bilder gemalt", erzählt Kurzeck weiter, wobei er seinen blauen Buntstift aufgebraucht habe, zumal wenn er auch noch das Meer zeichnete.

Es kommt wohl nicht von ungefähr, dass die Heimatkunde wie auch der heutige Sachunterricht die eindrücklichsten schulischen Erinnerungen bei Kindern hinterlassen. Dies hat sicherlich auch damit zu tun, dass „vor allem der Sachunterricht versucht, Brücken zu schlagen zwischen der spielerischen Beschäftigung des Kindes mit den Dingen seiner näheren Umgebung und der Bewältigung einer komplexen Wirklichkeit" (Duncker/ Popp 1994, S. 7). Die Brücke, die in dem von Kurzeck geschilderten Schulausflug geschlagen wurde, lässt sich unschwer als diejenige eines „direktiv-entwickelnden Unterrichts" (Einsiedler 2007, S. 3) erkennen, überlässt der Lehrer doch nichts dem Zufall, sondern gibt die zu erlernenden Wissensgehalte mit seinem Tafelbild genau vor. Heute würde man den Sachunterricht sicherlich stärker „problem- und handlungsorientiert" aufbauen (ebd.) oder – dem konstruktivistischen Lernparadigma verpflichtet – davon ausgehen, dass „Schülerinnen und Schüler eigene Bedeutungsschwerpunkte und Interpretationen entwickeln", wie es in einem Rahmenlehrplan zum Sachunterricht heißt (Ministerium 2004, S. 11).

Tatsächlich finden sich in Kurzecks Miniatur auch Hinweise auf den konstruktivistischen Charakter des Lernens. Kurzeck ist mit den Gemälden, die er in sein Heft pinselte, zum „Konstrukteur einer Wirklichkeit" geworden, „die ihre Berechtigung und ihre Viabilität für ... ihn hat" (Rauterberg 2007, S. 2). Wenn Kurzeck dann schildert, er habe damals nicht begreifen können, warum ein Fluss nicht immer in den nächstgrößeren Fluss münde, also etwa die Lahn nicht in den Main, sondern direkt in den Rhein, so erscheint hierin die für einen konstruktivistischen Unterricht so wichtige „Ausbildung von Fragekompetenzen bei Vor- und Grundschulkindern" (Vogt/ Götz 2009, S. 4). Allerdings hat Kurzecks Lehrer dessen Frage nach dem Main im Unterricht offenbar nie aufgegriffen.

Demgegenüber hat heute die konstruktivistische Lerntheorie ganz offensichtlich in den Sachunterricht Einzug gehalten, sowohl was die Rahmenlehrpläne als auch was die wissenschaftliche Diskussion anbelangt. Fischer spricht in diesem Zusammenhang von der „heute weitgehend konstruktivistisch begriffenen elementaren Sachbildung" (Fischer 2011, S. 4; siehe auch Einsiedler 2007). Gleichwohl scheint der Konstruktivismus auf die Lerntheorie und Didaktik des Sachunterrichts beschränkt geblieben zu sein. Man spricht auch heute noch von der „Realienwissenschaft" (Rauterberg 2007, S. 6) und folgt dem realistischen Selbstverständnis seiner naturwissenschaftlichen Bezugsdisziplinen. Rauterberg (2007, S. 7) stellt bedauernd fest, dass „erkenntnistheoretisch weiterhin ein relativ naiver Realismus bzw. eine fraglose Übernahme von (deduziertem) Bezugsfachwissen in den Sachunterricht" dominiere.

Aber, so könnte man fragen, wäre denn dem Sachunterricht mit einer konstruktivistischen Erkenntnistheorie geholfen? Macht es Sinn, statt von „Interpretationen von [der einen, realen; AMN] Welt" nur noch von „Herstellungsweisen von Welten, die ... auf bestimmten Interpretationen beruhen" (Scholz 2007, S. 3), zu sprechen? Ist das Schippern der Schleppkähne auf dem Rhein eine Frage der Konstruktion oder des ganz realen Wasserstandes? Wird die Wäsche, gewaschen im Bach, nicht wirklich weiß?

Wo, wenn nicht im „Sachunterricht als wissenschaftlicher Disziplin" (Pech/ Rauterberg 2007), sollten solche erkenntnistheoretischen Fragen gestellt und mit einer lern- und bildungstheoretischen Perspektive verknüpft werden? In diesem Artikel wird eine erkenntnistheoretische Perspektive skizziert, die bestimmte Einsichten des Konstruktivismus aufgreift, ohne dabei die „Sachen" auf bloße Konstrukte zu reduzieren (Abschnitt 1). An diese Perspektive, die man als einen „konstruktivistischen Realismus" bezeichnen könnte, knüpfen sich lerntheoretische Überlegungen an (Abschnitt 2). Erst vor deren Hintergrund wird es dann auch möglich sein, den Fokus auf das Titelthema des Artikels, die Sachen und die Bildung, zu legen (Abschnitt 3).

## 1. Erkenntnistheorie: konstruktivistischer Realismus

Die Perspektive eines konstruktivistischen Realismus ist in den vergangenen Jahren vor allem von der neueren Wissenschaftsforschung prononciert worden. So wendet sich Bruno Latours von einer Wissenschaft ab, die Geist von Materie bzw. das Menschliche vom Nichtmenschlichen sauber zu trennen versucht, und betont, Forschung lasse sich „am besten verstehen als kollektives Experimentieren mit dem, was Menschen und nichtmenschliche Wesen *zusammen* verkraften oder zurückweisen können" (Latour 2000, S. 31; H.v.m.).

Es stellt sich die Frage, ob dieser konstruktivistische Realismus eine erkenntnistheoretische Perspektive für den Sachunterricht bieten kann. Um diese Frage zu erörtern, beziehe ich mich auf die Philosophie des amerikanischen Pragmatismus. Der Pragmatismus wird zwar häufig für einen geradezu relativistischen Konstruktivismus in Anspruch genommen. Doch eine genauere Lektüre seiner Erkenntnistheorie macht deutlich, dass es sich hierbei um eine Perspektive handelt, die die Grenzen zwischen Konstruktivismus und Realismus unterläuft.[1]

Der Pragmatismus ist in der Pädagogik vor allem durch John Dewey bekannt gemacht worden. Dewey verweist in seinen erkenntnistheoretischen Schriften immer wieder auf Charles Sanders Peirce, den er „Philosoph der Philosophen" nannte (zit. n. Prawat 2001). Im Unterschied zu Dewey war Peirce kein Sozialwissenschaftler, sondern ein ausgebildeter Naturwissenschaftler und blickte auf eine jahrelange Tätigkeit als Geodät und Chemiker zurück. Die Beispiele für seine vornehmlich wissenschaftstheoretischen Überlegungen bezog er entsprechend aus den Naturwissenschaften.

---

[1] Siehe hierzu vor allem die Arbeiten von Prawat (2001). Auch Latour bezieht sich in seiner Wissenschaftsforschung auf den Pragmatismus, vgl. Latour (2000, S. 79 u. 90).

Man kann sich Peirce' stets komplexen Gedankengängen nähern, indem man seinen Überlegungen folgt, die sich mit dem „Zweifel" beschäftigen. Der Zweifel ist für den Erkenntnisprozess von entscheidender Bedeutung, denn nur durch Misstrauen kann neues Wissen entstehen. Schon Descartes hatte seine Erkenntnistheorie auf dem Moment des Zweifels aufgebaut und den „völligen Zweifel" (Peirce 1967, S. 184f.) an den Beginn aller Erkenntnis gesetzt. Der Mensch kann nur seines Zweifels gewiss sein, alles andere aber müsse er bezweifeln. Diesen „Von-Vornherein-Skeptizismus" kritisiert Peirce (ebd.), da „echter Zweifel nicht durch eine bloße Willensanstrengung geschaffen werden kann, sondern durch die Erfahrung zustande gebracht wird" (Peirce 1970, S. 448). Auch wenn man etwas bezweifeln *will*, kann dieser Zweifel kein völliger werden, da der Mensch sich immer nur einen (kleinen) Ausschnitt aus der Gesamtheit an möglichem Zweifel vor Augen führen kann.

Welcher Ausschnitt aus der Gesamtheit möglicher Zweifel reflektiert wird, hängt von den jeweiligen Erfahrungen des Menschen ab. Der Mensch kann sich dann zwar vornehmen, neue Erfahrungen zu machen, um seinen Zweifel an etwas zu nähren. Wie diese Erfahrung indes aussehen wird, kann er – so die Erfahrung denn wirklich neu ist – jedoch nicht vorhersehen. Insofern kann die für den Zweifel nötige Erfahrung nicht intendiert werden; sie ist letztlich überraschend (vgl. Peirce 1970, S. 316).

Es ist also nicht die Kontemplation des Subjekts, die am Beginn des Erkenntnisprozesses steht, sondern die plötzliche Konfrontation zwischen Mensch und Welt. In diesen praktischen Austauschprozessen kommt es zu neuer Erfahrung, die alte Gewohnheiten und Praktiken zwischen Mensch und Welt zu durchbrechen geeignet ist. Dies hat nichts mit einem naiven Realismus zu tun, vielmehr sind in diese Begegnung von Welt und Mensch dessen Konstruktionen eingebunden. Deutlich wird dies schon an der pragmatistischen Maxime, der Gründungsformel des Pragmatismus, erstmals veröffentlicht von Peirce im Jahre 1878. Reale Gegenstände und menschliche Konstruktionen verbindet Peirce in der pragmatistischen Maxime folgendermaßen:

> „Überlege, welche Wirkungen, die denkbarer Weise praktische Relevanz haben könnten, wir dem Gegenstand unseres Begriffs in unserer Vorstellung zuschreiben. Dann ist unser Begriff dieser Wirkungen das Ganze unseres Begriffes des Gegenstandes" (Peirce 1967, S. 339).

Jenseits eines nominalistischen oder konventionalistischen Begriffsverständnisses verknüpft Peirce hier die menschlichen Konstruktionen mit den Folgen („Wirkungen"), die ein „Gegenstand" in einem praktischen Zusammenhang hat. Man könnte nun den „Begriff der Wirkungen" auf die praktischen Erfahrungen einer kleinen, situativen Kommunikationsgemeinschaft beziehen. Nehmen wir einige beispielsweise (Klein-)Kinder, die Kaufladen spielen: Die Waren (z.B. Waschpulverpackungen, Früchte etc.) werden von den Kindern so gebraucht, als seien sie echte Waren, obgleich sie eigentlich nur aus Holz oder Pappe bestehen. Unter den Spielteilnehmer/innen wird diesen Waren die Wirkung zugeschrieben, als Gegenwert für Geld zu gelten. Sie werden dann im Tausch für Geldstücke und -scheine verkauft. Solange die Holz- und Pappe-Attrappen nicht auf dem öffentlichen Markt verkauft werden, wäre es dann (für die Kinder) falsch zu behaupten, es handele sich um Kaufladen-Ware?

Gegenüber dieser gewissermaßen sozialkonstruktivistischen Lesart (siehe hierzu Peirce 1967, S. 339), die von manchen Pragmatisten bevorzugt wurde, wendet Peirce sich gegen den – im Beispiel von den Kindern gepflegten – „willkürlichen ‚Sprachgebrauch'‚ – (Peirce 1970, S. 433). Er geht stattdessen von einer Verbindung zwischen Gegenstand und Begriff aus, die auf der gesamten Vorerfahrung der Menschen basiert, sich somit nicht auf die Situation des Kaufladenspiels beschränkt. Diese Vorerfahrungen, d.h. die bereits vollzogenen praktischen Austauschprozesse zwischen Mensch und Welt, lassen auf bestimmte Eigenschaften der Gegenstände beziehungsweise zumindest auf deren Möglichkeit schließen. Wir behandeln die Geldstücke und -scheine des Kaufladens so, dass, wenn wir sie in einem Supermarkt verwenden würden, „entsprechend unseren bisherigen Erfahrungen eine bestimmte Art sinnlichen Resultats daraus folgen *würde*" (Peirce 1970, S. 435; H.i.O.). Wir vermeiden also, indem wir uns auf die Vergangenheit als dem „Lagerhaus für all unser Wissen" (ebd., S. 437) stützen, im Supermarkt angesichts unseres Spielgelds ausgelacht zu werden. Daher bezahlen wir lieber mit echten Münzen.

Zugleich ist dieser Zugriff auf den Gegenstand – etwa auf das Spielgeld oder auch die echten Münzen – zukunftsoffen. Die pragmatistische Maxime schließt auch die Zukunft ein, in der neue Erfahrung, die möglicherweise unsere Auffassung von den Eigenschaften einer Substanz verändern könnte, auftauchen mag. So könnte zum Beispiel auch das echte Geld eines Tages nicht mehr die erwartete Wirkung erzielen, wenn etwa die Inflation den Preis für Brot ins Unermessliche treibt oder bestimmte Waren nur noch mit Kreditkarte bezahlt werden können.

Die Erkenntnisanstrengungen sind also nicht als diejenigen eines auf sich alleine gestellten Individuums gedacht, sondern schöpfen aus dem Erfahrungsschatz letztlich der gesamten Menschheit. Daher warnt Peirce davor, die pragmatistische Maxime „in einem zu individualistischen Sinn zu verstehen", ist doch die Zuschreibung von Wirkungen eines Gegenstandes eine „Leistung aller" Menschen, die bislang gelebt haben (Peirce 1967, S. 355).

Mit der pragmatistischen Maxime lässt sich mithin auf eine Spannung verweisen, die von großer pädagogischer Bedeutung ist. Diese Spannung rührt nicht nur aus dem Unterschied zwischen individuell erfahrenen Dingwirkungen und dem Wissen der Menschheit, sondern auch aus der Differenz zwischen den kindlichen Konstruktionen etwa im Kaufladenspiel und den Wirkungen, die dem Geld im Kapitalismus zugeschrieben werden. Diese Spannung berührt zugleich ein Grundproblem wie auch -potenzial des Sachunterrichts: das „Entwicklungspotenzial von/ zwischen erfahrungsgebundenen Eigentheorien und gesellschaftlichen, kulturellen, wissenschaftlichen, politischen etc. Deutungen" (Pech et al. 2005). Im Sachunterricht werden die Alltagstheorien, die sich Kinder im Umgang mit ihrer Welt geschaffen haben, aufgegriffen, ohne dass man bei ihnen stehen bleiben würde. Vielmehr führt man die Kinder an die gesellschaftlich etablierten sozial- oder naturwissenschaftlichen Deutungen heran. Damit sind wir bei den lerntheoretischen Implikationen des Pragmatismus.

## 2. Lernen in der Praxis zwischen Mensch und Welt

Peirce selbst hat sich nicht eigens mit Fragen des Lernens auseinandergesetzt. Sporadisch benutzt er den Begriff des Lernens aber in seiner Erkenntnistheorie, womit sich die auch für den Sachunterricht hervorgehobene enge Verknüpfung erkenntnis- und lerntheoretischer Fragen andeutet. Es geht Peirce um die Frage, wie ein menschliches Bewusstsein von (materiellen und immateriellen) Dingen entstehen kann. Peirce unterscheidet dazu drei Kategorien des Bewusstseins: Erstens das „Gefühl", das eher ein „passives Bewusstsein einer Qualität ohne jegliches Wiedererkennen oder Analysieren" darstellt. Zweitens das Bewusstsein einer „Unterbrechung", eines „Widerstandes", eines „äußeren Faktums". Und drittens das „synthetische Bewusstsein, das die Zeit zusammenhält, ein Lernmoment, ein Gedanke" (CP 1.377[2] ).

Diese Trichotomie lässt sich gut an einem Beispiel darstellen: Wenn ein Baby seinen ersten Milchzahn in seiner noch nicht identifizierten Materialität wahrnimmt, sozusagen nur als eine Qualität, so spricht man von der ersten

---

[2] Die englischsprachige Originalfassung von Peirce Schriften, die zu Lebzeiten nur teilweise veröffentlicht worden waren, wird zumeist nach seinen „Collected Papers" (CP) zitiert, wobei die Ziffer vor dem Punkt auf den Band und die Ziffer nach dem Punkt auf den Paragraphen verweisen.

Kategorie des Bewusstseins. Die „Erstheit" bezieht sich auf „die Idee dessen, was so ist, wie es ist, ungeachtet alles anderen. D.h. es ist eine Gefühls*qualität*" (Peirce 1970, S. 320; H.i.O.). Es handelt sich um eine Gegenwärtigkeit, die genau das ist, „was es ist, ungeachtet alles Abwesenden, ungeachtet der Vergangenheit und der Zukunft". Diese „positive Beschaffenheit" lässt sich offenbar kaum positiv definieren, ruft Peirce doch ein Bewusstsein in Erinnerung, „in dem es keinerlei Vergleichung gibt, keine Relation, keinerlei erkannte Vielfältigkeit (da die Teile anders als das Ganze sein würden), keinen Wechsel, keine Vorstellung von irgendeiner Modifikation dessen, was positiv gegenwärtig ist, keine Reflexion" (ebd., S. 308). Erstheit bezieht sich also auf die unmittelbarste Berührung mit den Dingen, ohne dass diese als Dinge-an-sich erfasst werden könnten.

Gehen wir einen Schritt weiter. Dem Kind sind alle Milchzähne gewachsen, sie sind glatt, fest und stark, sodass sie ihm als Kauwerkzeuge dienen können. Eines Tages aber gibt ein Zahn, als das Kind mit der Zunge auf ihn drückt, plötzlich nach. Dieser Moment verweist auf die zweite Kategorie des Bewusstseins, des Bewusstseins einer Unterbrechung des Immer-schon-Gewussten und damit des Zweifels. Diese „Zweitheit" impliziert eine Modifikation in der Erfahrung, ein Ineinander von „Aktion und Reaktion" (Peirce 1970, S. 309). Hier tritt das Unerwartete auf, der wackelnde Zahn wird zum Gegenstand im wahrsten Sinn des Wortes. Zweitheit ist in dieser Hinsicht existentiell und spezifisch, es fehlt ihr jede Generalisierung (vgl. CP 1.328). In der Zweitheit, so Peirce, zwingt sich die Realität der Kognition auf – der als fest konstruierte Zahn wackelt. „Das Reale ist das, was darauf besteht, sich seinen Weg zu erzwingen zur Anerkennung als etwas *anderes* als das, was das Gehirn geschaffen hat"(CP 1.325; H.i.O.).

Indem in der Zweitheit unerwartete Erfahrung auf den Plan tritt, entsteht also neue Erkenntnis. Peirce hat selbst auf die pädagogische Bedeutung dieses Erkenntnisprozesses hingewiesen: „Durch Überraschungen alleine lehrt uns die Erfahrung alles, was sie uns zu lehren geruht." An anderer Stelle heißt es: „Die Erfahrung ist unsere einzige Lehrerin" (Peirce 1970, S. 316 u. 315). Der Moment der Überraschung ist lerntheoretisch von hoher Bedeutung. Denn in diesem Moment treffen die ursprünglichen Erwartungen des Menschen bezüglich der Wirkungen eines Gegenstandes, etwa des Zahns, mit dem „Non-Ego", dem „fremden Eindringling in seinem abrupten Auftreten", dem Wackeln des Zahns, zusammen (Peirce 1970, S. 317). Das bereits Gewusste wird durch die neue Erfahrung in Frage gestellt. Dem Menschen wird auf diese Weise eine „Dualität" aufgezwungen: „einerseits eine Erwartung, die sie der Natur zuschrieb, aber die einer bloß inneren Welt zuzuschreiben sie sich jetzt gezwungen sieht, und andererseits ein starkes neues Phänomen, das jene Erwartung in den Hintergrund schiebt und deren Platz einnimmt" (Peirce 1970, S. 319). In diesem Moment werden also – ich knüpfe hier an die pragmatistische Maxime an – neue Wirkungen eines Gegenstandes erfahren; der Begriff von diesem Gegenstand erweitert sich. War das Kind vor dieser Erfahrung von der Annahme ausgegangen, Zähne seien immer fest, so erweitert sich nun sein Verständnis von Zähnen.

Die Erwartungen, Konzepte und Ideen des Kindes stellen das dar, was Peirce die „Drittheit" nennt. Bei der Drittheit handelt es sich um die Überzeugungen des Menschen. Diese können verbal als Propositionen ausgedrückt werden, liegen oftmals aber auch als Verhaltensgewohnheit (habit) vor. Propositional würde die Überzeugung formuliert werden, wenn das Kind nach der geschilderten Erfahrung sagt: „Irgendwann fängt ein Zahn an zu wackeln." Es hat in diesem Satz eine Synthese gebildet (vgl. CP 1.381), die zugleich auf weitere Überzeugungen verweist (etwa jene, dass Zähne ansonsten fest sind und dem Kauen dienen). Die Kategorie der Drittheit besteht also aus Erwartungen und Überzeugungen, die den „Faden des Lebens" spinnen und das Leben mit „Kontinuität" versehen (CP 1.337). In dieser Hinsicht beschreibt Peirce Drittheit als ein „synthetisches Bewusstsein" und als ein „Gefühl des Lernens" (ebd.).[3]

Nach Peirce verweisen alle Schlussfolgerungen, seien sie noch so abstrakt, auf eine konkrete Praxis mit realen Dingen. Im propositionalen Wissen werden Konzepte zu den Wirkungen der Dinge aufgebaut, die nicht nur in einem Verweisungszusammenhang zu anderen Konzepten stehen, sondern zugleich auf eine Praxis verweisen, die die Menschen mit der Welt verbindet. Daher ist die „reale und lebendige logische Schlussfolgerung … die Handlungsroutine" (CP 5.491). Die habitualisierte Praxis, oder wie es im Englischen heißt: der habit verbindet uns unmittelbar mit der Materialität der Welt (vgl. CP 5.538), z.B. beim ständigen Spielen mit dem wackelnden Zahn.

Diese Perspektive des konstruktivistischen Realismus eignet sich meines Erachtens dazu, den Sachunterricht erkenntnis- und lerntheoretisch zu fundieren. Sie würde die Fülle an didaktischen Vorschlägen und kreativen Unterrichtspraktiken, die bislang im Sachunterricht entwickelt wurden, in einen etwas anderen Rahmen, nicht aber in Frage stellen. Und sie würde beantwor-

---

[3] Dieser Übergang von der bisherige Erwartungen durchbrechenden Überraschung, die den Anfang des Lernens markiert, und der neuen Schlussfolgerung als seinem Endpunkt, findet sich in vielerlei Facetten im Sachunterricht: Etwa dort, wo von „konkreten Details … abstrahiert" (Einsiedler 2007, S. 7) wird, man „produktive Irritationen" (Hiller/ Popp 1994) oder das „Verfremden" (Rauschenberger 1994) nutzt.

ten, warum im Sachunterricht einerseits „ein methodisches Verhältnis zur *Realität* kultiviert" werden sollte – so Duncker (1994, S. 29; H.v.m.) –, obwohl der Sachunterricht andererseits „die Welt selbst gar nicht zeigen [kann; AMN], sondern immer nur ein *Bild* von ihr" vermittelt (ebd., S. 34; H.v.m.).

## 3. Bildung zwischen Menschen und Sachen

Die praktischen Verbindungen von Welt und Mensch, aus deren Unmittelbarkeit heraus sich Weltkonstruktionen entfalten, sind nicht nur der Ausgangspunkt der erkenntnis- und lerntheoretischen Perspektiven des Pragmatismus, sondern auch meiner Überlegungen zur Bildung mit Sachen. Bevor ich aber hierauf näher eingehen kann, möchte ich genauer definieren, wie sich meines Erachtens Bildung von Lernen unterscheidet.

Eine Unterscheidung zwischen Bildung und Lernen kann entlang der strukturalen Bildungstheorie von Winfried Marotzki erfolgen. Nach Marotzki vollziehen sich Lernprozesse innerhalb eines gegebenen „Rahmens" bedeutungsmäßiger und sinnhafter Gehalte, während Bildungsprozesse „diesen Rahmen transformieren" (Marotzki 1990, S. 52). Dies lässt sich auch auf solche Lern- und Bildungsprozesse beziehen, die sich zwischen Menschen und Sachen entfalten: Wenn Lernen stets in einem gegebenen Rahmen stattfindet, dann bedeutet dies auf Seiten des Menschen, dass sich im Lernprozess die Lebensorientierungen, die „Selbst- und Weltreferenzen", wie es bei Marotzki (a.a.O.) heißt, nicht verändern. Bei den Dingen, die erlernt werden, steht deren Funktionalität schon vorab fest, sie werden also ebenfalls in einem gegebenen Rahmen erlernt. Demgegenüber verändern sich im Bildungsprozess die Rahmen, innerhalb derer gelernt wird. Denn menschliche Bildung verstehe ich als Subjektivierung durch die Entfaltung von neuen Orientierungen (vgl. hierzu Nohl 2006). Durch die Entstehung neuer Lebensorientierungen kann sich der Mensch neu als Subjekt begreifen. Auf Seiten der Dinge geht es hier um die Entfaltung von neuen Funktionen und Bedeutungen, wobei hier selbstverständlich die für den Menschen so charakteristische Reflexion fehlt.

Eine ähnliche, wenn auch nur auf den Menschen bezogene Differenzierung findet sich m.E. auch im „Perspektivrahmen Sachunterricht", in dem zwischen dem „Sach- und Verfahrenswissen" und dem „wertebezogenen Orientierungswissen" unterschieden wird (GDSU 2002, S. 4). Ein Sachunterricht, der sich nicht darauf beschränkt, *Sachkunde* zu sein, müsste insofern auf Bildung zielen. Er müsste nicht „nur den Aspektreichtum und die Erscheinungsfülle der Wirklichkeit aufzeigen", sondern auch danach fragen, „welche

Urteile sich daran schärfen lassen, welche Bedeutungen man mit den gefundenen Aspekten verbindet und wie man sie in das eigene Denken und Handeln integriert" (Duncker 1994, S. 37). Duncker bezeichnet dies als den „Erziehungsanspruch des Unterrichts" (a.a.O.). Soweit in der Erziehung das Überwältigungsverbot Beachtung findet, soweit also den Zöglingen keine Orientierungen aufgezwungen werden, zielt Erziehung m.e. darauf, dass Kinder eigenständige Orientierungen entfalten können.

Aus einer pragmatistischen Perspektive heraus ist Bildung aber nicht alleine im menschlichen Subjekt zu verorten, sondern im Zwischenraum zwischen Mensch und Welt. Dies lässt sich anhand einer exemplarischen Analyse zeigen, in der Latour eine neue, dem konstruktivistischen Realismus verpflichtete Perspektive auf eine alte naturwissenschaftliche Entdeckung entwickelt: auf die Entdeckung der Hefe durch Louis Pasteur (vgl. Latour 2000, S. 137ff.).[4]

Zunächst ist Louis Pasteur ein noch wenig bekannter Professor in der französischen Provinz und das Milchsäureferment ein graues Etwas. Dann aber „werden der Status eines nichtmenschlichen Wesens sowie der eines Menschen verändert. Eine Nicht-Entität ... der chemischen Theorie verwandelt sich darin in eine prächtige Gestalt. Parallel dazu triumphiert Louis Pasteur ... mit seiner Überzeugung gegen alle Widerstände und stößt Liebigs Theorie um" (Latour 2000, S. 140). Was Latour hier als Veränderung des Status bezeichnet, begreife ich als Rahmentransformation. In dieser Bildungsgeschichte verändern sich die Rahmen, innerhalb derer Louis Pasteur und das Milchsäureferment agieren. Pasteur wird zum anerkannten Konkurrenten von Justus von Liebig und zum Begründer der Mikrobiologie, das Milchsäureferment wird zur treibenden Kraft in ganz unterschiedlichen Gärungsprozessen. Wie aber kommt es dazu? In einem Forschungsbericht von Pasteur findet sich folgende Stelle:

„Es gibt Fälle, in denen man es bei der einfachen Milchsäuregärung erkennen kann: Über der Ablagerung der Kreide und der stickstoffhaltigen Substanz bilden Portionen einer grauen Substanz manchmal einen Bereich an der Oberfläche der Ablagerung. Die Untersuchung [der grauen Substanz; AMN] am Mikroskop vermag es kaum, sie vom Kasein, dem zersetzten Gluten etc. zu unterscheiden, in einer Weise, dass nichts darauf hinweist, dass sie eine besondere Substanz sei, noch dass sie während der Gärung entstanden sei. Nichtsdestotrotz spielt diese Substanz die Hauptrolle. Ich werde als erstes einen Weg aufzeigen, um sie zu isolieren, sie im reinen Zustand herzustellen" (Pasteur 1857, S. 914).[5]

---

[4] Zur Rekonstruktion weiterer Bildungsprozesse zwischen Menschen und Dingen siehe Nohl (2011).

[5] Die Übersetzung hat dankenswerterweise Dr. Yvonne Henkelmann besorgt.

Am Beginn seiner Forschungsarbeit, die nicht der Entdeckung der Hefe gewidmet ist, da er von ihr noch überhaupt nichts ahnt, macht Pasteur eine überraschende Beobachtung: Bei der zuvor rein chemisch erklärten Milchsäuregärung sieht er einen grauen Stoff, der so ist, wie er ist, ungeachtet alles anderen. Pasteur kann dieses neue Etwas weder in die ihm bislang bekannten, vornehmlich chemischen Dinge einordnen noch es mit ihnen vergleichen. Wir haben es hier also mit einer „Erstheit" im Sinne von Peirce zu tun. Diese Erstheit manifestiert sich auf Seiten des Menschen als eine „Gefühlsqualität"; auf Seiten des „Etwas" hingegen handelt es sich, folgt man Peirce, um eine „chance-spontaneity" (CP 6.265). Es geht also um die „pure Spontaneität" des Zufalls, die „unendlich oft" kleinere und größere „Abweichungen" von der Regel produziert (CP 6.59), welche sich aber nur höchst selten als Innovationen etablieren können.

Damit aus dem grauen Stoff aber etwas Neues werden kann, muss Pasteur ihn zunächst in Experimente verwickeln, d.h. in Aktionen und Reaktionen, in deren Zentrum nunmehr der graue Stoff selbst steht. Peirce zufolge bedarf die noch völlig vage Erstheit der „Performanz" in einer Zweitheit, um sich konkretisieren zu können (CP 2.234). Auf dieser Ebene gibt Pasteur dem Stoff aber noch keinen definitiven Namen. Vielmehr bezeichnet er ihn mit dem, was Latour einen „Aktionsnamen" nennt: „Noch wissen wir nicht, was *es ist*, doch wir wissen aus den durchgeführten Laborversuchen, was *es tut*" (Latour 2000, S. 144; H.i.O.).

Was dabei von Pasteur beobachtet wird, „definiert sich", so Latour, „nur durch eine Liste von Wirkungen ... Erst später wird aus diesen Performanzen eine Kompetenz abgeleitet, das heißt eine Substanz, die erklärt, warum der [nicht-menschliche; AMN] Akteur sich so verhält" (Latour 2000, S. 372).[6] Erst wenn aus den beobachteten Aktionen spezifische Eigenschaften (d.h. Wirkungen) isoliert sind, die auf eine Substanz verweisen, „deren Eigenschaften sie sind" (ebd., S. 144), wird das beobachtete Phänomen symbolfähig. Man nennt es dann „Hefe" und es wird zur Drittheit:

> „Von einer nicht existierenden Entität zu einer ganzen Gattung zu gelangen, ist also möglich, wenn verschiedene Stadien durchlaufen werden: Zunächst besteht die Entität aus flottierenden Sinnesdaten [dem grauen Etwas; AMN], dann wird sie als Aktionsname verstanden und schließlich in ein organisches, pflanzenähnliches Lebewesen [die Hefe; AMN] verwandelt, das einen Platz in einer feststehenden Taxonomie einnimmt. Die Zirkulation von Referenz bringt uns hier ... von einem ontologischen Status zum nächsten" (ebd., S. 147; H.i.O.).

---

[6] Der Begriff „Akteur" verweist bei Latour nicht alleine auf Menschen, sondern auch auf Nicht-Menschen.

In der pragmatistischen Begrifflichkeit könnte man auch sagen: Beginnend mit der Spontaneität und Gefühlsqualität der Erstheit ist, vermittelt über die Performanzen der Zweitheit, eine neue Drittheit entstanden, in der der nunmehr berühmte Pasteur untrennbar mit dem Mikroorganismus der Hefe verknüpft ist. In diesem Bildungsprozess haben sowohl das nicht-menschliche als auch das menschliche Wesen einen neuen Rahmen erhalten, in dem sie fortan agieren.

Latour verweist am Ende seiner exemplarischen Analyse kurz auf die pragmatistische Maxime, gibt es doch „keinen anderen Weg ... , einen Akteur zu definieren, als durch seine Aktion, und keinen anderen Weg, eine Aktion zu bestimmen, als sich zu fragen, wie die jeweils interessierende Figur andere Akteure verändert, transformiert, stört oder hervorbringt" (Latour 2000, S. 148). Latour spricht hier von dem „Grundsatz des Pragmatismus" (ebd.), dem er allerdings m.E. eine neue Dynamik verleiht.

Denn es geht hier nicht nur darum, einem bereits festgelegten Gegenstand „Wirkungen" von „praktischer Relevanz" zuzuschreiben, wie dies Peirce (1967, S. 339) formuliert hat, sondern diesen Gegenstand mitsamt seinen Wirkungen im Experiment zu verändern und überhaupt erst zu isolieren. Nicht nur die richtige Erkenntnis, sondern die Frage, wie in diesem Austauschprozess, der mit der Zuschreibung von Wirkungen verbunden ist, Dinge und menschliche Identitäten erst entstehen, steht im Raum. Man könnte die pragmatistische Maxime insofern dahingehend ergänzen, dass dann, wenn den Gegenständen Wirkungen zugeschrieben werden, die sie möglicherweise (noch) gar nicht haben, die Gegenstände (etwa der graue Stoff) diese Wirkungen im gemeinsamen Handeln mit den Menschen erhalten können.

Wie auch immer man diese Erweiterung der pragmatistischen Maxime im Rahmen der Naturwissenschaften einschätzen mag, bildungstheoretisch ist sie sehr wichtig. Denn die bildungstheoretisch signifikante Transformation der Rahmen, in denen die Praxis von Menschen und Dingen stattfindet, lässt sich nur verstehen, wenn man auch die Entstehung des Neuen begreifen kann. Angelehnt an die exemplarische Analyse von Latour und an die pragmatistische Theorie lässt sich nun sagen, dass Bildung mit Sachen sich dort entfalten kann, wo das noch völlig Vage, das sich bislang lediglich durch ein spontanes Gefühl auszeichnet, zur Performanz gebracht wird. In dieser versuchsweisen, in hohem Maße irrtumsanfälligen Praxis können sich dann u.U. neue Regelmäßigkeiten, d.h. neue Rahmen, in denen Menschen und Dinge agieren, herauskristallisieren.

# 4. Bildung und Lernen im Sachunterricht

Dass transformative Bildungsprozesse bislang ausschließlich außerhalb der Schule oder zumindest außerhalb von Unterrichtsinhalten empirisch festgestellt wurden (vgl. u.a. Marotzki 1990, Nohl 2006, von Rosenberg 2011), ist wohl nicht auf Zufälligkeiten der empirischen Analyse zurückzuführen, sondern in der Struktur organisierter pädagogischer Prozesse begründet. Es zählt ja zu den zivilisatorischen Errungenschaften, dass pädagogische Prozesse nicht mehr der Selbstläufigkeit in der Familie anheimgestellt, sondern in Schulen organisiert werden. Zur Organisation der Schule gehört aber konstitutiv dazu, dass das, was von den Kindern erwartet wird, in Curricula und anderen Ordnungen festgelegt ist. Die Rahmenlehrpläne für den Sachunterricht etwa definieren, welches Wissen und welches Können den Kindern zu vermitteln ist. Dies macht die Schule prinzipiell von den persönlichen Motiven, Launen und Präferenzen der Lehrer/innen wie der Schüler/innen unabhängig; zugleich schränkt es aber die Spontaneität der Kinder stark ein. Im organisierten Unterricht wird diese Spontaneität, die im Sinne der Erstheit ja ein Ausgangspunkt von Bildungsprozessen sein kann, nur berücksichtigt, wenn sie für die vorab festgelegten Unterrichtsziele genutzt werden kann. Andernfalls wird sie als Störfaktor behandelt.

Schule – und damit auch der Sachunterricht – dienen eben vornehmlich der Vermittlung von Wissen und Können, also dem Lernen. Das, was gewusst und gekonnt werden soll, ist vorab (in den Rahmenlehrplänen wie auch in der Unterrichtsvorbereitung durch die Lehrenden) festgelegt, es liegt mithin auf der Ebene der Drittheit. Guter (Sach-)Unterricht ermöglicht es den Kindern, eigene praktische Erfahrungen in den neuen Wissensgebieten zu machen. Wo Kinder neues Können erlernen sollen, kommt der Unterricht gar nicht ohne diese Ebene der Performanz, d.h. der Zweitheit, aus. Stets aber ist der praktische Anteil im Unterricht durch die curricularen Erwartungen und diejenigen des Lehrers/ der Lehrerin gerahmt. Der Austauschprozess zwischen Kindern und den Unterrichtsgegenständen, der im Sachunterricht so wichtig ist, wird also durch den Modus der Drittheit strukturiert.

Mit diesen Überlegungen soll nicht in Frage gestellt werden, dass im Sachunterricht hauptsächlich gelernt und gelehrt werden sollte. Sachunterricht als „Welterkundung" (Ramseger 2004) zu gestalten, ist – wie gezeigt – für organisierten Unterricht konstitutiv. Wenn aber – wie etwa von Duncker – gefordert wird, für den Sachunterricht auch „eine bildungstheoretische Grundlegung zu formulieren" ist (2007, S. 18), dann müsste m.E. der Spontaneität im Austauschprozess zwischen Kindern und Dingen mehr Raum gegeben werden. Ausgehend von einer nicht durch die Reflexion auf Distanz gebrachten „Ding-Qualität" (Mollenhauer 1998, S. 18), können dann Kinder neue praktische Erfahrungen machen, mit denen vielleicht „die Fessel der bisherigen Wahrnehmungs- und Deutungskonventionen" überwunden wird (Parmentier 2001, S. 111). Dies wäre der – zugegebenermaßen rare – Moment, zu dem es im Sachunterricht zur eigenständigen, nicht durch die Erwachsenenwelt vorgegebenen „Weltorientierung" (Kaiser 2007, S. 41) der Kinder kommen kann.

## Literatur

Duncker, L. (1994): Der Erziehungsanspruch des Sachunterrichts. In: Duncker, L,; Popp, W. (Hrsg.): Kind und Sache: Zur pädagogischen Grundlegung des Sachunterrichts. Weinheim, S. 29-40.

Duncker, L. (2007): Die wissenschaftliche Identität des Sachunterrichts. In: Pech, D.; Rauterberg, M. (Hrsg.): Sachunterricht als wissenschaftliche Disziplin. Extra Beiheft von www.widerstreit-sachunterricht.de. Frankfurt, S. 13-18.

Duncker, L.; Popp, W. (1994): Einleitung. In: Dies. (Hrsg.): Kind und Sache: Zur pädagogischen Grundlegung des Sachunterrichts. Weinheim, S. 7-11.

Einsiedler, W. (2007): Methoden und Prinzipien des Sachunterrichts. URL: http://www. wolfgang-einsiedler.de/pdf/MethodenundPrinzipiendesSachunterrichts2007.pdf [19.9.2012].

Fischer, H.-J. (2011): Wir sind Zwerge auf den Schultern von Riesen. Besprechung von Andreas Nießeler: Weltbücher und Herzensschriften. Zur Geburt des Sachlernens aus dem Geist der Hermeneutik. Münster 2010. URL: http://www.widerstreit-sachunterricht.de/ebenel/ foren/besprechungen/rez_fischer.pdf [24.11.2012].

GDSU (Hrsg.) (2002): Perspektivrahmen Sachunterricht. Bad Heilbrunn.

Hiller, G.G.; Popp, W. (1994): Unterricht als produktive Irritation – oder: Zur Aktualität des Mehrperspektivischen Unterrichts. In: Duncker, L,; Popp, W. (Hrsg.): Kind und Sache: Zur pädagogischen Grundlegung des Sachunterrichts. Weinheim, S. 93-115.

Kaiser, A. (2007): Zur Perspektive des Sachunterrichts. In: Pech, D.; Rauterberg, M. (Hrsg.): Sachunterricht als wissenschaftliche Disziplin In: Extra Beiheft von www.widerstreit-sachunterricht.de. Frankfurt, S. 41-42.

Kurzeck, P. (2007): Ein Sommer, der bleibt. Berlin (CD-ROM).

Latour, B. (2000): Die Hoffnung der Pandora. Frankfurt a.M.

Marotzki, W. (1990): Entwurf einer strukturalen Bildungstheorie. Weinheim.

Ministerium = Ministerium für Bildung, Jugend und Sport des Landes Brandenburg, Senatsverwaltung für Bildung, Jugend und Sport Berlin, Ministerium für Bildung, Wissenschaft und Kultur des Landes Mecklenburg-Vorpommern (Hrsg.) (2004): Rahmenlehrplan Grundschule – Sachunterricht. Berlin.

Mollenhauer, K. (1998): Die Dinge und die Bildung. In: Mitteilungen & Materialien, 49, S. 8-20.

Nohl, A.-M. (2006): Bildung und Spontaneität. Phasen biographischer Wandlungsprozesse in drei Lebensaltern – Empirische Rekonstruktionen und pragmatische Reflexionen. Opladen.

Nohl, A.-M. (2011): Pädagogik der Dinge. Bad Heilbrunn.

Parmentier, M. (2001): Dinghermeneutik. In: Rittelmeyer, Ch.; Parmentier, M.: Einführung in die pädagogische Hermeneutik. Darmstadt, S. 104-125.

Pasteur, L. (1857): Mémoire sur la fermentation appellée lactique. Comptes rendus des séances de l'Academie des Sciences. Tome 45, pp. 913-916.

Pech, D.; Rauterberg, M. (2007): Einleitung. In: Pech, D.; Rauterberg, M. (Hrsg.): Sachunterricht als wissenschaftliche Disziplin. In: Extra Beiheft von www.widerstreit-sachunterricht. Frankfurt, S. VII-IX.

Pech, D.; Rauterberg, M.; Scholz, G. (2005): Sechs Eckpunkte für das Studium des Sachunterrichts. URL: http://www.widerstreit-sachunterricht.de/ebenel/superworte/studium/eckpunkte. htm [24.11.2012].

Peirce, C.S. (1931): Collected Papers of Charles Sanders Peirce. Cambridge [zitiert als CP mit Angabe der Band- und Paragraphennummer].

Peirce, C.S. (1967): Schriften I: Zur Entstehung des Pragmatismus. Frankfurt a.M.

Peirce, C.S. (1970): Schriften II: Vom Pragmatismus zum Pragmatizismus. Frankfurt a.M.

Prawat, R.S. (2001): Dewey and Peirce, the Philosopher's Philosopher. In: Teacher College Record, 103 (4), pp. 667-721.

Ramseger, J. (2004): Welterkundung. In: Kaiser, A.; Pech, D. (Hrsg.): Die Welt als Ausgangspunkt des Sachunterrichts (= Basiswissen Sachunterricht, Band 6). Baltmannsweiler, S. 54-64.

Rauschenberger, H. (1994): Über das Fremde beim Lernen und das Verfremden beim Lehren. In: Duncker, L.; Popp, W. (Hrsg.): Kind und Sache: Zur pädagogischen Grundlegung des Sachunterrichts. Weinheim, S. 81-91.

Rauterberg, M. (2007): Sachunterricht und Konstruktivismus – Analyse eines Verhältnisses. URL: http://www.widerstreit-sachunterricht.de/ebenel/didaktiker/rauterberg/ konstruktivismus.pdf [24.11.2012].

Rosenberg, F.v. (2011): Bildung und Habitustransformation. Empirische Rekonstruktionen und bildungstheoretische Reflexionen. Bielefeld.

Scholz, G. (2007): Über Erfahrung und Theorie. Eine kritische Auseinandersetzung mit den „epochaltypischen Schlüsselfragen der Menschheit". URL: http://www.widerstreit-sachunterricht.de/ebenel/didaktiker/scholz/schluesselfragen.pdf [24.11.1012

Vogt, M.; Götz, M.: „Warum weht der Wind?" – Kinderfragen als Forschungsgegenstand und Herausforderung für die Bildungspraxis. URL: http://www.widerstreit-sachunterricht.de/ ebenelII/fragen.pdf [24.11.2012].

*Kerstin Michalik*

# Philosophieren im Sachunterricht – Entwicklung, Bilanz und Perspektiven

*Philosophizing with children as an integrative part of learning and teaching in elementary school is a contribution to promote learning and understanding in different areas. There are theoretical arguments as well as empirical evidence to stress its impact on processes of cognitive and social development. Perspectives for further research will be outlined.*

Beim Philosophieren mit Kindern als Unterrichtsprinzip werden philosophische Gespräche mit Kindern in den Sachunterricht integriert. Das gemeinsame Nachdenken geht von den Inhalten des Sachunterrichts aus und greift philosophische Fragen auf, die sich aus den Unterrichtsgegenständen ergeben (Michalik 2011). Durch die Berücksichtigung philosophischer Fragen wird Unterricht auf eine besondere Art und Weise bildungswirksam: Fachliches Lernen wird vertieft, indem Raum und Zeit geschaffen wird, um Fragen der Schülerinnen und Schüler nach Sinn und Bedeutung der Erscheinungen unserer sozialen, natürlichen und technischen Welt nachzugehen.
Das Philosophieren als Unterrichtsprinzip findet in den Rahmenplänen für den Sachunterricht noch wenig Berücksichtigung; den größten Raum nimmt das Philosophieren im Hamburger Rahmenplan Sachunterricht ein, in dem es bereits 2003 zu einem zentralen didaktischen Grundsatz erhoben worden ist (Rahmenplan Sachunterricht, Hamburg 2003, 2011).
Die Bedeutung des Philosophierens mit Kindern im Sachunterricht wird sowohl durch lern- und bildungstheoretische Argumente als auch empirische Befunde gestützt.

# 1. Lern- und bildungstheoretische Argumente

## 1.1 Kinderfragen erhalten einen zentralen Stellenwert

Kinder haben viele Fragen, die allerdings eher selten im Unterricht Berücksichtigung finden. Ritz-Fröhlich (1992) hat in den 90er Jahren rund 1000 Fragen von Grundschulkindern erhoben. Ein großer Teil der Fragen bezog sich auf Daseins- oder Menschheitsprobleme oder gehörte zur Kategorie der Sinnfragen. Viele dieser Schülerfragen wurden nicht im Unterricht gestellt, sondern gleichsam zwischen Tür und Angel: in den Pausen, auf Schulausflügen oder in besonderen Gesprächssituationen wie Gesprächskreisen.

Dass Kinderfragen eher selten zum Gegenstand des Unterrichts werden, liegt unter anderem an den gängigen Interaktionsmustern im Unterricht. Empirische Befunde zeigen, dass es die Lehrerfragen sind, die den Unterricht dominieren (vgl. Niegemann-Stadler 2001). Das ist problematisch, denn das Fragen ist nach Neil Postman „das bedeutsamste intellektuelle Werkzeug", das dem Menschen zur Verfügung steht, es ist das beste Instrument, um Nachdenklichkeit, kritisches Denken, eine skeptische Haltung, Vernunftgebrauch zu fördern (1999, S. 202).

Gadamer betrachtet die Frage als Ausgangssituation jedes Verstehensprozesses. Die Frage ist von entscheidender hermeneutischer Bedeutung, denn: „Einen Text verstehen, heißt die Frage verstehen, auf die der Text eine Antwort ist" (Gadamer 1960, S. 375). Die Kunst des Fragens und Weiterfragens ist zudem das Mittel, „mit der die Entwicklung der Sache im Gespräch vorwärts geht" (ebd.). Für das Offenhalten von Gesprächen hat Kokemohr (1985) die Kategorien der Modalisierung und Validierung entwickelt. Unter Modalisierung versteht Kokemohr die Öffnung des Gespräches hin zu konkurrierenden Lesarten. Der Gegenbegriff der Validierung hingegen beschreibt den Prozess der Engführung des Gespräches im Sinne einer vorschnellen Vereindeutigung von Sachverhalten. Modalisierungsversuche im Sinne spielerisch-experimenteller Deutungsversuche von Wirklichkeit werden nun aufgrund des institutionell auferlegten Validierungszwanges im Unterricht kaum oder gar nicht zugelassen (Kokemohr 1985, S. 178). Diesem Validierungszwang kann das Philosophieren mit Kindern entgegenwirken. Als Beispiel sei die Frage eines Kindes, ob Adam und Eva auch Vormenschen (im Sinne der Evolutionstheorie) gewesen seien, genannt. Eine solche Frage zeugt eindrucksvoll von dem Bedürfnis nach Sinn und Verstehen. Wo befinden sich Adam und Eva auf den Stufen der Menschheitsentwicklung? Wie passen Evolutions- und Schöpfungstheorie zusammen? Was in solchen Fragen von Kindern deutlich wird, ist „Staunkraft". Es handelt sich um besonders fruchtbare Momente für Lern- und Bildungsprozesse, die es zu kultivieren gilt.

## 1.2 Fachbezogenes Lernen wird vertieft und bereichert

Horst Rumpf (2010) unterscheidet in seiner Auseinandersetzung mit den „Verkürzungen des etablierten Lernbegriffs" zwei verschiedene Formen des Umgangs mit Welt und damit korrespondierende Formen des Lernens: Die eine Spielart des Weltzugangs ziele darauf ab, der Welt verlässliche, vorhersehbare Züge abzugewinnen, sie gewissermaßen in den Griff zu bekommen. Der dazugehörige Typ des Lernens bestehe darin, etwas zu können, etwas zu beherrschen. Diesem Lerntypus stellte er eine Weltzuwendung und eine Lernbewegung gegenüber, bei der es darauf ankommt, die Fremdheiten, Brüche, Mehrdeutigkeiten im Umgang mit Welt freizulegen, nicht um sie zu überwinden, sondern um das Fremde, Unbekannte, Rätselhafte bewusst zuzulassen und auszuhalten (a.a.O.). Beide Lernformen, so Rumpf, bedingen einander und sind wichtig.

Das Aufgreifen philosophischer Fragen im Unterricht kann als ein Konzept zur inhaltlichen Vertiefung von Lernprozessen verstanden werden, um das Lernen nicht auf das Lösen einer Reihe vorgefertigter Aufgaben, deren Antworten bereits feststehen, zu beschränken. Es zeigt den Kindern eine Welt, die nicht restlos vermessen, geordnet und erklärt ist, sondern noch Raum für Staunen, Nachdenklichkeit, Weiterfragen, Forschen bietet.

„Waren Adam und Eva auch Vormenschen?" – Durch eine solche philosophisch gehaltvolle Frage wird der Fach-Unterricht nicht nur für konkurrierende Deutungsmöglichkeiten und übergreifende Sinnzusammenhänge geöffnet, sondern es wird auch ein tieferes Verständnis des Sachgegenstandes ermöglicht. Denn was „Wissenschaft" ist, lässt sich ja auch und insbesondere in Abgrenzung zu anderen Formen der Weltdeutung entwickeln, dies auch im Sinne eines mehrperspektivischen und fächerübergreifenden Unterrichts. Die Integration philosophischer Fragen in den Unterricht ist somit auch ein wichtiges Element eines wissenschaftsorientierten Unterrichts (Michalik 2009). In der Naturwissenschaftsdidaktik hat das Anliegen, Kindern und Jugendlichen im Sinne von „scientific literacy" Einblicke in die Natur der Naturwissenschaften (NOS) zu vermitteln, in den letzten Jahren zunehmend Bedeutung erlangt (Grygier/ Günther/ Kircher 2004). Dazu gehört die Thematisierung wissenschaftstheoretischer, erkenntnistheoretischer und ethischer Fragen, deren Bedeutung für fachbezogene Lernprozesse, das Verstehen und Erinnern von Unterrichtsinhalten bereits nachgewiesen worden ist (Grygier 2008).

Dabei wird nicht nur das fachliche Lernen, sondern auch das überfachliche Lernen gefördert, denn das Philosophieren ist gleichzeitig ein Kristallisationskern für die Integration verschiedener Fachperspektiven und bietet vielfältige Möglichkeiten, um den so wichtigen Problem- und Gesellschaftsbezug naturwissenschaftlicher und technischer Themen herzustellen.

### 1.3 Vorstellungen und Weltdeutungen der Kinder werden berücksichtigt im Sinne einer Ausbalancierung von Lebenswelt und Sachbezug

Eine besondere Herausforderung nicht nur für die Didaktik des Sachunterrichts stellt die Aufgabe dar, den fachlichen Zugriff mit der lebensweltlichen Perspektive der Kinder zu vermitteln. Für das Problem des Verstehens im Unterricht ist entscheidend, wie der Übergang oder die Vermittlung zwischen den verschiedenen Wissensformen, die im Unterricht aufeinander treffen, gestaltet wird. Es geht einerseits um die Struktur und Logik der fachlichen Konzepte, andererseits um die von den Schüler/innen an den Gegenstand herangetragenen, alltagsweltlich bewährten Erfahrungen und Vorstellungen (Combe/ Gebhard 2012). Um Verstehensprozesse zu ermöglichen, müssen die subjektive und die objektive Welt produktiv miteinander vermittelt werden. Combe und Gebhard plädieren hier für eine „Zweisprachigkeit" (a.a.O., S. 9), in der das Spannungsverhältnis der beiden Perspektiven nicht zugunsten der einen oder anderen Seite aufgelöst wird. Um die Interaktion im Unterricht auf ein Verstehen auszurichten, gilt es, der oft anzutreffenden schnellen Vereindeutigung eines Sachverhalts entgegenzuwirken, indem „mehr Hermeneutik, mehr Interpretation und ein viel intensiveres Abarbeiten von unterschiedlichen Deutungen" (a.a.O.) Eingang in den Unterricht finden.

### 1.4 Ein konstruktiver Umgang mit Heterogenität wird gefördert

Das Problem des Verstehens im Unterricht ist nicht nur ein Problem der Vermittlung von fachlicher und lebensweltlicher Perspektive. Angesichts einer zunehmenden Heterogenität der Schülerschaft trifft im Unterricht eine Vielzahl von Perspektiven und soziokulturell unterschiedlich geprägten Deutungsmustern zusammen. Mit diesen muss nicht nur im Hinblick auf gegenstandsbezogene Verstehensprozesse, sondern im Hinblick auf eine intersubjektive Verständigung aller am Unterricht Beteiligten umgegangen werden (Combe/ Gebhard 2012).

Philosophische Gespräche im Unterricht, in denen die Kinder dazu eingeladen werden, ihre Gedanken, Vorstellungen und Deutungen zu einem Gegenstand einzubringen, sind auch ein geeignetes Medium für einen konstruktiven Umgang mit Heterogenität. Dies gilt in zweierlei Hinsicht: Das Philosophieren trägt erstens auf der inhaltlichen Ebene zu einer Haltung der Offenheit gegenüber verschiedenen Welt- und Wirklichkeitsdeutungen bei. Zweitens dient es der Entwicklung und Förderung von Gesprächsfähigkeit. Die Kinder erwerben Elemente einer Gesprächskultur, die für einen respektvollen Umgang mit anderen Menschen und für die Verständigung in einer demokratischen und pluralistischen Gesellschaft von fundamentaler Bedeutung sind.

### 1.5 Persönlichkeitsbildung, Aufklärung und Demokratieerziehung

Das Philosophieren als Unterrichtsprinzip trägt schließlich auch dazu bei, den Sachunterricht in besonderer Weise für persönlichkeitswirksame Lern- und Bildungsprozesse fruchtbar zu machen. Nach Koller lässt sich Bildung verstehen als eine „Transformation des Selbst- und Weltverhältnisses in Auseinandersetzung mit neuen Problemlagen" (Koller 2012, S. 16), die immer dann stattfindet, wenn etwas wirklich bewegt oder irritiert, ein Problem zu bewältigen oder eine Krise zu meistern ist. Beim Philosophieren im Unterricht kommen *wirkliche* Probleme und Fragen zur Sprache; Rätselhaftes, Beunruhigendes, Fremdes und Irritierendes tritt zu Tage. Selbstverständlichkeiten und eingeschliffene Selbst- und Weltbilder werden herausgefordert und in Frage gestellt. „Wachheit für letzte Fragen", ist nach Hartmut von Hentig einer der Maßstäbe für Bildung. Die letzten Fragen stellen sich selbst ein, der Bildung bedarf es jedoch, um sie auszuhalten und nicht in die nächst beste Gewissheit zu fliehen oder etwa in den Verzicht (von Hentig 2007, S. 92f.). Dazu kann und muss der Sachunterricht bereits in der Grundschule beitragen.

Philosophieren, und hier sei auf das Bildungsverständnis der Philosophiedidaktik verwiesen, ist eine „elementare Kulturtechnik" zum Zweck der Aufklärung, Kritikfähigkeit und demokratischen Erziehung (Martens 2003) und sollte daher als Unterrichtsprinzip und als pädagogische Grundhaltung ein selbstverständlicher Bestandteil schulischer Bildung nicht nur im Sachunterricht sein.

## 2. Empirische Befunde zu Wirkungen des Philosophierens mit Grundschulkindern

Das Philosophieren mit Kindern hat seit den 70er Jahren weltweit Verbreitung gefunden und seitdem sind eine Vielzahl empirische Forschungsarbeiten vor allem im anglo-amerikanischen Sprachraum entstanden. Diese geben deutliche Hinweise auf positive Auswirkungen regelmäßiger philosophischer

Gespräche im Unterricht in verschiedenen Bereichen: In überwiegend mit quantitativen Forschungsmethoden durchgeführten Untersuchungen aus Großbritannien und den USA konnten signifikante Effekte im Hinblick auf die kognitive und sprachliche Entwicklung der Kinder festgestellt werden. Im Rahmen begleitender qualitativer Verfahren (Unterrichtsbeobachtungen, Videoanalysen) wurden positive Entwicklungen auch im Sozial- und Gruppenverhalten und im Hinblick auf das Selbstwertgefühl und Selbstvertrauen, auf Motivation und Konzentration der Kinder festgestellt (vgl. z.B. Fields 1995, Sassseville 1995).

In kanadischen Untersuchungen, die überwiegend auf qualitativen Gesprächsanalysen basieren, finden sich Hinweise auf Zusammenhänge, die speziell für das Philosophieren als Unterrichtsprinzip von besonderem Interesse sind. Am Beispiel des Mathematikunterrichts konnten erstens empirische Hinweise gefunden werden, dass es eine Verbindung gibt zwischen der Entwicklung der Gesprächskultur oder Qualität des Gespräches in der Gruppe und der Entwicklung des kritischen Denkvermögens des einzelnen Kindes. Zweitens konnte gezeigt werden, dass das Gespräch mit den Gleichaltrigen zu einer besonderen Komplexität und Tiefe der inhaltlichen Reflexion des Unterrichtsgegenstandes führt (Daniel 2002, Daniel et al. 2005).

Dass regelmäßige (wöchentliche) philosophische Gespräche im Unterricht für die Entwicklung der Kinder überaus förderlich sind, zeigen auch die Ergebnisse der Begleitforschung zu einem schottischen Schulreformprojekt aus den Jahren 2001-2003 (Trickey 2006). Hier wurde das Philosophieren in regulären Grundschulklassen mit 30 und mehr Schülerinnen in einem ganzen Schuldistrikt flächendeckend eingeführt. Positive Wirkungen wurden in folgenden Bereichen mit Hilfe quantitativer und qualitativer Forschungsmethoden nachgewiesen: Entwicklung allgemeiner kognitiven Fähigkeiten, Entwicklung von kritischen Denkfähigkeiten, Entwicklung der Qualität von Gesprächen, emotionale und soziale Entwicklung der Kinder.

Weitere empirische Befunde, die für das Philosophieren mit Kindern als Unterrichtsprinzip bedeutsam sind, stammen aus der biologiedidaktischen Forschung zur Bedeutung von Alltagsphantasien für das fachliche Lernen. Durch verschiedene Interventionsstudien (siehe im Détail Combe/ Gebhard 2012, 112ff.) konnte gezeigt werden, dass Lernprozesse dann besonders erfolgreich, effektiv und sinnvoll sind, wenn die alltäglichen, subjektivierenden, intuitiven oder symbolischen Zugänge der Schülerinnen und Schüler zu den Phänomenen im Unterricht zum Gegenstand expliziter Reflexionen und des sozialen Austausches gemacht werden. Diese Befunde vermögen die im Rahmen anderer Forschungsarbeiten erhaltenen Hinweise, dass nicht nur kognitive und soziale Entwicklung der Kinder, sondern auch das fachliche Lernen durch philosophische Gespräche profitiert, weiter zu stützen.

## 3. Forschungsperspektiven für ein philosophisch akzentuiertes Lernen im Sachunterricht

Für eine weitere Verankerung des Philosophierens mit Kindern im Sachunterricht ist zum einen eine Verstärkung fachdidaktischer Forschung wichtig. Die bisherige Wirkungsforschung muss stärker auf das Lernen in fachbezogenen Kontexten, hier konkret auf den Sachunterricht bezogen werden. Zum andern muss diese Wirkungsforschung ergänzt werden durch die Frage nach Möglichkeiten und Grenzen einer Integration des Philosophierens mit Kindern als Unterrichtsprinzip in das etablierte Schulsystem. Hier geht es im Sinne von Professionalisierungsforschung um die Haltungen und Kompetenzen der Lehrkräfte. Wie verändern sich das pädagogische Selbstverständnis und der eigene Unterrichtsstil? Eine damit verbundene Frage ist, wie Lehrkräfte fortgebildet werden müssen, um erfolgreich mit Kindern im Unterricht philosophieren zu können. Interessant wären Untersuchungen zum Unterrichtsverständnis und Unterrichtsstilen, die philosophische Nachdenklichkeit ermöglichen. Schließlich geht es auch um die Frage, welche möglichen Hindernisse sich durch das etablierte, auf Leistungsmessung und zunehmend auch standardisierten Unterricht ausgerichtete Schulsystem ergeben.

Das Philosophieren mit Kindern bietet eine Chance, das Erziehungssystem und die eigenen Rolle darin zu überdenken. Vielleicht muss es letztendlich darum gehen, nicht das Philosophieren der Schule anzupassen, sondern die Schule insgesamt philosophischer zu machen.

## Literatur

Combe, A.; Gebhard, U. (2012): Verstehen im Unterricht. Die Rolle von Phantasie und Erfahrung. Wiesbaden.

Daniel, M.-F. (2002): Learning to philosophize: Positive impacts and conditions for implementation. In: Thinking, 18, 4, pp. 36-47.

Daniel, M.-F.; Lafortune, L.; Pallascio, R.; Splitter, L.; Slade, C.; de la Garza, T. (2005): Modeling the Development Process of Dialogical Critical Thinking in Pupils Aged 10 to 12 Years. In: Communication Education, 54, 4, pp. 334-254.

Fields, J. (1995): Empirical data research into claims for using philosophy techniques with young children. In: Early Child Development and Care, 107, pp. 115-128.

Gadamer, H.-G. (1960): Wahrheit und Methode. Grundzüge einer philosophischen Hermeneutik. Tübingen.

Gebhard, U. (2007): Intuitive Vorstellungen bei Denk- und Lernprozessen: Der Ansatz der „Alltagsphantasien". In: Krüger; D; Vogt, H. (Hrsg.): Theorien in der biologiedidaktischen Forschung. Berlin, S. 117-128.

Grygier, P. (2008): Wissenschaftsverständnis von Grundschülern im Sachunterricht, Bad Heilbrunn.

Grygier, P.; Günther, J.; Kircher, E. (2004): Über Naturwissenschaften lernen. Vermittlung von Wissenschaftsverständnis in der Grundschule. Baltmannsweiler.

Kokemohr, R. (1985): Modalisierung und Validierung in schulischen Lehr-Lernprozessen. In: Kokemohr, R.; Marotzki, W. (Hrsg.): Interaktionsanalysen in pädagogischer Absicht. Frankfurt/M., S. 177-235.

Martens, E. (2003): Methodik des Ethik- und Philosophieunterrichts. Philosophieren als elementare Kulturtechnik. Hannover.

Michalik, K. (2011): „Ab wann ist der Mensch ein Mensch?" Fragen und Nachdenken im Fachunterricht. Zur Bedeutung des Philosophierens als Unterrichtsprinzip. In: Zeitschrift für Didaktik der Philosophie und Ethik, 1, S. 65-71.

Michalik, K. (2009): Philosophieren mit Kindern als Unterrichtsprinzip und die Förderung von Wissenschaftsverständnis im Sachunterricht. In: Michalik, K.; Müller, H.-J.; Nießeler, A. (Hrsg.): Philosophie als Bestandteil wissenschaftlicher Grundbildung? Möglichkeiten der Förderung des Wissenschaftsverständnisses in der Grundschule durch das Philosophieren mit Kindern. Berlin, S. 27-42.

Niegemann, H.; Stadler, S. (2001): Hat noch jemand eine Frage? Systematische Unterrichtsbeobachtung zu Häufigkeit und kognitivem Niveau von Fragen im Unterricht. In: Unterrichtswissenschaft, 29, S. 171-192.

Postman, N. (1999): Die zweite Aufklärung. New York.

Rahmenplan Sachunterricht (2003): Bildungsplan Grundschule. Hg. von der Behörde für Bildung und Sport der Freien und Hansestadt Hamburg. Hamburg.

Rahmenplan Sachunterricht (2011): Bildungsplan Grundschule. Hg. von der Behörde für Schule und Berufsbildung der Freien und Hansestadt Hamburg. Hamburg.

Ritz-Fröhlich, G. (1992): Kinderfragen im Unterricht. Bad Heilbrunn.

Rumpf, H. (2010): Was hätte Einstein gedacht, wenn er nicht Geige gespielt hätte? Gegen die Verkürzungen des etablierten Lernbegriffs. Weinheim und München.

Sasseville, M. (1994): Self-esteem, logical skills and philosophy for children. In: Thinking, 4, 2, pp. 30-32.

Trickey, S. (2006): Promoting Thinking for Learning through Collaborative Enquiry. An Evaluation of ‚Thinking through Philosophy'. Doctoral Thesis. Dundee University.

*Detlef Pech*

## Konstruktion Instruktion.
## Überlegungen zu einer didaktischen Verwirrung

*The loss of theory-derived discussion came along with the empirical turna-round in the didactics of science and social studies. This can also be illus-trated with the currently dominant focus on the so-called moderate construc-tivism of general studies didactics. This article concludes by calling for strengthening the discussion about theory or rather bringing forward theo-retically consistent concepts. This also applies in regard to independent gen-eral studies didactics research.*

## 1. Empirische Wende und Theoriebildung

Die vielfach beschriebene empirische Wende in den Fachdidaktiken ist auch in der Sachunterrichtsdidaktik angekommen. Dafür muss gar nicht viel ge-sucht oder auf die mittlerweile vorhandenen DFG- oder BMBF-Projekte in der Sachunterrichtsdidaktik verwiesen werden. Am einfachsten ist der Wan-del in den Jahresbänden der GDSU aufzuzeigen. Noch der Jahresband 2002 (vgl. Engelhardt et al. 2002), also vor genau zehn Jahren, beinhaltete einen einzigen explizit empirischen Beitrag – die anderen 17 waren programma-tisch ausgerichtet. Im Jahresband 2011 (vgl. Giest et al. 2011) berichteten 16 von 22 Beiträgen aus empirischen Forschungsvorhaben.

Die empirische Wende hat auch die Studiengänge erreicht. Mit Einführung der Masterstudiengänge sind diese deutlich stärker forschungsorientiert ge-worden. Unter den ca. 40 Masterarbeiten, die ich in den vergangenen drei Jahren an der Humboldt Universität zu Berlin als Erstgutachter betreut habe, waren nur zwei, die nicht mit Methoden empirischer Sozialforschung gear-beitet haben. Bei den Staatsexamensarbeiten liegen die Verhältnisse aller-dings noch umgekehrt.

Die in den Arbeiten der Studierenden feststellbaren Schwächen – und dies kann kaum überraschen – sind analog in den Publikationen aus der Sachunterrichtsdidaktik auszumachen. Aus der Sachunterrichtsdidaktik ist zwar eine forschungsorientierte Didaktik geworden. Fragt man aber nach grundlegenden theoretischen Diskussionen oder auch nur einer Diskussion um die Adaption von Theorien aus benachbarten Disziplinen, so findet sich in den empirisch ausgerichteten sachunterrichtsdidaktischen Publikationen nahezu nichts. Innovative, Fragen des Sachlernens von Kindern theoretisch verortende Publikationen werden kaum mehr rezipiert (bspw. Duncker/ Popp 1995), geschweige denn findet sich eine Diskussion auf einem analogen theoretischen Niveau in den nun indes forschungsmethodisch soliden, empirisch ausgerichteten Publikationen. Pointiert gefragt: *Etabliert sich die Sachunterrichtsdidaktik als forschende Disziplin ohne Theorie?*

Nun lässt sich nicht per se sagen, dass die Abkehr von der geisteswissenschaftlichen Tradition, in der die Sachunterrichtsdidaktik lange stand, hin zu einer empirischen, am anglo-amerikanischen Diskurs ausgerichteten Debatte, falsch wäre. Doch die angesprochenen Verkürzungen sind problematisch.

1. Die Sachunterrichtsdidaktik hat ihre Theoriebildung und ihre Begriffskonstitution im Wesentlichen an die Psychologie und Soziologie abgetreten. Sie generiert keine Theorie, sondern adaptiert allenfalls Begriffe, ohne sie freilich fundiert zu diskutieren.

2. Das eingegrenzte Verständnis empirischer Forschung wird bereits deutlich, wenn man sich anschaut, was – am Beispiel der Publikationen in den letzten Jahresbänden – mit empirischer Forschung in der Sachunterrichtsdidaktik in der Regel gemeint ist. Es ist psychologisch ausgerichtete Lehr-Lern-Forschung. Und dieses Verständnis wird insgesamt im Kontext der Grundschulpädagogik forciert.[1] Angesichts der empirischen Forschungsvorhaben – auch jener, die auf den GDSU-Jahrestagungen vorgestellt werden, meine eigenen eingeschlossen – stellt sich zudem die Frage, was genuin sachunterrichtsdidaktische empirische Forschung eigentlich ist – oder zumindest sein soll.

Pointiert formuliert: Ist die Sachunterrichtsdidaktik nur eine spezifisch forschende Subdisziplin von Psychologie und vielleicht noch Soziologie? Warum gibt es keine Diskussion um die Grundlagen einer originären sachunter-

---

[1] Beispielhaft hierfür ist der Überblicksvortrag „20 Jahre empirische Grundschulforschung. Rückblick und Ausblick." von Einsiedler auf der DGfE-Grundschulforschungstagung in Paderborn 2011. Ganze Forschungszweige wurden in diesem Überblick gar nicht erst als empirische Forschung benannt. Der Titel der publizierten Fassung kann als Indiz für die oben vertretene Position gelesen werden, dass mit dem Vortrag etwas Bestimmtes forciert wurde, denn dieser lautet nun abgewandelt vom Vortragstitel: „20 Jahre empirisch-quantitative Grundschulforschung. Rückblick und Ausblick" (Einsiedler 2012).

richtsdidaktischen Forschung? *Versteht sich die Sachunterrichtsdidaktik – trotz über 40 zuständiger Professuren in der Bundesrepublik – am Ende gar selber nicht als eigenständige wissenschaftliche Disziplin?* Vielleicht – und dieses Vielleicht ist ernst gemeint – hätte ich mit der gegenwärtigen Ausrichtung von sachunterrichtsdidaktischer Forschung weniger Probleme, wenn zumindest deren theoretische Grundlagen geklärt wären. Was in den empirisch ausgerichteten Publikationen der Sachunterrichtsdidaktik unter Grundlagen – ich traue mich hier nicht von Theorie zu sprechen – verhandelt wird, ist allzu oft redundant und im Klischee grundschuldidaktischer Theorieabstinenz verhaftet. Ein Beispiel – und das zentrale Beispiel – hierfür ist für mich die Rezeption konstruktivistischer Positionen in der Sachunterrichtsdidaktik.

## 2. Erkenntnistheoretische Orientierung

Konstruktivismus kann man im Kern verstehen als erkenntnistheoretisches Konglomerat. Es ist keine einheitliche, keine geschlossene Theorie. In Ansätzen lässt sich mittlerweile gar von einer gewissen Beliebigkeit sprechen, werden doch längst auch die Ansätze Piagets oder Wygotskis als konstruktivistisch bezeichnet.

Als Ausgangspunkt meiner Diskussion zur Relevanz konstruktivistischer Positionen für die Sachunterrichtsdidaktik wähle ich den zentral platzierten Aufsatz „Lehr-Lernkonzepte für die Grundschule" von Einsiedler aus dem Handbuch Grundschulpädagogik und Grundschuldidaktik sowohl der ersten beiden Auflagen als auch der veränderten 3. Auflage aus 2011. Ich nehme diesen Beitrag, weil er (a) in einem der sicher einflussreichsten Werke der Grundschulpädagogik der vergangenen Jahre erschienen ist, (b) seine Aussagen explizit über die sachunterrichtsdidaktische Forschung, insbesondere die von Kornelia Möller, entfaltet werden und (c) ich damit zugleich anknüpfen kann an die Kritik, die Marcus Rauterberg (2007) in seinem für mich richtungsweisenden Beitrag „Sachunterricht und Konstruktivismus" bereits 2007 formuliert hat.

In der didaktischen Diskussion sind konstruktivistische Ansätze, zumeist rezipiert als „der Konstruktivismus" seit den 1990er Jahren breit aufgegriffen worden. In der Regel indes mit dem Hinweis, dass für Didaktik nicht ein „radikaler Konstruktivismus" zugrunde gelegt werden könne, sondern lediglich ein „moderater Konstruktivismus". Dies kumuliert dann letztlich in einer Aussage Einsiedlers, der noch in der 2. Auflage des Handbuchs Grundschulpädagogik und Grundschuldidaktik 2005 konstruiert: „Der radikale Konstruktivismus wird als Grundlage für Didaktik überwiegend abgelehnt. Wenn es keine objektive Erkenntnis gibt, ist gemeinsamer Unterricht nicht möglich" (Einsiedler 2005, S. 378/ 379). Und wenige Sätze später: „Unter den mit der Didaktik vertrauten Autoren herrscht weitgehend Konsens darüber, dass für eine neue theoretische Begründung des Schullernens nur der Moderate Konstruktivismus in Frage kommt." (Einsiedler 2005, S. 379). Und damit ist eine Diskussion aller anderen Ansätze ausgeschlossen. Eine Aussage, die sich dann in der überarbeiteten 3. Auflage 2011 nicht mehr findet. Stattdessen ist dort nun zu lesen:

> „Man sollte klar sehen, dass der Konstruktivismus eine Erkenntnistheorie und keine Didaktik ist; das gemeinsame Lernen in der Grundschule unter dem Vorzeichen der Vermittlung von Mindestlernzielen erlaubt nur die Übernahme von Teilen des Konstruktivismus für die Gestaltung von Lernumgebungen" (Einsiedler 2011, S. 345).

Die Möglichkeit, eine andere Orientierung als eine moderat konstruktivistische zu wählen, wird nicht mehr erwähnt – ob dies im Verhältnis zur alten, ausgrenzenden Variante die bessere ist, sei dahingestellt.[2]

Die Erkenntnistheorie beschreibt ein mögliches Modell des Erkenntnisprozesses. Das Modell wird nicht in Frage gestellt. Aber: Es passe nicht zur Aufgabe der Grundschule. Denn in dieser solle etwas „vermittelt" werden, und zwar so, dass „Mindestlernziele" von allen Kindern gleichermaßen erreicht würden. Und weil die Aufgabe und Verfasstheit von Schule nicht überein zu bringen sei mit der als „angemessen" angesehenen Erkenntnistheorie, können nur „Teile", Modifikationen der Erkenntnistheorie mit Bezug auf Schule, also didaktisch aufgegriffen werden. *Damit wird die Erkenntnistheorie nicht als Erkenntnistheorie aufgegriffen, sondern adaptiert und zur lerntheoretischen Grundlage gewandelt.*

Diese Argumentationsfigur sollte man sich gründlich anschauen: Es gibt zum einen eine schulpädagogische oder auch allgemeindidaktische Beschreibung der Intention (Vermitteln) und Ziele (Standards) von Unterricht. Zum anderen gibt es administrative Vorgaben dessen, was Schule zu leisten und wie sie verfasst zu sein habe – das ist ein bisher nicht angesprochenes System. Zwischen diesen beiden Systemen wird in der Argumentation nicht unterschieden – ich deute dies dahingehend, dass die Problematik, die sich darin verbirgt, als nicht relevant für die Argumentation angesehen wird. Die Aufgabe von

---

[2] Ähnlich operiert Köhnlein in seinem monumentalen Band „Sachunterricht und Bildung" (2012). Auch hier werden ganze Diskursstränge lapidar abgehandelt und Arbeiten von (Sach-unterrichts-)Didaktiker/innen, die Bezug auf „differenzierte Spielarten" (S. 110), sprich: radikalkonstruktivistische Positionen nehmen, einfach gar nicht erst rezipiert.

Schule ist in dieser Argumentation gesetzt. Sie erscheint nicht hinterfragbar. Darüber ließe sich bereits durchaus streiten. Konsequenterweise wird dann geschlussfolgert, dass unter dieser Prämisse die Orientierung an konstruktivistischen Ansätzen nicht passend sei. An dieser Stelle ließe sich erwarten, dass Überlegungen folgen würden, welche anderen erkenntnistheoretischen Ansätze dann eventuell relevant für die Sachunterrichtsdidaktik (oder eben entsprechend der Verortung des Beitrags auch allgemein für die Grundschulpädagogik) sein könnten. Stattdessen folgt jedoch die Wendung, dass nur Teile „des" Konstruktivismus übernommen werden könnten. Anders formuliert: Aus einem erkenntnistheoretischen Modell kann nur das übernommen werden, was nicht mit der (angenommenen und/ oder administrativen) Verfasstheit von Schule kollidiert. Theorie wird zum pragmatischen Steinbruch. Vielleicht ist die These zu gewagt und bedürfte einer gründlicheren Analyse, doch scheint es mir, als habe die Brüchigkeit in dieser Argumentation erst das zentrale Thema unserer Fachdidaktik der vergangenen Jahre hervorgebracht: Das Verhältnis von Instruktion und Konstruktion. Innerhalb konstruktivistischer Erkenntnistheorie wäre diese Diskussion obsolet, da die Frage der Instruktion nicht in Zusammenhang mit Erkenntnis zu diskutieren wäre. Bei Einsiedler liest sich diese Konsequenz folgendermaßen:

> „Die Bezeichnung „pragmatische Kombination" (Reinmann-Rothmeier/ Mandl 2006) ist auch deswegen angebracht, weil die Notwendigkeit der Kombination aus Ergebnissen der empirischen Unterrichtsforschung resultiert: Im Grundschulbereich hat sich offener Unterricht nicht als überlegene Methode für alle Schüler und Unterrichtsziele erwiesen; Schüler mit ungünstigen Lernvoraussetzungen haben bei dieser Methode häufig Selbststeuerungs- und damit Lernprobleme; wichtige Basisfähigkeiten werden zum Teil nicht erreicht" (Einsiedler 2011, S. 348).

Auch hier lohnt ein gründlicher Blick: Es bedarf instruktiver Anteile, damit von allen Schüler/innen „wichtige Basisfähigkeiten" erreicht werden. D.h. die Konstruktionsleistungen dieser Schüler/innen allein genügen hierfür nicht. Gestützt werden soll diese Aussage mit dem Verweis auf empirische Forschung. Und obwohl zwei Seiten zuvor herausgestellt wurde, „moderater Konstruktivismus" sei keine Unterrichtsmethode, wird nun mit Verweis auf Empirie hervorgehoben, dass offener Unterricht keine „überlegene" Methode sei – was sich nur als eine Gleichsetzung „offenen Unterrichts" mit radikalkonstruktivistischen Ansätzen lesen lässt. Dies überrascht, dürfte doch bekannt sein, dass es weder den offenen Unterricht gibt, noch dass offener Unterricht als Konzeption zwangsläufig auf den Konstruktivismus als Begründungsfigur zurückgreift. Den Hintergrund dieser Argumentation durchzieht indes zusätzlich eine Figur, die ich für bedenkenswert halte: Es wird vorausgesetzt, dass die Ziele von Unterricht unabhängig von der Anlage stets die-selben seien, so als ständen Inhalte und Methoden nicht in einem Zusammen-hang. D.h. der Erfolg offenen Unterrichts wird daran gemessen, ob mit ihm die Ergebnisse erreicht werden können, die andere Unterrichtsformen her-vorbringen. *Anders formuliert: Muss dies als Konstruktion einer Notwendig-keit von Instruktion gelesen werden?*

Darin zeigt sich für mich, dass ganze Diskussionsstränge, die durchaus auch in Grundschul- und Sachunterrichtsdidaktik angelegt waren, schlicht ausge-blendet werden. Bereits im für die Sachunterrichtsdidaktik richtungsweisen-den Beitrag zur Ausrichtung an moderat-konstruktivistischen Positionen von Kornelia Möller aus dem Jahr 2001 wird auf die Position Dinters verwiesen, der im moderaten Konstruktivismus mit seinen Übernahmen von Ideen aus der situierten Kognition, die Verbindung zweier „unvereinbarer erkenntnis-theoretischer Paradigmen" sah (Dinter zitiert nach Möller 2001, S. 23). Da-rüber lässt sich gewiss nachdenken – doch wurde darauf in der Grundschul- und Sachunterrichtsdidaktik verzichtet. Man begnügte sich mit Verweisen.

Im selben Aufsatz wird als ein zentrales Argument für den moderaten Kon-struktivismus eine forschungspragmatische Position eingenommen (vgl. hierzu insbesondere Rauterberg 2007). Die Orientierung an radikal konstruk-tivistischen Positionen würde das Problem hervorbringen, dass Leistungen nicht mehr empirisch fassbar seien.

Interessant scheint mir zu sein, was dann in der moderat-konstruktivistisch angelegten Forschung erhoben wird. Anders: was wird als empirisch zu er-fassende Leistung angenommen und gemessen? Das, was instruiert wurde. Nicht das, was konstruiert wurde. Die Erhebungen verbleiben in der von Einsiedler skizzierten Logik. Es wird danach gefragt, ob das Intendierte kon-struiert wurde. Dies ist folgerichtig, wenn die Aufgabe von Schule dahinge-hend verstanden wird, dass alle Kinder am Ende von Klasse 2 oder 4 über vergleichbare Fähigkeiten, vergleichbares Wissen verfügen sollen. Würde gefragt, was konstruiert wurde, statt das Lernrelevante des Gegenstandes zuvor festzulegen, um es dann abzuprüfen, könnten die Ergebnisse anders aussehen (Vorschläge in diese Richtung finden sich in Pech/ Rauterberg 2008) – allerdings gemessen an dem, was Schule zu leisten habe, auch irrele-vant sein. In einer solchen Anlage der Erhebung von Konstruktionsergebnis-sen, wie wir es bislang in der Sachunterrichtsdidaktik als dem schulischen Auftrag angemessen betrachten, kann es nicht erstaunen, dass Unterricht mit instruktiven Momenten in diesem Sinne erfolgreicher ist.

Vielleicht war es zwangsläufig, dass bezogen auf die Institution Schule, wenn sie nicht grundlegend verändert werden kann, Didaktik zu einer Konstruktion

Instruktion kommen musste. *Aber warum nennt sich das dann noch Konstruktivismus?*

## 3. Konsequenzen

Aus der diskutierten Problematik ergeben sich m.E. folgende Konsequenzen:

1. *Entweder:* Sich zu verabschieden von der Orientierung an einer konstruktivistischen theoretischen Rahmung, und zwar nicht nur erkenntnis-, sondern auch lerntheoretisch. Denn es ist systematisch schlicht nicht konsistent, sich auf eine erkenntnistheoretische Position zu beziehen, diese lerntheoretisch zu adaptieren und gleichzeitig festzuhalten, dass die Erkenntnistheorie nur in „Teilen" nutzbar sei. Damit macht Didaktik sich unglaubwürdig. *Oder:* Sich davon zu verabschieden, das intendierte Ergebnis von Lernprozessen als Gütekriterium von Unterricht anzusehen, also die Frage „Wurde das Intendierte konstruiert?" zu ersetzen mit der Frage „Was und wie wurde konstruiert?" Damit würden sich Aussagen über Unterricht innerhalb des theoretischen Rahmens bewegen – allerdings nicht mehr dem entsprechen, was wir bislang als Aufgabe von Schule beschreiben und vermutlich öffentlich nur schwer zu legitimieren sein.

2. Daneben tritt für mich eine Notwendigkeit, innerhalb der Sachunterrichtsdidaktik programmatische, auch normative, theoriegeleitete und theoriegebundene Diskussionen zu stärken – sofern wir die Sachunterrichtsdidaktik als eigenständige wissenschaftliche Disziplin erhalten wollen. Ich zumindest bin nicht bereit, mich von der Konstruktion Sachunterrichtsdidaktik zu verabschieden – es sei denn im Sinne einer weitergehenden Konstruktion „Sachlernen".

## 4. Ausblick

2011 wurde ich dazu aufgefordert einen ganz kleinen Beitrag zur Frage des „Förderns im Sachunterricht" zu schreiben. Herausgekommen ist etwas, was so vermutlich gar nicht angefragt war. Denn einen Beitrag dazu zu schreiben, wie sich Kompetenzen der Bezugsdisziplin Politik oder Physik in der Grundschule fördern lassen, ist zweifellos möglich. Meine Frage lautete aber: Wie lassen sich sachunterrichtliche Fähigkeiten fördern? Und damit war ich letztlich bei der Frage: Was könnten denn sachunterrichtliche Fähigkeiten eigentlich sein? Ergebnis waren zu diesem Zeitpunkt zwei Momente:

1. Erschließung von Umwelt – als Erweiterung von Erfahrungen

„Um zu lernen muss wahrgenommen werden. Die Erfahrungen im Umgang mit einer Sache sind dafür bedeutsam, was ich als relevant in der Auseinandersetzung mit ihr erlebe, was ich wahrnehme" (Pech 2011, S. 46).

## 2. Grundlegung eines Wissenschaftsverständnisses – als Nachdenken über das Entstehen von Wissen

„In der Tradition der Sachkunde beschränkt sich der Sachunterricht noch oft auf die Präsentation von fixen Wissensbeständen. Allzu selten wird der „Sinn" von Wissenschaften in den Blick genommen, also die Fragen danach, wie wir überhaupt zu Wissen kommen und warum systematische Beschreibungen hilfreich sein können" (Pech 2011, S. 47).

Hier deutet sich an, den Sachunterricht selbst, oder besser, das Sachlernen von Kindern erkenntnistheoretisch zu entwickeln – und darauf auch die Forschung auszurichten.

Das, was mich im Kern interessiert, ist etwas, was ich selbst gegenwärtig nur unzureichend beantworten kann. Es ist die Frage: Was macht sachunterrichtsdidaktische Forschung aus als Forschung einer eigenständigen wissenschaftlichen Disziplin? Oder gar darüber hinausgehend und damit die Bildungseinrichtungen vor der Schule, die Bildungseinrichtungen neben der Schule und auch die Freizeit von Kindern einschließend: Was macht Forschung zu Sachlernprozessen aus?

In diesen Fragen scheint mir das Potenzial einer eigenständigen sachunterrichtsdidaktischen (oder auch sachlernbezogenen) Forschung zu liegen – und nicht in der Adaption psychologischen oder soziologischen Messens. Es scheint mir an der Zeit, in die Diskussion diesbezüglich einzutreten.

## Literatur

Duncker, L.; Popp, W. (Hrsg.) (1995): Kind und Sache. Weinheim/ München.

Einsiedler, W. (2005): Lehr-Lernkonzepte für die Grundschule. In: Einsiedler, W.; Götz, M.; Hartinger, A.; Heinzel, F.; Kahlert, J.; Sandfuchs, U. (Hrsg.): Handbuch Grundschulpädagogik und Grundschuldidaktik. Bad Heilbrunn, 2. Aufl., S. 373-385.

Einsiedler, W. (2011): Lehr-Lernkonzepte für die Grundschule. In: Einsiedler, W.; Götz, M.; Hartinger, A.; Heinzel, F.; Kahlert, J.; Sandfuchs, U. (Hrsg.): Handbuch Grundschulpädagogik und Grundschuldidaktik. Bad Heilbrunn, 3. veränderte Aufl., S. 341-350.

Einsiedler, W. (2012): 20 Jahre empirisch-quantitative Grundschulforschung. Rückblick und Ausblick. In: Hellmich, F.; Förster, S.; Hoya, F. (Hrsg.) (2012): Bedingungen des Lehrens und Lernens in der Grundschule. Bilanz und Perspektiven (Jahrbuch Grundschulforschung. Bd. 16). Wiesbaden, S. 19-38.

Engelhardt, W.; Stoltenberg, U. (Hrsg.) (2002): Die Welt zur Heimat machen? (Probleme und Perspektiven des Sachunterrichts, Bd. 12.) Bad Heilbrunn.

Köhnlein, W. (2012): Sachunterricht und Bildung. Bad Heilbrunn.

Giest, H.; Kaiser, A.; Schomaker, C. (Hrsg.) (2011): Sachunterricht – auf dem Weg zur Inklusion. (Probleme und Perspektiven des Sachunterrichts, Bd. 21.) Bad Heilbrunn.

Möller, K. (2001): Konstruktivistische Sichtweisen für das Lernen in der Grundschule? In: Roßbach, H.-G.; Nölle, K,; Czerwenka, K. (Hrsg.) (2001): Forschungen zu Lehr- und Lernkonzepten für die Grundschule (Jahrbuch Grundschulforschung. Bd. 4). Opladen, S. 16-31.

Pech, D. (2011): Fördern im Sachunterricht. In: Grundschule, 11, S. 46-47.

Pech, D.; Rauterberg, M. (2008): Auf den Umgang kommt es an. „Umgangsweisen" als Ausgangspunkt einer Strukturierung des Sachunterrichts – Skizze eines „Bildungsrahmens Sachlernen" (5. Beiheft von www.widerstreit-sachunterricht.de). Frankfurt a.m./ Berlin.

Rauterberg, M. (2007): Sachunterricht und Konstruktivismus. Analyse eines Verhältnisses. URL: http://www.widerstreit-sachunterricht.de/ebene1/didaktiker/rauterberg/konstruktivismus.pdf. [25.11.2012].

*Bernd Wagner*

## Sachunterricht und seine Didaktik aus anthropologisch-pädagogischer Perspektive

*Anthropological research has an important impact on basic primary educa-tion in social studies and science. The article highlights selected anthropo-logical research on the learning processes of children. Mimetic learning approaches, rituals and performative play are discussed. The author then gives hints on perspectives for research in the fields of performativity and inclusion. For example inclusion strategies in intercultural education for schools are postulated.*

Mein Beitrag betrachtet *Sachunterricht und seine Didaktik* aus dem Blick der anthropologisch-pädagogischen Kindheits- und Bildungsforschung. Zunächst werde ich bildungstheoretische Bestände der pädagogischen Anthropologie diskutieren. Anschließend möchte ich anhand von zwei Themenfeldern die Bedeutung der pädagogischen Anthropologie für den *Sachunterricht und seine Didaktik* verdeutlichen. Max Weber (2003, S. 28) formuliert, dass es *in der pädagogischen Anthropologie* vor allem *um den lernenden sowie um den zu erziehenden und den erziehenden Menschen* gehe. Die pädagogische Anth-ropologie beschäftigt sich mit Bedürfnissen und weltbezogenen Zugangswei-sen von Kindern in ihren jeweiligen Lebenszusammenhängen. Sie ist von der geisteswissenschaftlichen Pädagogik in philosophischen Traditionen weiter-entwickelt worden und hat Themen wie beispielsweise *pädagogische Atmo-sphäre* oder *pädagogischer Takt* ausformuliert. In den letzten Jahren hat sie sich als historische Anthropologie ausdifferenziert, selbst zum Forschungs-gegenstand gemacht und in ihren Forschungsmethoden weiterentwickelt. Mit Referenz auf Helmuth Plessner (1970) werden verstärkt körperbezogene Ausdrucks- und Lernprozesse betrachtet. Beispielsweise ist die Frage nach *Glück* eine genuin anthropologische Forschungsaufgabe, die, so legen anth-ropologisch geprägte Studien von Jörg Zirfas (vgl. etwa 1994) nahe, eng mit *Körperbewusstsein* verbunden ist. Forschungen, die fokussieren, wie Kinder sich körperlich Sachen erschließen, sind für den *Sachunterricht und seine Didaktik* von Relevanz. Sie erhellen Zusammenhänge von Kind und Sache, die von disziplinärer Bedeutung sind, und denen ich anhand neuerer qualitativer Forschung aus der pädagogischen Anthropologie nachgehen möchte. Zunächst jedoch ein Blick auf die bisherige Rezeption von anthropologischen Fragestellungen und Forschungen im Kontext des Sachunterrichts und seiner Didaktik.

## 1. Anthropologische Fragestellungen im Sachunterricht

Anthropologische Annäherungen an kindliche Lernformen haben in mehreren Bereichen – beispielsweise der frühen Bildung und des Anfangsunterrichts (mimetisches Lernen) sowie im Kontext der Gestaltung von Übergängen (Bewältigungsformen von Kindern) – Einfluss auf sachunterrichtsdidaktische Theoriebildung genommen. Bereits Ludwig Duncker und Walter Popp betonen anthropologisch-pädagogische Begründungen für eine disziplinäre Ausgestaltung des vorfachlichen Sachunterrichts. Sie möchten einen *„anthropologischen Ort bestimmen, der geeignet ist, dem Sachunterricht ein tragbares Fundament und ihm gleichzeitig ein unverwechselbares Profil zu geben"* (Duncker/ Popp 1998, S. 13). Sie kritisieren, dass didaktische Konzepte, die instrumentell und technologisch verstanden werden, für die Wahrnehmung des Erziehungs- und Bildungsauftrags im Sachunterricht unzureichend sind. Stattdessen möchten sie vor dem Hintergrund anthropologischer Überlegungen, Kind und Sache in ein Verhältnis setzen, in dem Vorerfahrungen und individuelle Zugangsweisen Berücksichtigung finden. Ihre Überlegungen haben nicht an Aktualität verloren. Sie können in Bemühungen einfließen, integrativen Sachunterricht bildungstheoretisch zu begründen. Sachunterricht wird allzu oft als Konglomerat wahllos zusammengestellter vereinfachter Inhalte zukünftiger Schulfächer verstanden. Bereits Dagmar Hänsel (1980) grenzt sich entschieden von diesem Verständnis ab und sieht ein innovatives Potential in einem lernbereichsübergreifenden Unterricht. Sie bereitet Überlegungen vor, *Sachunterricht und seine Didaktik* als wissenschaftliche Disziplin weiterzuentwickeln. In dieser Disziplin, so Detlef Pech (2009), wird erziehungswissenschaftliches und vorfachliches Wissen in Diskursen über Zusammenhänge zwischen Kind, Sache und Welt bearbeitet. Die Sachen, die in schulischen und außerschulischen, formalen und informellen Lernumgebungen thematisiert werden können, sind Inhalte des Sachunterrichts. Didaktik des Sachunterrichts geht der Frage nach, wie sich Kinder selbsttätig Wissen über Sachen aneignen. Im Sachlernen von Kindern entstehen Bezüge zur

Welt. Inhalte der späteren Fächer werden im Sachunterricht aufgegriffen. Die Verknüpfung der (vor-)fachlichen Inhalte und Herangehensweisen werden mit Referenz auf die Erziehungswissenschaft als *integrativ* gedacht, d.h. das Wissen der genannten – und weiterer – Fächer wird auf Fragestellungen oder sachbezogene Lernprozesse angewendet. In der Auseinandersetzung mit Sachen werden zudem Alltagstheorien, subjektive Erfahrungen und Einschätzungen von Kindern mit einbezogen. An diesem Punkt setzt die pädagogische Anthropologie ein, die Wechselwirkungen zwischen Kindern und Sachen in formalen und informellen Lernsituationen untersucht.

Das integrative Verständnis von *Sachunterricht und seiner Didaktik* ist, wie Marcus Rauterberg und Gerold Scholz (2004) hervorheben, erziehungswissenschaftlich gebunden. Elementar für die Begründung der Disziplin ist eine weitere sachunterrichtsspezifische Fundierung von Erziehung und Bildung, die über allgemein gehaltene, ministeriale Aufträge hinausgeht. Für diese Überlegungen kann auf Bestände aus der Allgemeinen und Interkulturellen Pädagogik zurückgegriffen werden. Bevor ich dies anhand des Bildungsbegriffs weiter ausführe, möchte ich den Diskurs zum Thema Anerkennung vorstellen, der für erziehungswissenschaftliche Theoriebildung in diesen Bereichen zentral ist. Anerkennung wird gewöhnlich mit positiver Bestätigung, Lob und ressourcenorientierter Verstärkung verbunden sowie als ein tolerantes Umgehen verstanden. Pädagogisch verstandene Anerkennungskämpfe gehen jedoch über diese Formen reiner *Beachtung* hinaus. Erst Anerkennungsforderungen führen zu Auseinandersetzungen, die bildungsrelevant werden (Stojanov 2006). Axel Honneth hat auf den Zusammenhang zwischen der Selbstwahrnehmung eines Menschen und der Achtung durch Andere hingewiesen (1992). Er versteht unter Anerkennung Qualitäten der emotionalen Zuwendung, kognitiven Achtung und sozialen Wertschätzung. Kinder sind in ihrer Entwicklung auf emotionale Zuwendung angewiesen. Diese wird von Honneth (a.a.O.) als eine Anerkennung der Leiblichkeit, der körperlichen Bedürfnisse und des *Körper-Subjektes* beschrieben. Wird Menschen Anerkennung versagt, so erleben sie Formen der Erniedrigung, die sie in ihrer Selbstachtung verletzt. Diese Missachtungserfahrungen setzen Energien frei, Anerkennung wird, ein zentraler Punkt in Honneths Theorie, eingefordert. Die entstehenden *Kämpfe um Anerkennung* können Bildungsprozesse initiieren. Schule ist aufgefordert, bildungswirksame Anerkennungsforderungen aufzugreifen, Kinder und Jugendliche zu ermutigen, Partizipationsmöglichkeiten wahrzunehmen. Eine wichtige Voraussetzung dafür ist, Kindern und Jugendlichen frühzeitig ein körperbezogenes Selbstbewusstsein zu vermitteln, das Missachtungserfahrungen überstehen hilft. Anerkennungsdynamiken in Bildungsprozessen erfordern diese pädagogische Unterstützung, die bereits eine Aufgabe der Grundschulen ist.

Die Anerkennungsdiskurse machen deutlich, dass der Körper, in seiner Geschichtlichkeit und seinen sinnlichen Erfahrungsbereichen eine Voraussetzung für die Thematisierung von Lern- und Bildungsprozessen ist. Bildung kennzeichnet Prozesse der reflexiven Auseinandersetzung und Verarbeitung, die nicht ausschließlich rational geprägt sein müssen. Auch körperbezogene Konzepte der Welterkundung können bildungswirksame Transformationsdynamiken anregen. Ein solcher bildungstheoretischer *body turn* wurde von Gunter Gebauer und Christoph Wulf in interdisziplinären Veröffentlichungen zur historischen Anthropologie postuliert (1992). In schulischen Bildungsprozessen geht es, so die Autoren, um ein körperbezogen-sinnliches *in Beziehung setzen* zur Welt, das Beiträge zur Lebensbewältigung leistet. Ein auf den Sachunterricht bezogenes Bildungsverständnis berücksichtigt die von der pädagogischen Anthropologie hervorgehobenen emotionalen, körperbezogenen und narrativ-biographischen Zugänge. Einerseits, indem der *Sachunterricht und seine Didaktik* die zentrale Forderung des Grundschulverbandes aufgreift, Kinder in Institutionen nicht zu beschämen. Annedore Prengel (1995) hat dazu eingehend geforscht und deutlich gemacht, welche Anforderungen an Inklusion in Grundschulen, insbesondere im Sachunterricht, gestellt werden müssen. Andererseits, indem Erlebenshorizonte von Kindern einen zentralen Stellenwert in sachbezogenen Bildungsprozessen einnehmen. Es geht nicht nur um theoretische Vorverständnisse, nicht darum, diese zu verbessern, sondern um partizipative Lernprozesse und anknüpfungsfähige Erfahrungen von Selbstwirksamkeit. Wichtige Voraussetzung für Erziehungs- und Bildungsprozesse sind den Dualismus zwischen Körper und Geist aufbrechende Lernmöglichkeiten, die ästhetische Wahrnehmungen und Formen der Aneignung von Lebenswelt und Wissensbereichen ermöglichen. Dies wird im Sachunterricht, so Hans Joachim Fischer (2007), durch die Berücksichtigung von *Körperwissen* aufgegriffen, was einen Beitrag zur grundlegenden Bildung leistet. Die pädagogische Anthropologie betont die Bedeutung von Körpererfahrungen und -bedürfnissen für Bildungsprozesse von Kindern. Somit stehen weniger Lerntechniken oder Modelle, sondern vielmehr Kinder beim aktiven Erschließen der Welt im Mittelpunkt anthropologischer Forschung in der Sachunterrichtsdidaktik.

## 2. Anthropologische Theoriebeiträge für den Sachunterricht und seine Didaktik

Theorieimpulse der pädagogischen Anthropologie sind von verschiedenen Fachdidaktiken und im Bereich der Frühen Bildung aufgegriffen worden. Für den *Sachunterricht und seine Didaktik* sind folgende drei ausgewählte exemplarische Forschungsstränge von Bedeutung:

### 2.1 Mimetische Lernformen

In Referenz auf Walter Benjamins Text über das *mimetische Vermögen* (1991) haben Gunter Gebauer und Christoph Wulf (1992) die Bedeutung von körperlichen Nachahmungsprozessen hervorgehoben, bei denen Kinder eigene Darstellungsformen und persönliche Elemente hinzufügen. Mimesis bezeichnet die Fähigkeit, sich im Sinne kreativer Nachahmung kulturelle Ausdrucksformen körperlich-sinnlich anzueignen. Die subjektiven Wahrnehmungen werden als innere Bilder gespeichert und in körperliche Inszenierungen umgesetzt. Dieser Prozess ist keine einfache Imitation, sondern beinhaltet vielmehr imaginativ-subjektiv hervorgebrachte Ausdrucks- und Interpretationsmöglichkeiten. Mimetische Prozesse werden als notwendige Bedingung von Entwicklung und Lernen beschrieben. Sie kennzeichnen eine Handlungspraxis, eine kreative Tätigkeit, mit der sich Kinder mit ihrer Umgebung aktiv in Beziehung setzen, um sich ihr in einem Prozess des Ähnlichmachens anzunähern. Als Beispiel für diese handlungsbezogenen Aneignungsformen von Kindern möchte ich Nachahmungsspiele aufgreifen. In den ersten Klassen gibt es die beliebten Spiele, Tiere tänzerisch nachzuahmen. Eigenschaften von Tieren werden imaginiert und mit körperlichen Ausdrucksmöglichkeiten spontan dargestellt. Diese körperlichen Ausdrucksformen sind gleichzeitig individuell und gruppenbezogen. Indem *Sachunterricht und seine Didaktik* diese kreativen, mimetischen Annäherungsformen von Kindern an ihre Umwelt stärker berücksichtigt, werden körperbezogene Bildungsprozesse einbezogen. Sachunterricht etabliert sich so als Unterrichtsfach, in dem nicht nur etwas über den Körper, sondern erprobend mit dem Körper gelernt wird.

### 2.2 Anthropologische Ritualforschung

Im Rahmen der Berliner Ritualstudien (Audehm/ Wulf 2001) sind größtenteils qualitative Forschungsergebnisse publiziert worden. Die anthropologisch fundierten Untersuchungen beschäftigen sich mit der Bedeutung von Ritualen als *lebensweltliche Scharniere* und differenzbearbeitende Elemente.

Ritualen wird eine rhythmisierende Funktion im Alltag zugesprochen, die lebensweltliche Erfahrungen verbindet und bearbeitet. Der performative Charakter von Ritualen wird betont. Dieser handelnde, körperlich agierende Aspekt unterstreicht die Bedeutung von Inszenierung, Aufführung und Rolle bei der Durchführung von Ritualen. Gemeinsame Handlungsabläufe können gruppenbildend wirken, Rituale Arbeitsabläufe rhythmisieren. Den Umwandlungsriten (*rites de marge*) kommt in der anthropologisch orientierten Ritualtheorie, die sich auf Arnold van Gennep (1999) bezieht, eine Schlüsselfunktion zu. In der Phase der Umwandlung, in der alte Rollenmuster nicht mehr gelten, entsteht ein kreativer Übergangszustand, der einen gänzlichen oder teilweisen Statusverlust sowie eine abrupte Herauslösung aus den gewohnten Bedingungen des sozialen Lebens voraussetzt. Die Qualität einer solchen herausgelösten Lebensphase ist von Victor Turner mit dem Begriff *liminality* beschrieben worden (Turner 1969). Der ungeklärte Zustand ermöglicht nicht nur die Bewältigung von Übergängen, sondern gleichzeitig eine besondere Form von Vergemeinschaftung und sozialer Kohäsion – von Turner mit der dialektischen Denkfigur *communitas* bezeichnet. Die anthropologischen Ritualtheorien gehen nicht von festgelegten Abläufen, sondern von Übergängen, kreativen Gestaltungsräumen und neuen Gruppenbildungen aus. Die bisherigen Forschungsergebnisse zeigen nicht nur, dass Rituale in Institutionen angewendet werden. Sie weisen nach, dass Rituale Institutionen performativ öffnen und in diesen pädagogische Inhalte platzieren können. Die Forschungen machen deutlich, dass die Bedeutung von Ritualen im Schulalltag unterschätzt wird. Rituale werden nicht nur institutionell geprägt, sondern von Kindern in kreativen geprägten Prozessen erzeugt und spielerisch modifiziert. Rituelle Inszenierungen bieten für Lehrende und Kindergruppen Möglichkeiten, alltägliche Abläufe zu rhythmisieren und Übergänge, etwa vom Kindergarten in die Grundschule, zu gestalten. Diese Forschungen wurden in der Sachunterrichtsdidaktik aufgegriffen und *Selbstgestaltete Rituale* (Kerll/ Wagner 2009) in der Grundschule angeregt.

### 2.3 Lernende als performative Akteure

Im DFG-Sonderforschungsbereich *Kulturen des Performativen* sind grundlegende Überlegungen zu performativen Lernformen in Schulen entwickelt worden. Performative Lernformen werden mit Referenz auf Judith Butler[1] als

---

[1] „Diese im Allgemeinen konstruierten Akte, Gesten und Inszenierungen erweisen sich insofern als performativ, als das Wesen oder die Identität, die sie angeblich zum Ausdruck bringen, vielmehr durch leibliche Zeichen oder andere diskursive Mittel hergestellte und aufrechterhaltene Fabrikationen/ Erfindungen sind" Butler (1991, S. 200).

inszenatorische, soziale Handlungspraxen beschrieben, die sich situativ, beispielsweise in der Auseinandersetzung mit Objekten im Museum, manifestieren (Wagner 2010). Sie betonen Spontaneität und Selbsttätigkeit von Kindern und heben körperbezogenen Aneignungsformen hervor (Wulf/ Göhlich/ Zirfas 2001). Beispielsweise werden, so Monika Wagner-Willi (2005), in performativen Pausenspielen Asymmetrien und Bedeutungskontexte verhandelt. Wagner-Willi arbeitet interaktive und inszenatorische Prozesse in Schulpausen heraus, die im Unterricht kaum Berücksichtigung finden. In den von ihr beschriebenen gruppen- und raumbezogen, performativen Selbstinszenierungen verständigen sich Kinder auch über Lerninhalte. *Dinge* aus der Lebenswelt von Schülerinnen und Schülern werden situationsgebunden als Requisiten eingebunden. Die Thematisierung von Dingzusammenhängen in performativen Spielsituationen bietet Anknüpfungspunkte zum Sachunterricht und seiner Didaktik. Sie erweitern die von Detlef Pech (2009) beschriebenen Umgangsformen mit den *Sachen des Sachunterrichts*, indem Kindern nicht nur kognitive Diskussionsangebote gemacht werden, sondern auch Raum für das Erproben sozialer Bedeutungen und Aushandlungsprozesse in Gruppenkontexten bereitgestellt wird.

## 3. Perspektiven für den Sachunterricht und seine Didaktik

Anthropogisch-pädagogische Studien betrachten Kinder als Akteure ihrer Lernprozesse und untersuchen die Wechselwirkung von sozialen und individuellen Ausdrucksformen. In den vergangenen 20 Jahren haben sie dazu beigetragen, die Lebensweltorientierung des Sachunterrichts auszuformulieren. Sie rücken Bedürfnisse, Erlebenshorizonte sowie informelle Lernerfahrungen von Kindern in den Fokus. Die von mir aufgeführten anthropologisch-pädagogischen Bestände beschreiben einen Bildungsraum, in dem körperbezogene und inszenatorische Elemente bedeutsam werden. Abschließend möchte ich an zwei ausgewählten Schwerpunkten einen Ausblick auf weitere Forschung im Bereich einer anthropologisch-pädagogischen Orientierung des Sachunterrichts geben:

### 3.1 Performativität und Handlungsorientierung im Sachunterricht
Arnd Nohl (2011) betont in seiner *Pädagogik der Dinge* die spontane Interaktion mit Objekten. In seinen von der dokumentarischen Methode geprägten Forschungen zur Spontaneität in Bildungsprozessen plädiert er für eine Distanz zu Alltagsinterpretationen von Dingen, die durch selbsttätige Erprobungssituationen entstehen kann. Er zeigt ein wichtiges Forschungsfeld im

schulischen Sachunterricht auf. Im Rahmen der erziehungswissenschaftlichen Kindheitsforschung kann performatives Schülerhandeln ausführlicher untersucht und für Lernprozesse im Sachunterricht fruchtbar gemacht werden. Die empirische Ausformulierung von performativen Konzepten in der Sachunterrichtsdidaktik trägt dazu bei, Erlebenshorizonte und Selbsttätigkeit von Kindern in Prozesse des Sachlernens einzubeziehen. Beispielsweise können performative, spielerische Annäherungen von Kindergruppen an ungewohnte Objekte untersucht werden. Das Experimentieren von Kindern mit Bewegungsformen, Raumsituationen, Gegenständen, Geräuschen, Lichtverhältnissen und Spielpartnern kann eingehender betrachtet werden. Auch Rollenspiele von Kindern, in denen nach im Stegreif erfundenen Handlungskonzepten agiert wird, sind aufschlussreich. Die anthropologische Forschungsperspektive arbeitet heraus, wie performative Körperbilder hervorgebracht und situativ an Räume, Ausstellungsobjekte sowie Spielpartnerinnen und -partner angeschlossen werden. Sie untersucht, beispielsweise mit der dokumentarischen Methode (Nentwig-Gesemann, Bohnsack 2007), wie Kinder Bedeutungen verhandeln, die von gängigen Erklärungs- und Kategorisierungsschemata abweichen können. Studien zu performativen Spielsituationen können im Sachunterricht fruchtbar gemacht werden und tragen zur Ausformulierung, der u.a. von Joachim Kahlert (2006) beschriebenen, für den Sachunterricht zentralen Kategorie der Handlungsorientierung bei. Zudem fordern performative pädagogische Konzepte Lehrende auf, spontane Inszenierungen von Kindern wahrzunehmen und im Sachunterricht aufzugreifen

### 3.2 Interkulturelle Bildung im Sachunterricht

Interkulturelle Bildung ist eine gesellschaftliche Querschnittsaufgabe, die nicht nur in themenbezogenen Unterrichtseinheiten bearbeitet werden kann, sondern einer curricularen Verankerung im schulischen Alltag bedarf. Längst ist die Auseinandersetzung mit Heterogenität, insbesondere in der Grundschule, bildungsrelevantes Thema schulischer Alltagskultur. Der Sachunterricht verankert interkulturelle Bildung in Grundschulalltag. Schülerinnen und Schülern haben im Rahmen des schon bestehenden Schwerpunktes Inklusion im Sachunterricht die Möglichkeit, kulturelle Diversität und die Pluralität von Wertorientierungen reflektieren. Dies führt zu einem erweiterten Verständnis des Inklusionsbegriffs, der mit Referenz auf angelsächsische Forschung um interkulturelle Fragen von Inklusion und Exklusion erweitert wird. Es ist nicht ausreichend, Inklusion nur unter förderpädagogischen Gesichtspunkten zu betrachten. Sachunterricht und seine Didaktik als Disziplin stehen für inklusive, partizipative Bildungsstrategien. An diesem Punkt setzen anthropologische Forschungen in der Sachunterrichtsdidaktik ein. Beispielsweise können interkulturelle Bildungsprozesse im Sachunterricht anhand von französisch-deutschem Schüleraustausch eingehender erforscht werden. Wir wissen zu wenig über interkulturelle Erfahrungshorizonte von Kindern, die im Sachunterricht angesprochen werden, wenn Frankreich als Nachbarland thematisiert wird. In Schüleraustauschsituationen können interkulturelle Erfahrungshorizonte sichtbar gemacht und videoethnographisch festgehalten werden. Erziehungswissenschaftliche Studien ermöglichen es der Sachunterrichtsdidaktik, interkulturelle Bildung für Kinder im Kontext von Globalisierungsprozessen weiter auszuformulieren. Sie tragen auch dazu bei, Kindern mehr Gestaltungsspielraum in Institutionen ermöglichen. Schulklassen erhalten die Möglichkeit, Motive, Themen und Schwerpunkte, die oft schon in Schulprogrammen oder Leitlinien formuliert worden sind, auf ihre Gruppensituation zu beziehen, Partnerschulen in Frankreich vorzustellen und eigenständig auszuformulieren bzw. ausgewählte Aspekte weiterzuentwickeln. Diese Partizipation von Kindern in Institutionen ist wichtiges Thema einer weiter zu etablierenden empirischen Bildungsforschung für den Sachunterricht und seine Didaktik.

Abschließend möchte ich einen kurzen Ausblick geben: In meinem Beitrag habe ich für die Einbeziehung des in der historischen Anthropologie entwickelten *body turns* in einen sachunterrichtlichen, auf Inklusion zielenden Bildungsbegriff plädiert. Meines Erachtens bieten anthropologisch-pädagogische Forschungen eine wichtige Grundlage für die Weiterentwicklung eines spezifischen, disziplinbezogenen Bildungsbegriffs im Sachunterricht und der Frühen Sachbildung. Gleichzeitig setzten sie in Bezug auf Kindorientierung, Handlungsbezug und inszenatorische Annäherungen an *Sachen* Akzente in der Sachunterrichtsdidaktik.

## Literatur:

Audehm, K.; Wulf, Ch. (2001): Das Soziale als Ritual. Opladen.

Benjamin, W. (1991): Über das mimetische Vermögen. In: ders.: Gesammelte Schriften. Bd. II/1. Frankfurt/ Main, S. 210-213.

Butler, J. (1991): Das Unbehagen der Geschlechter. Frankfurt/ Main.

Duncker, L.; Popp, W. (1998). Kind und Sache. Zur pädagogischen Grundlegung des Sachunterrichts. Weinheim.

Fischer, H.-J. (2007): Sachunterricht als wissenschaftliche Disziplin. In: Pech, D.; Rauterberg, M.: www.widerstreit-sachunterricht.de, Extra-Beiheft. Frankfurt/ Main, S. 19-21.

Gebauer, G.; Wulf, Ch. (1992): Mimesis. Kultur – Kunst – Gesellschaft. Reinbek.

Hänsel, D. (1980): Didaktik des Sachunterrichts. Sachunterricht als Innovation in der Grundschule. Frankfurt/ Main.

Honneth, A. (1992): Kampf um Anerkennung. Frankfurt/ Main.

Kahlert, J. (2006): Der Sachunterricht und seine Didaktik. Bad Heilbrunn.

Kerll, J.; Wagner, B. (2009): Selbstgestaltete Rituale im Sachunterricht. In: www.widerstreit-sachunterricht.de, Nr. 13. URL: www.widerstreit-sachunterricht.de [25.11.2012].

Nentwig-Gesemann, I.; Bohnsack, R. (2007): Gruppendiskussionsverfahren am Beispiel einer Studie zur Peer-Mediation in Schulen. In: Schäffer, B. (Hrsg.): Das Gruppendiskussionsverfahren in der Forschungspraxis. Opladen.

Nohl, A. (2011): Pädagogik der Dinge. Bad Heilbrunn.

Pech, D. (2009): Sachunterricht – Didaktik und Disziplin. Annäherung an ein Sachlernverständnis im Kontext der Fachentwicklung des Sachunterrichts und seiner Didaktik. In: www.widerstreit-sachunterricht.de, Nr.13. URL: www.widerstreit-sachunterricht.de [25.11.2012].

Plessner, H. (1970): Anthropologie der Sinne. Frankfurt/ Main.

Prengel, A. (1995): Pädagogik der Vielfalt. Opladen.

Rauterberg, M.; Scholz, G. (2004): Die Dinge haben ihren Namen. Zum Verhältnis von Sprache und Sache im Sachunterricht. Baltmannsweiler.

Stojanov, K. (2006): Bildung und Anerkennung. Soziale Voraussetzungen von Selbst-Entwicklung und Welt-Erschließung. Wiesbaden.

Turner, V. (1969): The Ritual Process. Structure and Anti-Structure. Chicago.

Van Gennep, A. (1999): Les Rites de Passage. Frankfurt/ Main.

Wagner, B. (2010): Kontaktzonen im Museum – Kinder in der Ausstellung „Indianer Nordamerikas". In: Paragrana, 19, 2, S. 192-203.

Wagner-Willi, M. (2005): Kinder-Rituale zwischen Vorder- und Hinterbühne. Der Übergang von der Pause zum Unterricht. Wiesbaden.

Weber, M. (hrsg. von Kaeseler, D.) (2003): Schriften 1894-1922. Stuttgart.

Wulf, Ch.; Göhlich, M.; Zirfas, J. (Hrsg.) (2001): Grundlagen des Performativen. Weinheim.

Zirfas, J. (1994): Zum Glück. Leipzig.

*Jutta Wiesemann, Jochen Lange und Friederike Wille*

# Qualitative Forschung zum und im Sachunterricht – Bilanz und Perspektiven

*Asking for findings of empirical research on general studies it has to be concluded that qualitative research brought a significant contribution to it. With the presented article we try to sensitize for the diversity of approaches on classroom and didactics and their epistemological foundations and methodological pathways. After outlining qualitative research a systematic referring to general studies is discussed. Basing on the presented findings finally questions of connections and desiderata are raised. The article aims on clarifying knowledge formats and their meaning for general studies and its didactics.*

## 1. Qualitative Forschung zum Sachunterricht und seiner Didaktik

„'Qualitative Forschung' hat ihren Ausgangspunkt im Versuch eines vorrangig deutenden und sinnverstehenden Zugangs zu der interaktiv ,hergestellt' und in sprachlichen wie in nicht-sprachlichen Symbolen repräsentiert gedachten sozialen Wirklichkeit" (Kardorff 1995, S. 4). Dieser formulierte Anspruch impliziert bereits die beiden zentralen Wege, über die empirische Daten in der qualitativen Sozialforschung erhoben werden können: Forscher/innen können Menschen beobachten oder mit ihnen Gespräche führen. Bedingt durch diese Entscheidung – so können wir für die sachunterrichtliche Forschung rekapitulieren – rücken entweder die sozialen Interaktionen der Akteure oder die Perspektiven als versprachlichte Sichtweisen der Subjekte in den Fokus.

Die Frage, wann und wie ein Forschungsprojekt als sachunterrichtliche Forschung gelten kann, wurde vor dem Hintergrund der Komplexität und der Eigenart des Faches in nicht abgeschlossener Weise diskutiert (vgl. z.B. Rauterberg 2005, Hartinger 2007). Qualitativ-sachunterrichtliche Forschung lässt sich – so wollen wir sie vorerst fassen – mit einer Dualität systematisieren: Arbeiten die sich (1) mit Konstruktionsprozessen von Sachunterricht und seinen Sachen im schulischen Alltag beschäftigen sowie Arbeiten die sich (2) mit den Vorstellungen und Vorkenntnissen von Grundschülerinnen zu den Sachen des Sachunterrichts befassen.

## 1.1 Praxis des Sachunterrichts und seiner Akteure: Forschung im Unterricht

Forschungen *im* Sachunterricht wurden unter verschiedenen Fokussierungen durchgeführt. Gerold Scholz und Gertrud Beck haben etwa über fünf Jahre Grundschulunterricht in einer Klasse beobachtet und insbesondere das soziale Lernen von Grundschulkindern analysiert (vgl. Beck/ Scholz 1995). Ebenfalls zum sozialen Lernen und mit Bezügen zum Demokratielernen sowie zu schulischen Partizipationsprozessen forscht Heike de Boer (2006). Sie betrachtet den Klassenrat als interaktive Praxis und fokussiert hier Prozesse der Auseinandersetzung und Kooperation. Der Anspruch besteht darin, den Klassenrat als soziale Praxis der Schüler/innen und seine Bedeutung für Kinder zu verstehen. Patrick Sunnen untersucht hingegen das Lernen am Computer und hält fest, dass es ihm nicht darum geht, retrospektive Lerneffekte festzustellen, die sich auf den Computer zurückführen lassen. Ihn interessiert vielmehr „Lernen als sozialer Prozess und kulturelle Praxis" (Sunnen 2006, S. 16). Mit Blick auf das Lernen als soziale Praxis bezieht sich Sunnen auf Gerold Scholz und Jutta Wiesemann. Wiesemann (2000) untersucht Lernen als operativ-beobachtbare Alltagspraxis von Kindern, die ihre gemeinsamen Lernprozesse im Sachunterricht sichtbar machen. Mit der Frage „Holocaust als Thema für Grundschulkinder?" zielt Heike Deckert-Peaceman (2002) auf die Beschreibung und Analyse der unterrichtlichen Praxis zur Holocaust Education in den Grundschulen der USA.

Verbindend für die vorgestellten Studien sind eine gemeinsame Methodologie und das damit einhergehende Verfahren, Unterricht mittels Teilnehmender Beobachtung oder Videobeobachtungen in den Fokus zu nehmen. Der Ort der Forschung ist somit der Klassenraum, in diesem werden situative Prozesse von verschiedenen Akteuren hervorgebracht, denen das analytische Interesse gilt. Aus dieser Perspektive geht es darum, den Sachunterricht zu verstehen und zu gestalten. Das Besondere des Lernens im Sachunterricht wird durch Schüler/innen und Lehrer/innen in ihrer spezifischen schulischen Praxis – die sich nicht im Sprachlichen erschöpft – sichtbar hervorgebracht. Der empirische Zugang zum Unterrichtsalltag durch die Fokussierung auf „real existierenden" Sachunterricht liefert einen Beitrag zur praxisnahen Unterrichtsentwicklung im Sachunterricht. Die Analysen dieser Studien führen zum Hinterfragen etablierter Lernkulturen und zum reflektierten Verstehen von Unterricht mit seinen Inhalten, Akteuren, Praktiken und Ordnungen.

## 1.2 Kindliche Perspektiven auf die Sachen des Sachunterrichts: Forschung zum Sachunterricht

Die Erforschung kindlicher Perspektiven, Sichtweisen und Vorstellungen zu den „Sachen" des Sachunterrichts ist ein etabliertes Forschungsfeld geworden. Studien, die die kindliche Perspektive auf verschiedenste Unterrichtsthemen rekonstruieren, sind vielfach durch ein konversationsanalytisches Vorgehen bestimmt und ihre Daten werden meist in Form von Einzel- oder Gruppeninterviews erhoben.

So rekonstruiert z.B. Eva Gläser (2002) durch die Analyse von Einzelinterviews mit dem Verfahren der Grounded Theory kindliche Perspektiven zum Thema Arbeitslosigkeit und bearbeitet damit ein erkanntes Forschungsdesiderat. Besondere Bedeutung hat die Rekonstruktion kindlicher Perspektiven in dem Modell der Didaktischen Rekonstruktion. Hier sind sie unverzichtbarer Baustein für die didaktische Strukturierung eines Lerngegenstandes. Nicht die Sachstruktur, sondern die Lernerperspektiven auf einen Sachbereich sind zentral (vgl. ProDiD 2012). An der Universität Oldenburg entstand unter Verwendung des Modells eine Vielzahl von Promotionsstudien zu unterschiedlichsten Themenbereichen auch des Sachunterrichts. So expliziert zum Beispiel Andrea Becher in ihrer Studie „Die Zeit des Holocaust in der Vorstellung von Grundschulkindern" (2009) durch die Analyse und Interpretation von halbstandardisiert- fokussierten Einzel- und Gruppeninterviews Lernerperspektiven auf die Zeit des Nationalsozialismus. Ergebnis ihrer Untersuchung sind sieben Vorstellungskonzeptionen, sogenannte „Vorstellungsbücher" und vier daraus generierte Schlüsselkategorien zum Themenbereich. Das Modell der Didaktischen Rekonstruktion ist auch Grundlage für die Arbeit von Simone Seitz (2005). Sie arbeitet 10 Leitlinien zur Behandlung des Themenfeldes „Zeit" in einem inklusiven Sachunterricht heraus. In der Untersuchung wurden die Schülerperspektiven durch teilnehmende Beobachtung und Videodokumentation einer Unterrichtsreihe zum Thema Zeit erhoben und Schlüsselkategorien expliziert. In einer symbolischen „nonverbalen Lernumgebung", ausgerichtet an den zuvor analysierten Schlüsselkategorien, wurden die Kinder im Umgang mit dem entwickelten Material zum Thema Zeit beobachtet. So konnten individuelle Perspektiven zum Thema Zeit auch von Kindern mit schwerster Behinderung durch die Analyse expliziert werden. Die Untersuchung von Simone Seitz stellt in Hinblick auf die Erhebungsmethoden eine Besonderheit dar, denn sie versucht in einem nicht nur durch Sprache geprägten Forschungssetting, kindliche Perspektiven auf Zeit zu erheben. Die Erhebung von kindlichen Vorstellungen und Perspektiven auf die „Sachen" des Sachunterrichts ist als Forschung zum Sachunterricht bedeutend. Spätestens seit der Forderung an die „Vorstellungen der Schüler" im Unterricht anzuknüpfen (vgl. GDSU 2002).

## 2. Subjekt- und situationsbezogene Forschung

Die exemplarisch angeführten Studienkonzeptionen sollen im Folgenden mit dem Fokus auf allgemeine erkenntnistheoretische Grundlagen betrachtet werden. Insbesondere das sich bedingende Verhältnis von Methode und Methodologie soll hierbei expliziert werden.

Studien, die Interviews einsetzen, formulieren – wie verdeutlicht wurde – ein Interesse an Vorstellungen, Sichtweisen, Einstellungen, Erlebensweisen oder (Vor)Wissensbeständen. Mit diesem Ansatz geht eine bestimmte methodologische Grundannahme einher: Das Vorhaben, die Entdeckung kindlicher Perspektiven auf die Sachen des Sachunterrichts mit Einzelinterviews zu erbringen, muss davon ausgehen, dass diese Ansichten im Kind verortet sind und unabhängig von den Situationen des Sachunterrichts existieren und expliziert werden können. Kinder werden demnach *als Subjekte* ihrer Lernprozesse verstanden und beforscht. Methodische Fragen zielen dann auf die kindgerechte Interviewführung. Charakteristisch für diese subjektfokussierte Forschung ist eine strikte Trennung zwischen der Datenerhebung und der Datenanalyse. Nach der Erhebung der Daten verlassen die Forscher/innen die Schule – oder einen anderen Ort, an dem die Daten erhoben wurden – und beginnen mit der Analyse am Schreibtisch. Hierbei erfolgt in der Regel ein Rückgriff auf hermeneutische Textanalyseverfahren, etwa auf die Objektive Hermeneutik (Oevermann/ Allert/ Konau/ Krambeck 1979), die Qualitative Inhaltsanalyse (Mayring 2007), das narrationsstrukturelle Verfahren (Schütze 1981, 1984), die Dokumentarische Methode (Bohnsack 2001) oder auch die Grounded Theorie (Glaser/ Strauss 1967, Strauss/ Corbin 1996). Neben der Datenerhebung und der Datenanalyse lässt sich ein weiterer Grundbaustein der subjektfokussierten Forschung ausmachen, den wir mit „Verfahren zur unterrichtlichen Rückkopplung" beschreiben wollen. Die gesammelten Daten sind mit ihren Analysen hierbei die Grundlage für didaktisch-kindorientierte Ableitungen und damit einer angestrebten Weiterentwicklungen des Sachunterrichts dienlich. Vielfach wird über die Didaktische Rekonstruktion (Kattman/ Duit/ Gropengießer/ Komorek 1997), mit den Vorstellungen des Con-

ceptual Change (Duit 1995) oder der Phänomenographie (Murmann 2008) die Sozialforschung zu einer Forschung für die Fachdidaktik gewendet. Studien *im* Sachunterricht, die den Weg der Beobachtung alltäglicher Interaktionen wählen, fokussieren hingegen auf das Hervorbringen von sozialer Praxis *in situ*: Wie wird der Sachunterricht in der täglichen Schulpraxis „gemacht"? So werden Fragen bearbeitet, die auf die alltäglichen Konstruktions- und Interaktionsprozessen aller beteiligten Akteure des Sachunterrichts zielen – seien es Schüler/innen, Lehrer/innen oder Forscher/innen. Das Kind als einzelnes Subjekt gerät aus dem analytischen Fokus und findet sich wieder als ein interagierender und (mit)gestaltender Akteur der sozialen Unterrichtssituation, die erst durch aufeinander bezogene Aktionen hergestellt wird. Diesen so kollektiv „gemachten" Sachunterrichtssituationen gilt letztlich das analytische Interesse. Die Sichtweisen bzw. Perspektiven auf die Sachen werden in einem Prozess interagierend konstruiert, ausgehandelt und sichtbar gemacht. Im Gegensatz zur subjektbezogenen Forschung, welche in der Regel eine klare Trennung zwischen Datenerhebung und Datenauswertung proklamiert, geht die situationsbezogene Forschung davon aus, dass mit der Vertextung erster Notizen (während der Teilnehmenden Beobachtung) im Feld bereits die Analysearbeit einsetzt (vgl. Amann/ Hirschauer 1997, S. 28) und eine Trennung von Datenerhebungpersonal und Analyse der Erkenntnisabsicht im Wege steht (vgl. a.a.O., S. 17). Auf den Sachunterricht bezogen geht es damit um das Verstehen von realen Verlaufsstrukturen schulischen Lernens aus „eigener und erster Hand" (vgl. a.a.O., S. 21). Dies bringt für den Sachunterricht den Nutzen, dass didaktische Settings als lernkulturelle Praxen systematisch reflektiert und überdacht werden können.
Vor dem Hintergrund der methodologischen Grundannahmen und Erkenntnisinteressen soll die bisher zur Kategorisierung genutzte Unterscheidung zwischen Forschung *im* und Forschung *zum* Sachunterricht präzisiert werden. Wir schlagen die Begriffe der *Subjekt- und Situationsfokussierung* vor. Während die Sachen und die Perspektiven darauf im Verständnis der situationsbezogenen Forschung erst in Alltagssituationen von allen an Schule teilnehmenden Personen in einem Zusammenspiel *konstruiert* werden, ist es Anspruch der subjektbezogenen Forschung, die Perspektiven einzelner Kinder retrospektiv aus den aufgezeichneten Interviews zu *rekonstruieren*.

## 3. Bilanz und Perspektiven qualitativer Sachunterrichtsforschung

Mit dem Beitrag soll für zwei unterschiedliche Grundannahmen innerhalb der qualitativ-sachunterrichtlichen Forschung sensibilisiert werden. Die Frage, wie den Sach- und Weltsichten nachgegangen werden soll und was (in welcher Weise) aus ihnen abgeleitet werden kann, wird unterschiedlich beantwortet. Verorten sich die Weltsichten (1) im Subjekt und schlagen sie sich in den Sprechverläufen von Interviews nieder? Oder sind Weltsichten (2) mit ihrer Genese als „gelebte Praxis" (vgl. Amann/ Hirschauer 1997, S. 24) in Situationen verortet?

Während mit der subjektbezogenen Forschung eine kindorientierte Weiter entwicklung des Sachunterrichts angestrebt wird, zielt die situationsbezogene Forschung zunächst auf ein besseres Verstehen von schulischem Alltag, Lernkulturen und Handlungsproblemen der am Unterricht beteiligten Akteure. Mit diesem letztgenannten Ansatz und seinem Interesse an sachunterrichtsspezifischen Lernformen ist ein Forschungsdesiderat benannt.

> „Ein empirisches Defizit lässt sich im Mangel an Dokumentationen des real stattfindenden Unterrichts sehen. Was im Sachunterricht ist und wie es bearbeitet wird, ist, bezogen auf die Bundesrepublik insgesamt, zumindest was Forschung direkt im Unterricht angeht, nicht erfasst!" (Rauterberg 2005, S. 218f.)

Vor diesem Hintergrund ist die Vollzugspraxis von Sachunterricht weiter zu untersuchen: Wie wird Sachunterricht in der täglichen Schulpraxis von Lehrer/innen und Schüler/innen gemacht? Wie wird im konkreten Sachunterricht die Sache zu einer schulischen Lernaufgabe?

Auf der Grundlage des vorgenommenen Systematisierungsversuchs können weiterführende Gedanken zur Zusammenführung der Forschungsparadigmen angestellt werden. Dies beispielsweise mit Blick auf Forschungen, die Gruppendiskussionen und Kreisgespräche nutzen, und damit im Schnittfeld von subjekt- und situationsbezogener Forschung die Besonderheit sachunterrichtlichen Lernens in den Blick nehmen.

## Literatur

Amann, K.; Hirschauer, S. (1997): Die Befremdung der eigenen Kultur. Ein Programm. In: Hirschauer, S.; Amann, K.: Die Befremdung der eigenen Kultur. Zur ethnographischen Herausforderung soziologischer Empirie. Frankfurt a.M., S. 7-52.

Becher, A. (2009): Die Zeit des Holocaust in der Vorstellung von Grundschulkindern. Eine empirische Untersuchung im Kontext von Holocaust Education. Oldenburg. (Beiträge zur Didaktischen Rekonstruktion, Bd. 25).

Beck, G.; Scholz, G. (1995): Soziales Lernen. Kinder in der Grundschule. Reinbek.

Bohnsack, R. (2001): Typenbildung, Generalisierung und komparative Analyse. Grundprinzipien der dokumentarischen Methode. In: Bohnsack, R.; Nentwig-Gesemann, I.; Nohl, A.-M. (Hrsg.): Die dokumentarische Methode und ihre Forschungspraxis. Grundlagen qualitativer Forschung. Opladen, S. 225-252.

de Boer, H. (2006): Klassenrat als interaktive Praxis. Auseinandersetzung. Kooperation. Imagepflege. Wiesbaden.

Deckert- Peaceman, H. (2002): Holocaust als Thema für Grundschulkinder? Ethnographische Feldforschung zur Holocaust Education am Beispiel einer Fallstudie aus dem amerikanischen Grundschulunterricht und ihre Relevanz für die Grundschulpädagogik in Deutschland. Frankfurt am Main.

Duit, R. (1995): Zur Rolle der konstruktivistischen Sichtweise in der naturwissenschaftsdidaktischen Lehr- und Lernforschung. Zeitschrift für Pädagogik, 41, 6, S. 905-923.

Gesellschaft für Didaktik des Sachunterrichts (GDSU) (2002): Perspektivrahmen Sachunterricht. Bad Heilbrunn.

Glaser, B.G.; Strauss, A.L. (1967): The Discovery of Grounded Theory: Strategies for Qualitative Research. Chicago.

Gläser, E. (2002): Arbeitslosigkeit aus der Perspektive von Kindern. Eine Studie zur didaktischen Relevanz ihrer Alltagstheorien. Bad Heilbrunn.

Hartinger, A. (2007): Empirische Zugänge. In: Kahlert, J.; Fölling-Albers, M.; Götz, M.; Hartinger, A.; Reeken, D.v.; Wittkowske, S.; (Hrsg.): Handbuch Didaktik des Sachunterrichts. Bad Heilbrunn, S. 53-58.

Kardorff, E.v. (1995): Qualitative Sozialforschung – Versuch einer Standortbestimmung. In: Flick, U.; Kardorff, E.v.; Keupp, H.; Rosenstiel, L.v.; Wolff, S. (Hrsg.): Handbuch qualitativer Sozialforschung. München, S. 3-8.

Kattman, U.; Duit, R.; Gropengießer, H.; Komorek, M. (1997): Das Modell der Didaktischen Rekonstruktion. Ein Rahmen für naturwissenschaftsdidaktische Forschung und Entwicklung. In: Zeitschrift für Didaktik der Naturwissenschaften, 3, 3, S. 3-18.

Mayring, P. (2007): Qualitative Inhaltsanalyse. Grundlagen und Techniken. (9. Auflage.) Weinheim.

Murmann, L. (2008): Phänomenographie und Didaktik. In: Meyer, M.A.; Prenzel, M.; Hellekamps, S. (Hrsg.): Perspektiven der Didaktik. Wiesbaden, S. 187-199.

Oevermann, U; Allert, T.; Konau, E.; Krambeck, J.(1979): Die Methodologie einer „objektiven Hermeneutik" und ihre allgemeine forschungslogische Bedeutung in den Sozialwissenschaften. In: Soeffner, H.-G. (Hrsg.): Interpretative Verfahren in den Sozial- und Textwissenschaften. Stuttgart, S. 352-434.

ProDid (2012): Promotionsprogramm Fachdidaktische Lehr- und Lernforschung. Didaktische Rekonstruktion: Didaktisches Zentrum der Carl von Ossietzky Universität Oldenburg. URL: http://www.diz.uni-oldenburg.de/20512.html [Stand Oktober 2012].

Rauterberg, M. (2005): Bibliographie Sachunterricht. Eine kommentierte Auswahl 1976-2003. Baltmannsweiler.

Schütze, F. (1981): Prozeßstrukturen des Lebenslaufs. In: Matthes, J. (Hrsg.): Biographie in handlungswissenschaftlicher Perspektive. Nürnberg, S. 67-156.

Schütze, F. (1984): Kognitive Figuren des autobiographischen Stehgreiferzählens. In: Kohli, M.; Robert, G. (Hrsg.): Biographie und soziale Wirklichkeit. Stuttgart, S. 78-117.

Seitz, S. (2005): Zeit für inklusiven Sachunterricht. Baltmannsweiler.

Strauss, A.L.; Corbin, J. (1996): Grounded Theory: Grundlagen qualitativer Sozialforschung. Weinheim.

Sunnen, P. (2006): Lernprozesse am Computer. Theoretische und empirische Annäherungen. Frankfurt a.M. (Europäische Hochschulschriften, Reihe XI, Pädagogik, Bd. 936).

Wiesemann, J. (2000): Lernen als Alltagspraxis. Lernformen von Kindern an einer freien Schule. Bad Heilbrunn.

*Ute Stoltenberg, Sören Asmussen, Nadine Golly,*
*Verena Holz, Thorsten Kosler, Susanne Offen*
*und Bahadir Uzun*

## Sachunterricht für das 21. Jahrhundert. Mit dem Konzept Bildung für eine nachhaltige Entwicklung arbeiten

*The article discusses foundations of basic social and science education by relating it to education for sustainable development. Elaborations are made towards core questions of the field and challenges for teacher education.*

## 1. Bildung für eine nachhaltige Entwicklung als orientierendes Konzept (Ute Stoltenberg)

Mit diesem Beitrag wird aufgezeigt, wie der Sachunterricht durch ein Bildungskonzept fundiert werden kann. Zugrunde gelegt wird das Konzept Bildung für eine nachhaltige Entwicklung, ein Konzept, das inzwischen weltweit als Orientierung für Bildungsprozesse und -institutionen, auch in der Lehrerbildung, gilt (McKeown et al. 2006, Pramling/ Kaga 2008, UNESCO 2009, Sterling 2009, Scott 2010, Steiner/ Rauch/ Felbinger 2010, Künzli et al. 2010, Tilbury 2011). Es wird einleitend in seinen Grundstrukturen und Potentialen skizziert. Darauf bezogen wird diskutiert, wie sich damit Bildungsaufgaben des Sachunterrichts gestalten lassen.

Bildung ermöglicht Menschen, das eigene Verhältnis zur Welt zu bestimmen, es immer wieder zu reflektieren und es aktiv gemeinsam mit anderen Menschen zu gestalten. Bildung für eine nachhaltige Entwicklung ist ein Konzept, das die Gelegenheit eröffnet, sich mit den Herausforderungen der Gegenwarts- und Zukunftsgestaltung so auseinanderzusetzen, dass Wissen und Kompetenzen erlangt werden können, die eine Teilhabe an der Gesellschaft und eine Beteiligung an ihrer Ausgestaltung möglich machen. Es begründet Ziele, die Auswahl von Inhalten und Arbeitsweisen; es formuliert Anforderungen an Bildungsinstitutionen und deren Umfeld. Es setzt voraus, dass solche Erkenntnisse aus der Lerntheorie, dem Wissensaufbau, didaktischen Konzepten herangezogen werden, die mit den Werten und dem Menschenbild einer nachhaltigen Entwicklung vereinbar sind.

Denn Bildung für eine nachhaltige Entwicklung ist ein Konzept, das sich an dem gesellschaftlichen Leitbild einer nachhaltigen Entwicklung orientiert. Mit diesem Leitbild hat die Weltgesellschaft auf empirische Befunde reagiert, die ein Umdenken hinsichtlich des Umgangs mit den natürlichen Lebensgrundlagen ebenso wie hinsichtlich eines menschenwürdigen und gerechten Zusammenlebens in dieser Einen Welt erfordern (di Giulio 2004). Unter dieser Perspektive wurden in den letzten 20 Jahren Entwicklungsziele für zentrale Handlungsfelder wie Armutsbekämpfung, Bildung für alle, Erhalt der Biodiversität, Klimawandel oder eine nachhaltige Bewirtschaftung natürlicher Ressourcen formuliert und in politische Programme und Aktionen umgesetzt (Resolution der Generalversammlung der Konferenz Rio+20 im Jahr 2012).

Um ein verändertes Verhältnis von Mensch und Natur und des Zusammenlebens der Menschen im Sinne von Zukunftsverantwortung erreichen zu können, sind alle Menschen in ihrem jeweiligen kulturellen Kontext gefordert, umzulernen und neu zu lernen. Bisherige Inhalte, Arbeitsweisen und Sichtweisen von Wissenschaft und Bildung sind zu hinterfragen; neues Wissen, veränderte Betrachtungsweisen sind aufzubauen und die Rolle von Bildung und Wissenschaft im gesellschaftlichen Entwicklungsprozess neu zu bestimmen. Unterstützt von der UN-Dekade Bildung für nachhaltige Entwicklung wurden dazu national und international nicht nur Modellprojekte für alle Bildungsbereiche – vom Kindergarten bis zur Erwachsenenbildung – realisiert, sondern das Konzept selbst wurde in den unterschiedlichen Regionen dieser Erde entwickelt und ausgestaltet. Auch wenn Bildungsprozesse in den Ländern unter sehr unterschiedlichen Bedingungen organisiert sind und realisiert werden können, lassen sich Elemente benennen, die eine gemeinsame Basis des internationalen Diskurses bilden und auch in unserem Verständnis einer Bildung für eine nachhaltige Entwicklung zu den Eckpunkten gehören: Werteorientierung und Wertereflektion; Auseinandersetzung mit Schlüsselthemen für Gegenwarts- und Zukunftsgestaltung unter der Nachhaltigkeitsperspektive; Entwicklung einer integrativen Betrachtungsweise von Problemen und Befähigung zum Umgang mit Komplexität; Eröffnung von Erfahrungs- und Gestaltungsräumen für eine nachhaltige Entwicklung im Bildungsprozess selbst; Entwicklung von Bewertungs- und Gestaltungskompetenz als politische Bildung durch Beteiligung an ernsthaften Aufgaben und Fragestellungen; Förderung von Kreativität und Querdenken sowie Ermutigung von Menschen zu Visionen und gemeinsamem Handeln; eine veränderte Sichtweise des sozialen Orts von Bildungsprozessen und Bildungsinstitutionen.

Sachunterricht in diesem Kontext zu verorten, erschließt Begründungen für Inhalte und Arbeitsweisen dieses Faches, die das Eigene des Faches profilieren und dabei die Bedeutung des Faches und seines Zuschnitts erkennbar werden lassen. Dieser Ansatz ermöglicht auch, den Sachunterricht mit internationalen Diskursen zu verknüpfen, was mit Recht immer noch als ein Defizit angemerkt wird (Pech 2009).

Weltorientierung von Kindern beinhaltet die Auseinandersetzung mit und den Aufbau von Werten und Werthaltungen. Bildung für eine nachhaltige Entwicklung bietet dafür Lehrpersonen und Kindern einen Werterahmen, der Menschenwürde mit dem Erhalt der natürlichen Lebensgrundlagen verknüpft und unter der Perspektive des Zusammenlebens auf dem Planeten Erde Gerechtigkeit im Zugang zu Lebenschancen einbezieht. Eine Verständigung über diesen Werterahmen und seine Konsequenzen für die Betrachtung der Dinge und Menschen wird unterstützt durch eine neue Sichtweise von „Natur" sowie durch eine Sensibilisierung und Wahrnehmungsfähigkeit für eigene Selbstkonzepte und den Umgang mit anderen Menschen als Basis für die Entwicklung des Bewusstseins globaler Wirkungszusammenhänge und einer global citizenship ebenso wie für regionales Handeln.

Eine Sichtweise von Natur, die sowohl deren ästhetische Werte, naturwissenschaftliche Gesetzmäßigkeiten, ökologische Zusammenhänge als auch deren Funktion als Lebensraum und Lebensgrundlage einschließt, eröffnet den Blick auf die Notwendigkeit eines neuen Verhältnisses zwischen Mensch und Natur. Klassische sachunterrichtliche Ansätze der Naturkunde und Naturerfahrung werden mit Ressourcennutzung, Ökosystemleistungen und dem Staunen über die „Schätze der Natur", die durch die Auseinandersetzung mit Biodiversität oder Bionik sichtbar werden, verknüpft und neu kontextualisiert (Stoltenberg 2009).

Zugang zu kultureller Vielfalt und die Einbeziehung des gesellschaftlichen Wissens und der Erfahrungen und Sichtweisen von regionalen Kooperationspartnern oder aus anderen Erfahrungsräumen der Kinder können die Basis für die Entwicklung von Welt- und Menschenbildern sein, die eine nachhaltige Entwicklung möglich machen.

Das gilt auch für kulturelle Bildung als Bestandteil von Bildung für eine nachhaltige Entwicklung (BKJ 2012), die mit künstlerischen Ausdrucksmitteln ungewohnte Perspektiven eröffnet und so Wahrnehmungsfähigkeit und

Sensibilität für die Herausforderungen einer nachhaltigen Entwicklung fördern kann.

Bildung für eine nachhaltige Entwicklung als orientierendes Konzept für den Sachunterricht begründet darüber hinaus solche Unterrichtsinhalte, die komplexe Fragen gegenwärtiger gesellschaftlicher Entscheidungen unter Zukunftsperspektiven betreffen. Dazu gehören die Themenfelder Biodiversität, Ernährung und damit verbundene Fragen des Umgangs mit dem Boden, Wasser, Herstellung und Konsum von Produkten aus nicht nachwachsenden Rohstoffen und Energiegewinnung, -verteilung und -nutzung. Sachunterricht ist das Fach in der Grundschule, in dem sich Kinder mit den Sachen, die ihnen ein Weltverständnis ermöglichen, auseinandersetzen. Dazu gehören Dinge, die von Menschen hergestellt wurden, gesellschaftliche Sachverhalte und Prozesse aus der Natur – ebenso wie die Menschen selbst als Teil der Natur und als gesellschaftliche Wesen. Mit Hilfe des Konzepts Bildung für eine nachhaltige Entwicklung lassen sich neue Fragen an die Dinge, Phänomene, Sachverhalte, Lebewesen und neue Sichtweisen auf deren Verhältnisse zueinander erschließen. Mit dem Konzept Bildung für eine nachhaltige Entwicklung wird die Frage nach dem Naturverbrauch durch Dinge ebenso aufgeworfen wie die Frage, warum Dinge kulturell unterschiedlich gesehen werden oder gar unterschiedlich ausgeprägt sind. Die Nachhaltigkeitsstrategien verweisen Lehrpersonen darauf, dass effizientere, konsistente oder suffiziente Formen der Naturnutzung (Loske/ Weizsäcker 1997) ebenso wie gerechte Verteilung in den Blick geraten sollten. Damit bleibt auch der Zuschnitt von Themenstellungen nicht beliebig; so wird das Themenfeld Energie nicht ohne Bezug zu erneuerbaren Energien behandelt werden können.

Für eine komplexe Betrachtungsweise kann das Modell der vier Dimensionen nachhaltiger Entwicklung herangezogen werden (Stoltenberg/ Michelsen 1999, Stoltenberg 2009). Es ermöglicht, zu einer Problemstellung ökologische, wirtschaftliche, soziale und kulturelle Betrachtungen als auch Interessen im Zusammenhang zu sehen. Es macht zunächst überhaupt darauf aufmerksam, dass diese gesellschaftlichen Sichtweisen (und ihre Hauptakteure) einbezogen werden müssen, wenn man eine tragfähige Lösung im Sinne nachhaltiger Entwicklung anstrebt. Und es zeigt Konflikte und Aushandlungsnotwendigkeiten auf. Der Lehrperson ermöglicht dieses Modell also eine didaktische Strukturierung komplexer Zusammenhänge.

Komplexität erfordert, Wissen sowie Denk- und Arbeitsweisen aus den verschiedenen Wissenschaftsbereichen heranzuziehen, um eine Problemstellung (eine Aufgabe, eine Frage, ein Phänomen) bearbeiten zu können. Sachunterricht wird damit als ein Fach profiliert, in dem man frühzeitig den Wert disziplinären Wissens zur Bearbeitung von Problemstellungen erkennen und zugleich den interdisziplinären Umgang damit in einer problemorientierten Arbeit erlernen kann. Für die Lernenden ist damit die Erfahrung möglich, dass sozial- und kulturwissenschaftliche Erkenntnisse und Denkweisen ebenso wie natur- und technikwissenschaftliche für Weltorientierung notwendig sind.

Komplexe Fragen werden in der Gesellschaft kontrovers diskutiert. Durch den Einschluss von Expertinnen und Experten der gesellschaftlichen Praxis und von Alltagswissen zur jeweiligen Fragestellung kann Wissensgenerierung im Sachunterricht mit dem Erwerb von Metawissen über die politischen Dimensionen des Handelns der Kooperationspartner und mit dem Erwerb von Schlüsselkompetenzen (wie beispielsweise Alternativen denken können) verbunden werden. Schüler/innen erfahren nachhaltige Entwicklung als einen Such-, Lern- und Gestaltungsprozess und die Bedeutung von Wissensaneignung und Lernen. Kooperation mit gesellschaftlichen Akteuren wird so zu einem notwendigen Bestandteil von Bildungsprozessen.

Die Aneignung von Sachwissen, Bewertungswissen und Gestaltungswissen im Zusammenhang erfordert Lernarrangements mit Gestaltungsräumen. Schule selbst als auch das regionale Umfeld können als Lern- und Gestaltungsort für einen verantwortlichen Umgang mit anderen Menschen und mit Dingen dienen, wenn Partizipation im Sinne von Mitgestaltung möglich ist. Damit verändert sich auch die Schule im Verhältnis zu ihrem Umfeld; sie wird als Teil des Gemeinwesens erfahrbar.

Bildung für eine nachhaltige Entwicklung verändert die Rolle der Lehrenden und Lernenden und schließlich das Lernen im Sachunterricht. Lehrende und Lernende sind gleichermaßen von den „Lebensthemen" und den Aufgaben einer nachhaltigen Entwicklung betroffen. Der Sinn des Lernens erschließt sich in sozialen Kontexten. Das Netz der regionalen Beziehungen, in denen die Fragen verhandelt werden, wird zu einem Lernfeld, das sich Schüler/innen selbst aneignen können. Bildungsprozesse im Sachunterricht haben den Zusammenhang von formalem und informellem Lernen in Rechnung zu stellen.

Bildung für eine nachhaltige Entwicklung ermöglicht neue Perspektiven auf Grundbegriffe und Kernthemen des Sachunterrichts. Dies lässt sich exemplarisch am Verhältnis von Kulturbegriff und Gerechtigkeit, an der Debatte um geeignete Anlässe naturwissenschaftlicher Bildung sowie an kulturwissenschaftlichen Zugängen zur partizipativen Gestaltung von Räumen in ihrer historischen Bedeutung zeigen.

## 2. Gerechtigkeit als Herausforderung für den Sachunterricht (Nadine Golly/ Bahadir Uzun)

Das Konzept Bildung für eine nachhaltige Entwicklung zielt unmittelbar auf Gerechtigkeit zwischen heutigen und künftigen Generationen (intergenerationelle Gerechtigkeit) ab, verknüpft mit einer zweiten Ebene von Gerechtigkeit zwischen den gleichzeitig lebenden Menschen (intragenerationelle Gerechtigkeit), und zwar sowohl in der globalen Dimension als auch innerhalb jeder Gesellschaft.

Gerechtigkeit ist dabei einerseits Ziel einer Bildung für eine nachhaltige Entwicklung, andererseits auch deren Voraussetzung. Wie kann das Postulat der Gerechtigkeit, ihre ethisch-moralische Fundierung, die Verantwortung und der Respekt für alle Menschen auf der Basis von Werte-Entscheidungen im Sachunterricht generiert werden und was für Voraussetzungen braucht es für diesen Lern- und Gestaltungsort?

Die gleichberechtigte Teilhabe aller an Bildungsinhalten setzt voraus, dass sie so ausgewählt werden, dass alle anknüpfen und sich wiederfinden können. Dazu ist die Erweiterung und das Weiterdenken gegenwärtiger Sachunterrichtsdiskurse notwendig, die sich mit der Interaktion differenter „Kulturen"[1] befassen und den kompetenten Umgang mit Pluralität fördern wollen. Angestrebt wird, durch die Konzepte Inter-, Multi- und Transkulturalität den tradi-

---

[1] „Mit dem Gebrauch des Begriffs ‚Kultur' werden komplexe zeit- und kontextabhängige Sinngehalte konstruiert und transportiert [...]. Das Verständnis von ‚Kulturen' als homogene Einheiten, die sich durch eine gemeinsame Sprache, Religion und Lebensweise von anderen ‚Kulturen' unterscheiden, ist nach westlich und männlich geprägter Genealogisierung erstmals von Johann Gottfried Herder (Herder: 1784-91) konzeptualisiert worden. Die Auffassung von ‚Kultur' als Kollektiv setzt sich in der deutschen Mehrheitsbevölkerung während der Moderne durch und fungiert bis heute als essentialistische Differenz- und Identitätskategorie [...]. Bis heute lässt sich in Teilen der wissenschaftlichen Auseinandersetzungen und in politischen Debatten sowie im alltäglichen Sprachgebrauch ein essentialistisches und rassifiziertes Verständnis von ‚Kultur' ausmachen. Gleichzeitig werden homogene Kulturkonzepte, insbesondere seit den 1960/70er Jahren kritisch reflektiert. ‚Kultur' wird in diesen Debatten nicht mehr vorrangig mit einer politischen, historischen und/ oder geographischen Einheit gleichgesetzt, sondern als ‚selbstgesponnenes Bedeutungsgewebe' (Geertz 1983, S. 9), als soziale Handlungs- und Erfahrungsweise oder als Prozess des Aushandelns von Selbst- und Fremdzuschreibungen verstanden" (Osterloh/ Westerholt 2011: 412-413). Osterloh und Westerholt untersuchen in ihrem Beitrag die Kontinuitäten und Brüche in der Bedeutung des Kulturbegriffs, die Funktionen des Kulturbegriffs im Alltagsverständnis und in politischen Diskursen in Deutschland und den Umgang mit einem populären Kulturkonzept (vgl. Osterloh/ Westerholt 2011, S. 412-416).

tionellen Kulturbegriff aufzubrechen. Dabei wird jedoch leicht außer Acht gelassen, dass weiter von der Koexistenz unterschiedlicher „Kulturen" ausgegangen wird, die lediglich dialogisieren.

Die multiplen, heterogenen und in hierarchische Systeme von Ungerechtigkeit eingeschriebenen Gegenwarten der Schüler/innen brauchen jedoch weiterhin eine Praxis der Kritik. Wissen, Denk- und Arbeitsweisen im Rahmen einer Bildung für eine nachhaltige Entwicklung fordern die Grenzsetzungen zwischen der weißen[2] deutschen[3] Mehrheit und den als nicht dazugehörig konstruierten Anderen heraus und eröffnen allen Kindern gerechte Räume. Sie sind notwendig, um die persönliche Entfaltung und das eigene Wohlbefinden zu ermöglichen und unterstützende Beziehungen auf dem Weg zu aktiven und verantwortlichen Bürger/innen dieser Gesellschaft mitzugeben. Die Kompetenzen und Werte, die wir Kindern heute an die Hand geben, werden ihre Entscheidungen und Wege jetzt und in der Zukunft beeinflussen. Konzepte wie Inter-, Multi- und Transkulturalität waren zunächst an manchen Stellen wichtig, um bestimmte Bilder aufzubrechen und überhaupt zur Kenntnis zu nehmen, dass „geanderte", also von Markierungsprozessen betroffene Menschen (Kalpaka et al. 2006/ 2009) teilhabende und mitwirkende Personen in und an dieser Gesellschaft sind. Vor diesem Hintergrund geht es heute vielmehr um Öffnung, Neuerfinden und Neu-Dispositionieren für das Leben und Lernen in einem uneindeutigen Zustand und für die Befähigung zu Gestaltungskompetenz und die Reflexionsfähigkeit und Positionierung in unserer nicht immer eindeutigen Gesellschaft.

---

[2] Weiß-Sein ist eine Bedeutung produzierende Wirklichkeitskonstruktion, die in allen Bereichen und auf allen Ebenen der Gesellschaft wirkt. Weiß-Sein als Kategorie soll ermöglichen, die Konstruktion des „Weißen" als des Einen und Eigentlichen, d.h. als bestimmende Norm im Verhältnis zu dem Abweichenden, Minderen, Anderen wahrzunehmen. In der kritischen Weiß-Sein-Forschung wird davon ausgegangen, dass an „Weiß-Sein" Privilegien und rassistische Grundmuster gebunden sind. Dem Rassismus kann demnach nicht allein durch ein Postulat, „dass alle Menschen gleich sind", begegnet werden, da Rassismus eine „Realität der Ungleichheit" geschaffen hat (Wachendorfer 2001, in Arndt et al. 2001, S. 88).

[3] Mit deutsch werden hier nationale Diskurse, die auf der Konstruktion einer homogenen weißen deutschen Gemeinschaft basieren, adressiert. Damit einher gehen eine Normalisierung von Weiß-Sein und seine Gleichsetzung mit Deutschsein. Jens Schneider zeigt auf, dass der dominante gesellschaftliche Diskurs in Deutschland „die Zugehörigkeit oder Nichtzugehörigkeit zum Deutschsein vor allem als Herkunfts- und Abstammungsdiskurs konstruiert... Dieser Diskurs legt in erster Linie klare Kriterien fest, nach denen eine Person nicht deutsch sein kann" (Schneider 2001, S. 341).

Bildung für eine nachhaltige Entwicklung als Konzept für den Sachunterricht ermöglicht Reflexionsebenen, um bestehende Wissensbestände zu hinterfragen und Kinder mit Zuwanderungsgeschichte nicht von vornherein als anders zu postulieren, selbst wenn sie ihr ganzes Leben in Deutschland verbracht haben. Das Konzept ermöglicht Konstruktionen des Eigenen im Spiegel des Anderen und damit einhergehende Konzeptionen des Fremdmachens zu hinterfragen und Schüler/innen und ihre Erfahrungen ernst zu nehmen und ihnen eigene Deutungs- und Definitionsmöglichkeiten zuzugestehen. Es erlaubt und eröffnet Räume, um sich mit stereotypen, kulturalisierenden, ethnisierenden und rassistischen Inhalten und Bildern in Kinder- und Schulbüchern zu befassen und sich mit Sprache und Codes rassistischer Logiken auseinander zu setzen. Damit wird eine verbreitete Haltung, dass „Kultur" keiner Erklärung bedarf, in Frage gestellt. Im Master of Education der Leuphana Universität Lüneburg, der auf das Lehramt an Grund-, Haupt-, und Realschulen vorbereitet, werden deshalb immer wieder Seminare angeboten, die künftigen Lehrkräften die Reflexion ihrer Rolle sowie von Unterrichtsmaterialien und Schulstrukturen unter dieser Perspektive ermöglichen. Nur durch einen bewusst eingeleiteten Wandel in der Schule, im Curriculum, in den Schulbüchern, in der Ausbildung der Lehrkräfte, in Anlaufstellen an Schulen, in veränderten Schulkulturen lassen sich die besagten Muster in Bewegung bringen und implizite und explizite Ein- und Ausschlussmechanismen zur Disposition stellen. Sachunterricht kann mit seinem integrativen Curriculum die Schüler/innen stärken (to empower), an der Gesellschaft als aktive, informierte, kritische und verantwortungsvolle Bürger/innen zu partizipieren. Das schließt eine Veränderung der Rolle der Lehrenden ein. Tatsächlich könnte das Lehrpersonal in der Realität oft von den Schüler/innen lernen. Deren Positionen und Wissensbestände sind zur Sprache zu bringen, wenn es um die Interpretation von Gegenwart und um die Auslotung von Zukunftsperspektiven geht. Sie sollten sich darauf einlassen, dass es nicht darum geht, etwas über die anderen zu lernen, sondern etwas zu verlernen oder bewusst zu „entlernen" – nämlich die eigenen Bestände an Wissen oder die eigenen kulturellen Kurzschlüsse, um anschließend und parallel Raum zu haben, zum Neu-Lernen. Dieser Paradigmenwechsel, der mit Bildung für eine nachhaltige Entwicklung einhergehen kann, führt dazu, dass Schule bestehende (intergenerationale, internationale und intersektionelle) Netze nutzt, Ressourcen von Menschen mit ihrem Wissen und ihrem Erfahrungsvermögen anerkennen und so kanalisieren kann, dass etwas Neues entsteht. Schule sollte die permanenten Aushandlungen für Gerechtigkeit und Respekt zur Kenntnis nehmen, fördern, begleiten sowie Plattformen und Möglichkeitsräume eröffnen, zu deren Gestaltung alle Beteiligten ihre unterschiedlichen Wissensbestände einbringen können. Diese Wissensbestände können innovative Herangehensweisen bergen, die sich nicht mit den herkömmlichen Grenzziehungen und Schubladen aufhalten, sondern Wissen der Familien über Geschichte und Erinnerungen und Gemeinschaftspflege, im Sinne von Achtung und Förderung des gegenseitigen Wohlergehens und Wachstums (Moll et al. 1992) ebenso einbeziehen wie kulturelles (Aufstiegs-, Linguistik-, Familien-, Sozial-, Navigations- und Widerstands-) Kapital (vgl. Oliver/ Shapiro 1995) und Community Cultural Wealth (Yosso 2005). Diese Wertschätzung von Wissen wird zu mehr Gerechtigkeit, zur Verbesserung von Lernerfolgen und der generellen Herstellung von Teilhabepraxen und Chancengleichheit führen und den Schüler/innen möglichst früh die Prinzipien aktiver bürgerschaftlicher Partizipation nahebringen – im Sinne von sozialer und moralischer Verantwortlichkeit, dem Engagement in der Gemeinschaft, für die Community und die Befähigung zu political literacy.

## 3. Naturwissenschaftliche Bildung als Herausforderungen für den Sachunterricht (Sören Asmussen/ Thorsten Kosler)

Gegenstand des folgenden Abschnitts ist die Analyse von Potentialen des Ansatzes einer Bildung für eine nachhaltige Entwicklung für den Diskurs zu Fragen der naturwissenschaftlichen Grundbildung. Erste Arbeiten liegen hierzu bereits vor. Diese fokussieren insbesondere auf den fächerübergreifenden und integrativen Aspekt einer Bildung für eine nachhaltige Entwicklung (Metzger 2010, S. 38). Hier soll die spezifische Sichtweise auf mögliche Bildungsanlässe, auf Kriterien für die Inhaltsauswahl und auf Vorschläge zur Gestaltung konkreter Bildungssettings fruchtbar gemacht werden. Unter einem Bildungsanlass soll hier das Moment verstanden werden, um das herum das didaktische Arrangement zur Anbahnung einer naturwissenschaftlichen Grundbildung bei den Schüler/innen entfaltet wird. Dabei wird zweischrittig vorgegangen. Zunächst sollen vorliegende Überlegungen aus dem Bereich der naturwissenschaftlichen Grundbildung gewürdigt werden. Darauf aufbauend wird dann dargestellt, wie naturwissenschaftliche Bildungsanlässe ausgehend vom Konzept Bildung für eine nachhaltige Entwicklung identifiziert werden können.

Die Frage nach den Bildungsanlässen ist innerhalb der naturwissenschaftlichen Grundbildung sehr kontrovers und breit diskutiert worden. Aus den vorliegenden Überlegungen soll auf die folgenden Ansätze hingewiesen werden:

1. Wagenschein schlägt als Ausgangspunkt aller unterrichtlichen Bemühungen eine Auseinandersetzung der Schüler/innen mit Phänomenen vor. Er konkretisiert diese Überlegungen weiter und unterscheidet in der Folge zwischen Labor- und Naturphänomenen. Unter letzteren versteht er eine Erscheinung in der Natur, die uns unmittelbar oder durch geringen technischen Aufwand zugänglich ist (Wagenschein 1980, S. 242f.). Eine tiefe Auseinandersetzung mit den Naturphänomenen, bei denen die Kinder durch kontraintuitive Effekte engagiert eigene Fragen stellen, beschreibt er als den Ausgangspunkt wirklichen Verstehens (Wagenschein 2010, S. 12).

2. Ein anderer möglicher Weg wird innerhalb der nordamerikanischen Diskussion über „Nature of Science" vorgeschlagen. McComas (1998) argumentiert, dass das Bild, das der naturwissenschaftliche Unterricht von den Naturwissenschaften konstruiert, häufig unangemessen sei. Er geht sogar soweit, hier von Mythen zu sprechen. Eine mögliche Lösung besteht nun darin, dass sich Schüler/innen mit der Geschichte der Naturwissenschaften auseinandersetzen, um so ein angemesseneres Bild der Disziplinen, insbesondere ihrer methodischen Vorgehensweisen sowie metatheoretischen Voraussetzungen zu entwickeln. Klaasen (2006, S. 48) formuliert diese Anforderung wie folgt: „School science lacks the vitality of investigation, discovery, and creative invention that often accompanies science-in-the-making. For these (...) reasons, it is desireabel to integrate the historical element into science teaching."

3. Eine weitere Vorgehensweise besteht im problembasierten Lernen. Ausgangspunkt des Lernens „(...) sind der Realität nachempfundene oder direkt kopierte Problemstellungen. Diese können in der Form von einfachen Texten, aber auch in medialer Anreicherung (...) präsentiert werden." (Zumbach 2003, S. 20). Für diese in der Psychologie ausgearbeitete Lehr-Lernform hat sich in der naturwissenschaftsdidaktischen Diskussion der Begriff des forschend-entdeckenden-Lernens (Höttecke 2010, S. 5) etabliert.

Wie im einführenden Teil dargelegt wurde, begründet eine Orientierung am Konzept einer Bildung für eine nachhaltige Entwicklung als Basis für den Sachunterricht Inhalte, die gegenwärtige gesellschaftliche Entscheidungen unter Zukunftsperspektiven betreffen. Die Frage, inwiefern gegenwärtige Lebens- und Wirtschaftsweisen sich auf den Erhalt natürlicher Lebensgrundlagen auswirken, ist in der Regel nur über ein Verständnis komplexer Wirkungszusammenhänge, die auch Naturprozesse umfassen, zu beantworten, wie am Klimawandel oder am Verlust an Biodiversität deutlich wird. Solche komplexen Zusammenhänge werden in Alltagsphänomenen kaum sichtbar. Kinder haben daher kaum Gelegenheit, darauf zu stoßen. Es ist damit Aufgabe von Lehrkräften, Kinder für solche Zusammenhänge und ihre Zukunftsbedeutsamkeit zu sensibilisieren und sie dann im Sachunterricht zum Thema zu machen. Ausgangspunkt dafür ist das Konzept von nachhaltiger Entwicklung als offenes Konzept hinsichtlich der konkreten Lösungen für die anstehenden Aufgaben. Entsprechend sollten im Unterricht auch keine fertigen Lösungen, für die lediglich noch die Frage einer angemessenen didaktischen Heranführung bestehen würde, im Mittelpunkt stehen. Ausgehend vom Konzept einer Bildung für eine nachhaltige Entwicklung geht es vielmehr darum, Erfahrungs- und Gestaltungsfelder zu bieten, in denen neue Lösungen entwickelt und erprobt werden können. Solche Gestaltungsfelder finden sich im schulischen Zusammenleben ebenso wie in der Entwicklung des Quartiers, in dem eine Schule liegt.

Alle drei oben aufgeführten Überlegungen zu geeigneten Anlässen naturwissenschaftlicher Bildung erhalten unter der Perspektive einer Bildung für eine nachhaltige Entwicklung eine zusätzliche Inwertsetzung:

Wagenscheins Ausgehen von kontraintuitiven Effekten zeigt auf, dass naturwissenschaftliches Denken gerade darin besteht, das eigene Alltagsverständnis von Naturzusammenhängen zu hinterfragen und so auf neue Sichtweisen zu kommen. Naturwissenschaftliche Bildung kann in dieser Form praktiziert an exemplarischen Beispielen aufzeigen, wie sich Phänomene und Zusammenhänge so hinterfragen lassen, dass sie auf eine neue Weise verstanden werden können und so neue Handlungsoptionen möglich werden. Ein solcher Unterricht wäre dann weniger am Erlernen bestimmter Inhalte, sondern im Sinne einer Orientierung an bisher ungelösten Zukunftsfragen darauf gerichtet, Naturwissenschaft als Verfahren zu verstehen, neue Zugänge zur Welt und damit auch zu neuen Handlungsalternativen zu eröffnen.

Das Ausgehen von der Geschichte der Naturwissenschaften ermöglicht es, naturwissenschaftliches Wissen als historisch gewachsen und in Veränderung befindlich zu verstehen. Damit wird zum einen nachvollziehbar, dass naturwissenschaftliche Begriffe und Modelle kulturelle Errungenschaften sind, die unsere Lebens- und Gesellschaftsformen mit geprägt haben. Es wird zugleich deutlich, dass die permanente Veränderung der Naturwissenschaften bereits eine Form kollektiver Veränderung des Verstehens von Zusammenhängen in der Welt ist.

Reale Probleme an den Anfang zu stellen, ist durch die Orientierung an zukunftsbedeutsamen Inhalten und Zusammenhängen zentral für eine naturwissenschaftliche Bildung für eine nachhaltige Entwicklung. Im Kontext einer Bildung für eine nachhaltige Entwicklung wird dieser Ansatz insofern erweitert, als mit dem Bezug auf reale Probleme auch die Mitgestaltung realer Gegebenheiten im Gemeinwesen adressiert wird.

## 4. Kulturwissenschaftliche Zugänge als Herausforderung für den Sachunterricht (Verena Holz)

Das Konzept Bildung für eine nachhaltige Entwicklung arbeitet mit gesellschaftsbezogenen Analyse- und Handlungsfeldern, um – wie einleitend begründet – der Komplexität und Vernetzung von gegenwärtigen Problemstellungen im Rahmen von Bildungsprozessen gerecht zu werden. Diese Problemstellungen beziehen sich auch auf die kindliche Lebenswelt. Als bildungswirksame Analyse- und Handlungsräume im Sinne einer zukunftsfähigen Entwicklung nennen Stoltenberg/ Michelsen (1999) folgende vier Dimensionen: die kulturelle, die soziale, die ökologische und die ökonomische Dimension. Folglich müssen entsprechende Lösungsansätze und Strategien die Integration von verschiedenen Sichtweisen berücksichtigen – mithin ist interdisziplinäres und transdisziplinäres Denken gefragt.

Der Perspektivrahmen Sachunterricht (GDSU 2002) gibt ebenfalls eine Antwort auf die Vielschichtigkeit der gegenwärtigen lebensweltlichen Fragestellungen, die für Kinder relevant sind: Durch die Einführung von fünf verschiedenen Perspektiven sollen entsprechende Fragen interdisziplinär beantwortet werden. Beide Ansätze vereinen also verschiedene Perspektiven und arbeiten problemorientiert. Das Konzept Bildung für eine nachhaltige Entwicklung integriert die jeweiligen Dimensionen jedoch unter dem ethischen Leitbild einer nachhaltigen Entwicklung.

Hier entsteht ein neuer Sinnzusammenhang – die gesellschaftliche Relevanz der Vernetzung und Integration aufgrund der Sicherung unserer natürlichen Lebensgrundlagen unter Aspekten von Gerechtigkeit und Menschenwürde.

Der folgende Beitrag befasst sich mit der kulturellen Dimension einer Bildung für nachhaltige Entwicklung und zeigt zum einen auf, (1) wie mit dieser Dimension gearbeitet werden kann und zum anderen, (2) welches Potenzial das Konzept daher für die Bearbeitung komplexer Problemfelder hat, insbesondere, weil es die Einbeziehung kultureller Fragestellungen und entsprechender kulturwissenschaftliche Methoden als notwendig erachtet.

Dargelegt wird dies am Beispiel eines fiktiven Gestaltungsprojekts, in dem die Zusammenführung kultureller, sozialer, ökologischer und ökonomischer Sichtweisen im Sinne nachhaltiger Entwicklung deutlich wird. Dabei werden die Potenziale von kulturwissenschaftlichen Zugängen im Kontext einer Bildung für nachhaltige Entwicklung, insbesondere beim Entwerfen von Gestaltungsaufgaben für Kinder hervorgehoben.

Ein entsprechendes Bildungssetting im Sinne nachhaltiger Entwicklung könnte folgendermaßen aussehen: Eine partiell bewaldete Industriebrache – inzwischen teilweise zum Naturschutzgebiet erklärt – mit Ruinen einer ehemaligen Munitionsfabrik aus den 1940er Jahren soll partizipativ umgestaltet und stärker in die städtische Umgebung integriert werden. Die Schulkinder einer Grundschule, die sich in unmittelbarer Nähe befindet, sollen sich neben anderen Akteuren vor Ort im Rahmen einer zweijährigen Projektarbeit an dieser ernsthaften Konversionsaufgabe beteiligen.

Die zugrunde gelegte Fragestellung lautet also: Wie kann diese Fläche mit Hilfe des Modells der vier Dimensionen nachhaltiger Entwicklung zukunftsfähig gestaltet werden? Was gilt es dabei zu berücksichtigen?

Nachhaltige Entwicklung wird als verantwortungsbewusste Gestaltungsaufgabe verstanden, die von den ethischen Leitplanken Gerechtigkeit (in Bezug auf Verteilung und individuelle und gesellschaftliche Entwicklungsmöglichkeiten), Achtung des Lebens und der natürlichen Lebensgrundlagen sowie Zukunftsorientierung ausgeht. An diesem Beispiel wird offenkundig, dass kulturelle Fragestellungen integraler Bestandteil der Aufgabe sind, etwa wenn es um die Verdrängung der NS-Geschichte und ihrer Erinnerungsorte geht.

Der integrative Ansatz von Bildung für eine nachhaltige Entwicklung eröffnet die Möglichkeit, in die Untersuchung des geschichtlich bedeutsamen Ortes, der bislang nicht als Ort des Gedenkens ausgewiesen sondern aufgrund ihrer interessanten Ökosysteme partiell zum Naturschutzgebiet erklärt wurde, kulturwissenschaftliche Methoden einzubeziehen und für didaktische Überlegungen fruchtbar zu machen. Folgende Theoriecluster könnten sich dabei als aufschlussreich erweisen:

- Gedächtnistheorien,
- Handlungs- und Wahrnehmungstheorien,
- Ethnologische und ethnografische Theorien.

Gedächtnistheorien, wie diejenige von Halbwachs (1985), Nora (1990) oder Assmann (1991) geben Einblick in die gesellschaftlichen und individuellen Strukturen und Formate, in denen Erinnerung produziert und praktiziert wird. Physische oder virtuelle Orte, an denen Erinnerungen haften und gespeichert werden, spielen hierbei eine wesentliche Rolle – verschaffen sie diesen doch gewissermaßen eine äußere Form. Die Theorien können Aufschluss darüber geben, warum Orte, wie die im Beispiel genannte Munitionsfabrik, bislang nicht der Erinnerung dienen und auch darüber, wie verschüttetes kollektives und individuelles Gedächtnis freigelegt und in Riten der Erinnerung – also in die Gegenwart – überführt werden kann. Dieser analytische, theoretische Rahmen bietet gleichzeitig eine reflexive Grundlage für potenzielles Handeln im Kontext von Bildung für eine nachhaltige Entwicklung, um naturromantische Vorstellungen – also folkloristischen Erinnerungskitsch, der dem einst leidvollen Ort nicht gerecht wird –, zu verhindern. Vielmehr lässt sich damit das gegenwärtig entstandene Spannungsverhältnis zwischen der aktuellen und einstigen Funktion ausloten und im Sinne nachhaltiger Entwicklung thematisieren.

Mit Handlungs- und Wahrnehmungstheorien etwa lassen sich Nutzungspraktiken, eingeschriebene Bedeutungen und Narrationen aus Vergangenheit und Gegenwart eines solchen Ortes erschließen und kollektiv in einen Zusammenhang mit den Ergebnissen aus den erinnerungstheoretischen Untersuchungen stellen. Dies ist eine Arbeitsform, wie sie häufig im Rahmen einer grenzüberschreitenden Kunst im öffentlichen Raum oder einer Kunst des Öffentlichen praktiziert wird (Wenzel 2011). Fragen nach künstlerischen Arbeitsweisen, die der Ästhetik sowie der geschichtlichen und damit zukünftigen Bedeutsamkeit dieser Brachfläche entsprechen, könnten in einem solchen Kontext verhandelt werden.

Ein weiteres Feld zur Auslotung von Handlungsoptionen und Gestaltungsmöglichkeiten im Sinne kultureller und sozialer Verantwortung und damit im Sinne von nachhaltiger Entwicklung kann die Ethnologie bzw. Ethnografie eröffnen. Mit Hilfe der Cultural Studies etwa ist es möglich, die an und um diesen Ort gruppierten alltagskulturellen Praktiken zu untersuchen (Geertz 1983). Welche Perspektiven, Sichtweisen und Einstellungen lassen sich aus den vorhandenen Nutzungsformen, symbolischen Umdeutungen und potenziellen Nutzungskonzepten ableiten? Nutzungsformen der Fläche könnten etwa Spazierwege, eine „illegale Spielwiese" für Kinder, ein Treffpunkt für Jugendliche, ein Schlafplatz für Obdachlose oder künstlerische Einschreibungen[4] sein. Eine partizipative Sammlung dieser Aneignungen des Ortes und

---

[4] Der Künstler Jussi Kivi etwa hat Fotografien einer ehemaligen Munitionsfabrik aus der Nazi-Zeit in den Besenhorster Sandbergen ausgestellt und diese mit neuen Namen, die an die Zeit der deutschen Romantik erinnern, wie „Haus der Rätsel" oder „Baum des Wissens" versehen, um den Betrachter in eben diesen Spannungszustand, der an diesem Ort nach wie vor besteht,

der Aushandlung über künftige Nutzungspraktiken könnte die Ausbildung von Gestaltungskompetenz bei den Teilnehmenden verstärken. Aus der Zusammenführung der kulturellen Dimension mit der ökologischen, ökonomischen und sozialen ergeben sich weitere Diskussionspunkte, die das Kohäsionspotenzial einer Bildung für nachhaltige Entwicklung deutlich machen:

- Inwieweit können Prinzipien einer vorsorgenden Wirtschaftsweise bei gleichzeitiger ästhetischer und sozialer Nutzung der Fläche umgesetzt werden?
- Wie kann die Fläche zu einem funktionierenden Stadtökosystem und erhöhter Biodiversität beitragen und gleichzeitig ein Ort des kollektiven Erinnerns sein?
- Welche Kultur des Umgangs wünschen sich die Anwohner?
- Gibt es unterschiedliche Interessen oder Konflikte im Zusammenhang mit der Konversion Brachfläche?

Umspannt werden diese Aspekte von der übergeordneten Frage einer nachhaltigen Entwicklung danach, welche Nutzungskonzepte verschiedenen sozialen Gruppen, auch den Kindern, und der „Natur" gleichermaßen und langfristig gerecht werden.

Anhand dieser ausschnitthaft präsentierten Gestaltungsaufgabe wird deutlich, wie hoch das reflexive Potenzial durch die Einbeziehung kultureller Fragestellungen in Bildungsprozesse einer nachhaltigen Entwicklung ist. Im Besonderen durch das Aufeinander-Beziehen der unterschiedlichen Dimensionen eröffnen sich völlig neue Erfahrungs- und Gestaltungsräume, die zum Umgang mit Komplexität befähigen und Kreativität, Querdenken sowie die eigenständige Entwicklung von Visionen fördern. Auf diese Weise kann das Konzept zu einer veränderten Sichtweise von sozialen Orten und Institutionen sowie den dort stattfindenden Bildungsprozessen führen. Ein solcher Ansatz bringt verschiedene Akteure über Bildungsprozesse in Austausch. Es versteht sich, dass dabei auch die Schule als Institution und die Kinder als Akteure einbezogen werden. Insofern führt diese Herangehensweise nicht nur zu Auseinandersetzung und partizipativer Gestaltung des Gemeinwesens in realen Kontexten sondern auch zu einer argumentativen Herausbildung von eigenen Positionen und Standpunkten innerhalb dieser Akteurslandschaft.

---

zu versetzen (vgl. URL: http://romanticgeographicsociety.blogspot.de/2009/11/besenhorstersandberge-fairyes.html [24.11.2012]).

## 5. Zugänge zur Bildung von Lehrerinnen und Lehrern in der Bildung für eine nachhaltige Entwicklung: professionelle Anforderungen an einen Sachunterricht in Bildungslandschaften (Susanne Offen)

Bildung für eine nachhaltige Entwicklung entwirft Schule als Teil des Gemeinwesens und entwickelt Zugänge dafür, das regionale Umfeld als Bildungsraum ernst zu nehmen und die Komplexität der Welt, um deren Erschließung im Sachunterricht gerungen wird, als komplex politisch geformte Welt zu verstehen. Die politischen Dimensionen der Welt bilden den Kontext und das Wesen auch der Sachen des Sachunterrichts. Diese Feststellung steht im Widerspruch dazu, dass die Lehrpersonen oft Mühe haben, „das Politische" in den Gegenständen, in der Welt zu erkennen, geschweige denn zu fassen, zu formulieren und dann auch noch unterrichtskonzeptionell zu bearbeiten (Pech 2009, Richter 2004). Dies stellt aber eine zentrale Herausforderung eines Sachunterrichts dar, der anstrebt, die Sachen der Welt in ihren Kontexten erschließbar werden zu lassen. Diese Herausforderung zeigt sich, wenn es um die Moderation von Bildungsprozessen in regionalen oder thematischen Bildungslandschaften geht. Verschiedene Akteurinnen und Akteure aus unterschiedlichen institutionellen Bereichen bringen ihre jeweils sozial situierten Expertisen zum im Unterricht gerade verhandelten Gegenstand ein. Und das kann im Rahmen von aufgesuchten Bildungsorten, durch Material der jeweiligen Personen/ Institutionen, durch das von Kindern in Rechercheexkursionen erforschte Material, durch medial präsentierte Beiträge oder durch direkte Einbeziehung der Akteurinnen und Akteure im Rahmen von Unterrichtsbesuchen geschehen. Eine Moderation dieser als Bildungsgelegenheiten zu verstehenden Beiträge setzt voraus, dass die Lehrperson diese Bildungsgelegenheiten einerseits sinnvoll auf den Gegenstand beziehen kann, die Recherche nach Ansprechpartner/innen in der Bildungslandschaft also gegenstandsbezogen und problemorientiert erfolgt, dass sie aber andererseits ein Verständnis der politischen Dimensionen der Sprechorte dieser Ansprechpartner/innen entwickelt hat.

Mit dem Begriff Bildungslandschaft ist hier ein gegenstandsbezogener Entwurf gemeint. In diesem, auch im Kontext einer Bildung für eine nachhaltige Entwicklung aufgenommenen Ansatz (Stoltenberg 2006, 2009), geht es um die gezielte „Entdeckung", also um die systematische Suche danach, wer und welche Institutionen sich für die Klärung einer Frage, eines Problems aufsuchen und ansprechen lassen, wie also das gesellschaftlich vorhandene Wissen in den Unterricht einfließen kann. Dabei kann sich Schule als Teil dieser Bildungslandschaft begreifen und im Zuge von Unterrichtsgeschehen erarbeitete Ergebnisse etwa im Rahmen öffentlicher Präsentationen oder für den Stadtteil zugänglicher Aktionen in diese Bildungslandschaft zurückfließen lassen. Sachunterricht – in Bildungslandschaften gedacht – nutzt so die besondere Perspektive des Faches und nimmt den Bildungsauftrag des Faches als systematisch integrativ auch insoweit an, als dass das Lernen und die Bildung von Menschen mit Sachen auch gedacht und konzipiert wird als das Lernen und die Bildung von Menschen mit den Deutungen und Begriffen, also den Zugängen und der Expertise von anderen Menschen zu und mit Sachen. Damit ist klar, dass diese Menschen und ihre Zugänge und Deutungen nicht nur Ausdruck neutraler Expertise sind, sondern dass sich in dem, was Menschen zu einem Gegenstand des Sachunterrichts beizutragen haben, spezifische (manchmal domänenspezifische) Sichtweisen und soziale Situierungen abbilden – die es konsequent und kritisch zu erkennen, zu befragen und zu markieren gilt.

Wenn sich Schüler/innen also mit der Frage beschäftigen, welche Eier für den Waffelteig für die Schultombola verwendet werden sollen, so kann dies eine gute Gelegenheit sein, die Produktionsbedingungen von Hühnereiern genauer unter die Lupe zu nehmen. Wer gehört dann in eine solche Bildungslandschaft? Neben der Filialleiterin des Supermarktes und der Vertreterin einer benachbarten Food-Coop wären Köche aus dem Restaurant um die Ecke ebenso denkbar wie die Verfasserinnen des kritischen Agrarberichtes oder ein Vertreter der Landwirtschaftskammer. Studierende schlagen in diesem Zusammenhang auch den Besuch auf einem Bauernhof vor – um der Kontroversität willen spricht hier viel für einen Kontrast konventioneller Geflügelhaltung mit ökologisch ausgerichteter Landwirtschaft.

Aber was macht dann die Lehrperson mit dem Landwirt, der konventionell wirtschaftet, das mit ökonomischen Erwägungen begründet, Freilandhaltung albern findet und darauf verweist, dass er nur regional ausliefert – und das im Rahmen eines Besuches auf seinem Hof sehr sympathisch darstellt?

Um der Anforderung an fachliche Distanz gerecht zu werden und nicht die Macht der freundlichen Begegnung diese Fachlichkeit überrennen zu lassen, brauchen Lehrpersonen erhebliche professionelle Kompetenzen.

Das Konzept einer Bildung für eine nachhaltige Entwicklung kann für diese Anforderungen Anhaltspunkte bieten, um die Standortgebundenheit der Expertise von Akteurinnen und Akteuren mit zu bedenken.

Eine Bildungslandschaft würde sich entsprechend daran konstituieren, wer/ was zur Erschließung des Gegenstandes – also etwa der Frage nach der Wahl der Eier im Teig – Ansichten und Einsichten beitragen kann, die im Unterrichtsgeschehen in verschiedenen Arbeitsweisen gemeinsam aufgearbeitet und reflektiert werden. Dabei ließe sich auch die Kontroversität der Standpunkte als Bildungsgelegenheit ausschöpfen. Um sie nutzen zu können, brauchen Lehrpersonen die Fähigkeit, „das Politische" an Gegenständen überhaupt erkennen zu können. Dazu gehört Wissen über Dimensionen des Politischen, politische Urteils-, Entscheidungs- und Handlungsfähigkeit und – wie Johann (2011) unterscheidet – Wissen über Spielregeln politischer Systeme ebenso wie Wissen um politische Akteurinnen und Akteure.

Für ein solches Verständnis der politischen Dimensionen scheint es vorläufig sinnvoll, auf das Konzept der „political literacy" (Davies 2008) zurückzugreifen und die Frage nach der Bedeutung der politischen Bildung für Lehrpersonen nicht auf angehende Politiklehrer/innen zu beschränken.

Diese „political literacy" lässt sich im Kontext der eben vorgestellten Überlegungen zur Arbeit in Bildungslandschaften als Element von Fachlichkeit von Lehrpersonen verstehen. Sie befähigt dazu, die spezifischen Beiträge domänenspezifischer und lebensweltlicher Expertise, die in Bildungslandschaften zusammengeführt werden können, wohlwollend kritisch beurteilen und eigene unterrichtskonzeptionelle Überlegungen formulieren zu können.

Bildung für eine nachhaltige Entwicklung kann so zu einer grundlegenden Qualifizierung des Sachunterrichts, in unterrichtskonzeptionellen und unterrichtspraktischen Perspektiven ebenso wie auf der Ebene der Bildung von Lehrerinnen und Lehrern beitragen.

## 6. Schlussbemerkung

Die beispielhaften Konkretisierungen für die Gestaltung von Unterricht auf der Grundlage von Bildung für eine nachhaltige Entwicklung können nur eine Idee von den Potentialen dieses Konzepts für Wissensaufbau und Kompetenzentwicklung, Wertereflexion und Persönlichkeitsentwicklung als auch für die Gestaltung von Bildungsinstitutionen und deren Verortung im Gemeinwesen geben. Sie zeigen exemplarisch, dass das Konzept geeignet ist, die Auswahl von Themen und Methoden und die Berücksichtigung zentraler Perspektiven im Sachunterricht in der Breite des ganzen Faches zu begründen und den Sachunterricht damit von einer Zukunftsgestaltung her zu denken. Die Erfahrungen aus der praktischen Arbeit in Schule, außerschulischen Bildungsstätten und der Lehrer/innenbildung sprechen dafür, dass von einer derartigen Arbeit eine Qualitätsentwicklung für Unterricht und eine Professionalisierung der Lehrpersonen erwartet werden darf. Lernen und Lehren in sinnvollen Kontexten in kritischer Auseinandersetzung mit einer problematischen Gegenwartsgestaltung und Zukunftsentwicklung ist motivierend, wenn zugleich Gestaltungsmöglichkeiten in der Schule selbst, im lokalen und regionalen Umfeld erschlossen werden. Eine derartige Arbeitsweise kann auch Schüler/innen ansprechen, die in schulischer Bildung für sich selbst kaum eine Perspektive sehen oder sich ausgegrenzt fühlen. Und neue innovative Arbeitsweisen, die sich aus dem Verständnis von nachhaltiger Entwicklung als Such-, Lern- und Gestaltungsprozess ableiten, machen solche Wissensgenerierung und Persönlichkeitsentwicklung wahrscheinlicher, die für die gesellschaftliche Transformation im Sinne einer nachhaltigen Entwicklung (WBGU 2011) erforderlich sind. Allerdings sind diese Erwartungen durch Evaluation und Forschungsarbeiten zu begleiten – organisiert als offener, kritischer, lebendiger Austauschprozess von Theorie und Praxis in gemeinsamer Verantwortung für die zukünftige Gestaltung von Bildungsprozessen und Bildungsorganisation.

## Literatur

Arndt, S.; Thierl, H.; Walther, R. (2001): AfrikaBilder. Studien zu Rassismus in Deutschland. Münster.

Assmann, A. (1991): Mnemosyne. Formen und Funktionen der kulturellen Erinnerung. Frankfurt am Main.

Bundesvereinigung Kulturelle Kinder- und Jugendbildung e.V. (BKJ) (Hrsg.) (2012): Kulturelle Bildung. Reflexionen. Argumente. Impulse für eine nachhaltige Entwicklung, Nr. 9. Remscheid.

Davies, I. (2008): Political Literacy. In: Arthur, J.; Davies, I.; Hahn, C. (Hrsg.): SAGE Handbook of Education für Ctzenship and Democracy. London, S. 377-387.

Di Guilio, A. (2004): Die Idee der Nachhaltigkeit im Verständnis der Vereinten Nationen. Münster.

Gesellschaft für Didaktik des Sachunterrichts (GDSU) (Hrsg.) (2002): Perspektivrahmen Sachunterricht. Bad Heilbrunn.

Geertz, C. (1983): Dichte Beschreibung. Beiträge zum Verstehen kultureller Systeme. Frankfurt/Main. (Erstveröffentlichung in Englisch 1973.)

Halbwachs, M. (1985): Das Gedächtnis und seine sozialen Bedingungen. Frankfurt am Main.

Herder, J. (1784-91) : Ideen zur Philosophie der Geschichte der Menschheit, Band 13. Berlin.

Höttecke, D. (2010): Forschend-entdeckender Physikunterricht – Ein Überblick zu Hintergründen, Chancen und Umsetzungsmöglichkeiten entsprechender Unterrichtskonzeptionen. In: Naturwissenschaften im Unterricht, 21, 119, S. 4-12.

Johann, D. (2011): Spielregeln und AkteurInnen: Politisches Wissen als Ressource politischer Partizipation. In: Österreichische Zeitschrift für Politikwissenschaft (ÖZP), 40, 4, S. 377-394.

Kalpaka, A.; Elverich, G.; Reindlmeier, K. (2006/2009): Spurensicherung – Reflexion von Bildungsarbeit in der Einwanderungsgesellschaft. Frankfurt am Main.

Klaasen, S. (2006): A Theoretical Framework for Contextual Science-Teaching. In: Interchange, 37, 1-2, pp. 31-62. [DOI: 10.1007/s10780-006-8399-8].

Künzli, D.C.; Bertschy, F.; de Haan, G.; Plesse, M. (2010): Learning to shape the future through education for sustainable development. An educational guide towards changes in primary school. Berlin.

Loske, R.; von Weizsäcker, E.U. (1997): Zukunftsfähiges Deutschland – Ein etwas ungewöhnliches Forschungsprojekt. In: Landesinstitut für Schule und Weiterbildung des Landes Nordrhein-Westfalen (Hrsg.): Die Zukunft denken – die Gegenwart gestalten. Handbuch für Schule und Weiterbildung zur Studie „Zukunftsfähiges Deutschland". Weinheim; Basel, S. 10-13.

McComas, W. (1998): The principal Elements of the Nature of Science: Dispelling the Myths. In: McComas, W. (Hrsg.): The Nature of Science in Science Education, Rationales and Strategies. Amsterdam, pp. 53-70.

McKeown, R.; Hopkins, C.A.; Rizzi, R.; Chrystalbrid, M. (2006): Education for Sustainable Development Toolkit. UNESCO Education for Sustainable Development in Action Learning & Training Tools N 1. Paris: Section for Education for Sustainable Development (ED/UNP/ ESD) UNESCO.

Metzger, S. (2010): Naturwissenschaften fächerübergreifend vernetzen. In: Labudde, P. (Hrsg.): Fachdidaktik Naturwissenschaft – 1.-9. Schuljahr. Bern, S. 29-44.

Moll, L.C.; Amanti, C.; Neff, D.; Gonzalez, N. (1992): Funds of Knowledge for Teaching: Using a Qualitative Approach to Connect Homes and Classrooms. Theory into Practice, 31, 2, pp. 132-141.

Nora, P. (1990): Zwischen Geschichte und Gedächtnis. Berlin.

Oliver, M.; Shapiro, T. (1995): Black wealth/ White wealth: a new perspective on racial inequality New York.

Osterloh, K.; Westerholt, N. (2011): Kultur. In: Arndt, S.; Ofuatey-Alazard, N. (Hrsg.): (K)Erben des Kolonialismus im Wissensarchiv deutsche Sprache. Münster, S. 412-416.

Pech, D. (2009): Sachunterricht – Didaktik und Disziplin. Annäherungen an ein Sachlernverständnis im Kontext der Fachentwicklung des Sachunterrichts und seiner Didaktik. In: www.widerstreit-sachunterricht.de, Ausgabe Nr. 13. URL: www.widerstreit-sachunterricht.de [12.01.2013].

Pramling, S.I.; Kaga, Y. (Hrsg.) (2008): The contribution of early childhood education to a sustainable society. Paris: UNESCO. URL: https://document.chalmers.se/download? docid142061 [28.09.2012].

Resolution der Generalversammlung (2012): Die Zukunft, die wir wollen. 123. Plenarsitzung der Vereinten Nationen vom 27. Juli 2012. Vorauskopie des Deutschen Übersetzungsdienstes, Vereinte Nationen. New York.

Richter, D. (Hrsg.) (2004): Gesellschaftliches und politisches Lernen im Sachunterricht. Bad Heilbrunn, Braunschweig.

Schneider, J. (2001): Deutsch sein. Das Eigene, das Fremde und die Vergangenheit im Selbstbild des vereinten Deutschlands. Frankfurt.

Scott, W. (2010): Sustainable Schools: seven propositions around young people's motivations, interests and knowledge. URL: http://www.se-ed.org.uk/resources/members/Bill_Scott_ Sustainable_Schools.pdf [28.09.2012]

Steiner, R.; Rauch, F.; Felbinger, A. (Hrsg.) (2010): Professionalisierung und Forschung in der LehrerInnenbildung. Wien.

Sterling, S. (2009): Sustainable Education. Re-visioning Learning and Change. Schumacher Briefing, No. 6. Foxhole.

Stoltenberg, U. (2006): Was können Schulen und NGO's gemeinsam in Richtung „Bildung für eine nachhaltige Entwicklung" tun? In: Nationalpark Hohe Tauern: Bildung für Nachhaltigkeit konkret. Die UN-Dekade gemeinsam gestalten. Tagungsband 29. bis 31. März 2006, Burg Kaprun, S. 6-79.

Stoltenberg, U. (2009): Mensch und Wald. Theorie und Praxis einer Bildung für eine nachhaltige Entwicklung am Beispiel des Themenfelds Wald. München.

Stoltenberg, U.; Michelsen, G. (1999): Lernen nach der Agenda 21: Überlegungen zu einem Bildungskonzept für eine nachhaltige Entwicklung. In: Stoltenberg, U.; Michelsen, G.; Schreiner, J. (Hrsg.): Umweltbildung – den Möglichkeitssinn wecken. NNA-Berichte, 12, 1, S. 45-54.

Tilbury, D. (2011): Education for Sustainable Development. An Expert Review of Processes and Learning. Paris: UNESCO Section for Education for Sustainable Development. Division of Education for Peace and Sustainable Development.

UNESCO (2009): Learning for a Sustainable World: Review of contexts and structures for ESD. Paris.

Wachendorfer, U. (2006): Weiß-Sein in Deutschland. Zur Unsichtbarkeit einer herrschenden Normalität. In: Arndt, S. (Hrsg.): AfrikaBilder. Studien zu Rassismus in Deutschland. Münster.

Wagenschein, M. (1980): Rettet die Phänomene. In: Fiesser, L. (Hrsg.): Raum für Zeit – Quellentexte zur Pädagogik der interaktiven Science-Zentren. Flensburg, S. 242-267.

Wagenschein, M. (2010): Kinder auf dem Weg zur Physik. Weinheim, Beltz.

Wenzel, A. (2011): Grenzüberschreitungen in der Gegenwartskunst: ästhetische und philosophische Positionen. Bielefeld.

Wissenschaftlicher Beirat der Bundesregierung Globale Umweltveränderungen Hauptgutachten (WBGU) (2012): Welt im Wandel Gesellschaftsvertrag für eine Große Transformation. Berlin.

Yosso, T.J. (2005). Whose culture has capital? A critical race theory discussion of community cultural wealth. Race Ethnicity and Education, 8, 1, p. 69.

Zumbach, J. (2003): Problembasiertes Lernen. Münster.

*Markus Peschel und Stefanie Carell*

# Entwicklungen in der Medienpädagogik von Mosaik (1992/1993) zu kidipedia (2012) – zukunftsfähige Konzeption für den Sachunterricht?

*Over the last 20 years media-education has progressed enormously, especially due to the massive development of the existing technical possibilities. Concepts such as "Medienkompetenz" (media competence) or "Medienbildung" (media education) have been differentiated and new technical possibilities have been evaluated for the didactic of social and science studies (Sachunterricht). Former new media have become obsolete and are replaced by new media. A historic insight into the development of new media is resulting in a current research project that uses the capacities of Web 2.0. The project refers to the Internet platform kidipedia, a wiki that was specifically programmed for educational use in elementary school while incorporating the gender specific approaches to new media by girls and boys and their respective use of it.*

## 1. Entwicklung von Neuen Medien im Sachunterricht

Im Gründungsjahr der GDSU 1992, dem Beginn des Zeitraums, auf den wir in diesem Beitrag zurückblicken und die Entwicklung von sachunterrichtsdidaktischen Mediennutzungen betrachten wollen, hat Helmut Schreier eine Medienabstinenz des Sachunterrichts angemerkt: „Computer sind […] so gut wie nirgendwo vorhanden". Dies besserte sich in den folgenden Jahren in der Grundschule insgesamt und speziell im Sachunterricht nur wenig, obwohl wir uns nach Mandl/ Kopp (2003) in dieser Zeit schon in einer postindustriellen Informations- und Kommunikationsgesellschaft befanden. Der Rückblick auf die Entwicklung und Nutzung im Bereich ICT im Sachunterricht (Mitzlaff 2010) zeigt ein sich bedingendes Gebilde von technischer (Hard- und Software sowie Internet) und didaktischer Entwicklung (Lern- bzw. Anwendungsprogramme und deren Nutzung im Sachunterricht). Mitzlaff (2010) gibt einen Überblick über diese Entwicklungen von ICT in der Grundschule und spezifiziert für den Sachunterricht, dass es nur wenige aktuelle Projekte gibt, die das Lernen mit Neuen Medien (oder über Neue Medien) im Sachunterricht behandeln. Einen der wesentlichen Meilensteine stellt der Vortrag von Wolfgang Klafki anlässlich der Gründung der GDSU 1992 dar, dessen inhaltliche medienbezogene Forderungen der „richtungweisende Perspektivrahmen der GDSU von 2002 [...] dann aber wiederum eher marginal" behandelt (Mitzlaff im Druck).

Um die Jahrhundertwende, in der eine – im Vergleich zu den Jahren zuvor – regelrechte Aufbruchsstimmung im Bereich der Neuen Medien herrschte (vgl. Mitzlaff 2010), begannen verschiedenen Studien, die Computerausstattung von Grundschulen (BMBF[1]) und die Mediennutzung von Kindern (KIM[2]) im Alter von 6 bis 13 Jahren zu erheben.

**Tabelle 1:** Grundschulausstattung (BMBF)

| BMBF / KMK | 2001 | 2002 | 2003 | 2004 | 2005 | 2006 | 2007/08 |
|---|---|---|---|---|---|---|---|
| Anzahl PC Ø | k.A. | 10 | 13 | 15 | 16 | 17 | 23 |
| Kinder pro PC Ø | 31 | 23 | 17 | 15 | 13 | 12 | 9 |
| Vernetze Computer Ø | 15% | 28% | k.A. | 43% | 48% | 4 % (w-Lan) | 58% |
| Geräte mit Internetanschluss Ø | 1 | 3 | 5 | 7 | 7 | 9 | 60% aller PCs |

In den Tabellen 1 und 2 sind Ergebnisse dieser Studien kurz skizziert. Es zeigt sich deutlich, dass die Anzahl der Computer in den einzelnen Schulen zugenommen hat und die Relation Kinder pro Computer stark verbessert

---

[1] In der Studie des BMBF wurde die IT-Ausstattung der allgemein- und berufsbildenden Schulen in Deutschland erfasst. Nach 2006 wurde die Studie vom BMBF an die KMK übergeben (vgl. Bundesministerium für Bildung und Forschung (BMBF) 2001, 2002, 2003, 2004, 2005, 2006; Sekretariat der Ständigen Konferenz der Kultusminister der Länder in der Bundesrepublik Deutschland 2008).

[2] Die KIM-Studie (Kinder + Medien) befragt direkt die Kinder und bezieht die Haupterziehenden (i.d.R. Mütter) ein. Es wird nach unterschiedlichen Themenfeldern, nach Computer- und Internetnutzung und dem Einsatz von Computern in der Schule gefragt (vgl. etwa Medienpädagogischer Forschungsverbund Südwest 2010)

wurde. Aber nicht nur die Anzahl der Computer in der Schule und die Anbindung ans Internet, sondern auch deren Nutzung im Unterricht hat im Laufe der Jahre zugenommen.

Schaut man in die KIM-Studie von 2010 (Medienpädagogischer Forschungsverbund Südwest 2010), so zeigt sich, dass ICT in den Fächern Deutsch
(46%), Mathematik (38%) und in den Fremdsprachen (33%) am häufigsten
genutzt wird, im Sachunterricht hingegen nur zu 15%. Auch die Nutzung
zeigt deutliche Unterschiede: So wird ICT vorrangig zum Schreiben von
Texten (77%), für die Recherche im Internet (61%) und zur Nutzung von
Lernsoftware (69%) verwendet. Die Erstellung von Präsentationen oder Re-
feraten – wie es eine Einbindung in die Arbeit des Sachunterrichts nahe legen
würde – scheint eine untergeordnete Rolle einzunehmen (28%). Auch die
wesentlichen Felder der ICT-Nutzung „Recherchieren" und „Präsentieren"
sind im Sachunterricht laut der KIM-Daten wenig relevant.

Weiterhin zeigen sich deutliche Differenzen bzgl. der privaten Nutzung von
ICT, die merklich angestiegen ist, und der schulischen Vermittlung, die lange
Zeit stagnierte und teilweise sogar rückläufig war.

**Tabelle 2:** Mediennutzung von Kindern (KIM)

| KIM | 1999 | 2000 | 2002 | 2003 | 2005 | 2006 | 2008 | 2010 |
|---|---|---|---|---|---|---|---|---|
| Computer-<br>nutzung<br>Freizeit | ♀: 45%<br>♂: 57% | ♀: 55%<br>♂ 66% | ♀: 59%<br>♂ 67% | ♀: 69%<br>♂ 72% | ♀: 74%<br>♂ 79% | ♀: 76%<br>♂ 85% | ♀: 85%<br>♂ 90% | Nicht vergleichbar Fragebogen geändert |
| Nutzung in<br>der Schule<br>(1x/Woche) | 24% | 34% | 38% | 41% | 38% | 33% | 38% | |
| Kenntnis-<br>vermittlung<br>durch Schule | 22% | 16% | 13% | 14% | 20% | 15% | 27% | |
| Im Internet<br>surfen | ♀: 5%<br>♂: 3% | ♀: 14%<br>♂: 16% | 25%<br>insg. | 30%<br>insg. | ♀: 40%<br>♂: 41% | ♀: 40%<br>♂: 41% | ♀: 44%<br>♂: 52% | |

## 2. Entwicklung in der Medienpädagogik

In Vermeidung einer Definition des Begriffs „Medien", der so weitgefasst ist,
dass er sich einer spezifischen Definition für den Bereich Sachunterricht ent-
zieht, schlägt Giest (im Druck) vor, stattdessen das Nutzungsverhalten von

Medien differenziert zu betrachten und die Einflüsse einer neuen individuellen und konstruktivistischen Lernkultur und den Einfluss auf die Nutzung von Medien (und umgekehrt) unterscheidend zur Definition heranzuziehen. „Medien sind *Katalysatoren*, nicht Ursache gesellschaftlicher Entwicklung" (ebd.).

Medienpädagogik ist eine relativ junge Disziplin, die durch die Einbeziehung von (damals) neuen Medien eine Schnittstellenfunktion zwischen medientechnischen Entwicklungen und deren Nutzung im und für den Unterricht erfahren hat. Die Entwicklung der Medienpädagogik war immer abhängig „von den jeweiligen aktuellen politischen Gegebenheiten, erziehungswissenschaftlichen Strömungen und medientechnischen Entwicklungen. [...] Eine einzig gültige Medienpädagogik gab es zu keiner Zeit" (Hüther/ Podehl 2005, S. 3). So verwundert es nicht, dass die „Medienpädagogik [...] erst im Nachhinein als solche definiert" werden kann (Hüther/ Podehl, a.a.O., S. 2). „Die Geschichte der Medienpädagogik ist eine Geschichte der Reaktion auf die jeweils ‚neuen Medien' und die durch sie hervorgerufenen Irritationen" (Hüther/ Podehl, a.a.O., S. 1), womit auch Irritationen auf Schul- und Klassenebene gemeint sind, die die Einbindung von Medien in didaktische Zusammenhänge immer wieder hervorgerufen hat. Erinnert sei nur an die Einführung von Overheadprojektoren oder Audiolaboren in den Schulen der 1970er Jahre.

Als eigenständige wissenschaftliche Disziplin mit dem Gegenstand der Erziehung zum reflexiven Umgang mit Medien und ihrer kritischen Nutzung wird die Medienpädagogik erst seit den letzten 45 Jahren angesehen (vgl. Hüther/ Podehl a.a.O., S. 2). So hat Issing 1987 unter Medienpädagogik die „übergeordnete Bezeichnung für alle pädagogisch orientierten Beschäftigungen mit Medien in Theorie und Praxis" verstanden. Relativ aktuell definieren Hüther/ Podehl (a.a.O., S. 15) die Aufgabe der aktuellen Medienpädagogik als Vermittlung von Kompetenzen, „die weit mehr sind als reine Medienanwendungsqualifikationen". Dies deutet auf den aktuell wieder bedeutsamen Kompetenzbegriff, der in den letzten Jahren bzgl. der Medienkompetenz deutlich ausdifferenziert wurde, aber leider nicht einheitlich verstanden wird. Der Begriff der Medienkompetenz findet seine Grundlagen durch medienpädagogische Diskussionen in den 70er Jahren durch Baacke (1973)[3]. Dieser regelrechte „Boom zum Thema Medienkompetenz" (Irion 2008) führte zu

---

[3] Der Begriff „Medienkompetenz" selbst wurde zu dieser Zeit (noch) nicht genutzt, denn „erst in den 1980er Jahren [bildete sich] die Wortbildung ‚Medienkompetenz' heraus" (Tulodziecki 2011, S. 21). Mitte der 90er Jahre hat Baake aufbauend auf seinen früheren Überlegungen sein Verständnis auch auf neue Medien bezogen und für diese ausdifferenziert (vgl. Baake 1996).

einer Komplexität von Medienkompetenzbegriffen und -modellen, wobei die „meisten Versuche einer Begriffsdefinition [...] aber weitestgehend abstrakt" bleiben (S. 30). So hat Gapski (2001) im Zeitraum von 4 Jahren (1996 bis 1999) 104 unterschiedliche Begriffsdefinitionen zusammengetragen. Auch Moser (2000, S. 215) bemängelt, dass der Kompetenzbegriff nur wenig hilfreich ist, denn es „ gibt [...] kaum eine klar definierte Grundstruktur der Medienkompetenz, sondern es werden darin – je nach Autor, der diesen Begriff verwendet – sehr unterschiedliche Anforderungen verpackt." Der neue, die Kompetenzorientierung betonende Perspektivrahmen der GDSU beinhaltet als Ziel der Medienarbeit im Sachunterricht den „Aufbau von Kompetenzen im Umgang mit Medien in unterrichtlichen und außerunterrichtlichen Lernszenarien, die zu einer reflektierten Auswahl und einem angemessenen Umgang mit verschiedenen Medien führen" (vgl. GDSU im Druck). Dieser angemessene Umgang ist Bestandteil jeglicher Medienarbeit und damit losgelöst von den technischen Entwicklungen. Hier wird vor allem auf einen reflektierten Umgang mit Medien, mit Informationsgewinnung bzw. -generierung sowie Kommunikation mittels Medien abgezielt.

## 3. Entwicklung der Technik (Hard- und Software)

Die Entwicklung der Technik hat vor allem in den 1990er Jahren rasant zugelegt, wenn man nicht nur die lineare Steigerung der Leistungen der Prozessortechnik betrachtet, sondern auch die Bedienfreundlichkeit der Betriebssysteme seit Windows 3.1 (1992) und vor allem Windows 95 bzw. OSX. Aber das Internet[4] hat die Gewohnheiten der Computernutzung radikal verändert, was sich vor allem in der letzten Zeit durch die mobilen Devices, die einen permanenten Onlinezugriff erlauben und vormalige Offline-Tätigkeiten ins Netz verlagert haben, zeigt. Dies wirkt sich auf die Arbeit mit Computern im Sachunterricht der Grundschule aus und erweitert die didaktischen Möglichkeiten um die Chancen des WWW und des Web 2.0.

---

[4] „Die Vorläufer des Internets reichen bis in die 60er Jahre zurück" (Döring 1997, S. 306) (= ARPANET für militärische Zwecke, parallel dazu: NSFNET für Wissenschafts- und Bildungszwecke). Die „eigentliche Geburtsstunde des Internets" fand im Jahre 1983 mit der Einführung von MILNET statt. Die militärische Anwendung gelangte immer mehr in den Hintergrund, wohingegen universitäre Anwendungen zunehmend im Vordergrund standen. 1989 wurde am CERN der Internetdienst WWW entwickelt, welcher der Auslöser für einen Internet-Boom war. Die leicht bedienbare Benutzungsoberfläche (Browser) im WWW ermöglichte leichtes Navigieren. Als 1990 dann das ARPANET komplett abgeschaltet wurde, begann die kommerzielle Phase des Internets (vgl. Döring 1997, S. 306ff.).

125

In dieser Zeit erhielt das Internet auch Einzug in Schulen. „Im März 1995 waren in Deutschland 5 Schulen im WWW präsent, 18 Monate später [September 1996] waren es bereits mehr als 500. [...] " (Döring 1997, S. 331)[5]. Das WWW wurde zu Beginn als Informationsplattform für Text und Bild genutzt. Ab 1997 kamen Videoportale hinzu und seit 2004 finden immer mehr Web 2.0 Anwendungen ihren Platz im World Wide Web. Aktuell wird nun vermehrt auf Cloudcomputing und Social Networks gesetzt. Diese unterschiedlichen Anwendungen wurden erst durch die stetige Optimierung der Internetbrowser und der Ausweitung der Bandbreite der Internetanbindung mittels DSL möglich. Mosaic, vom National Center for Supercomputing Applications (NCSA) 1993 entwickelt, „war der erste Internet-Browser, der Text und Grafik einer HTML-Seite integriert darstellen konnte. [...] Mit Mosaic begann das textorientierte WWW bunt zu werden" (Kuri 2003). Seit 2008 ist die Browserwelt durch Netscape (Firefox) und Google (Chrome) vielfältiger geworden und die Integration von vormals proprietären Standards in der Programmiersprache XML schafft eine offenere Schnittstelle. Diese Öffnung des WWW und die Mitgestaltungsmöglichkeiten im Web 2.0 aufgrund neuer Zugangsmöglichkeiten auf technischer Ebene lassen neue Portale auch für den schulischen Sachunterricht nutzbar werden.

## 4. kidipedia

Für den Sachunterricht wurde mehrfach ein professionell gestaltetes, innovatives und didaktisch aufbereitetes Portal für Kinder gefordert (siehe Petko u.a. 2007, Mitzlaff 2010, Peschel 2010). Durch den Einsatz solcher Portale kann die Nutzungshäufigkeit von ICT in sachunterrichtsdidaktischen Zusammenhängen eine lernförderliche Wirksamkeit entfalten. Aus diesem Grund wurde das Onlinelexikon *kidipedia*[6] entwickelt. *Kidipedia* ist didaktisch aufbereitet und weist spezielle Vorteile (didaktisch entwickelte und reduzierte Benutzeroberfläche, kindgerechter Sprach- und Symbolgebrauch, bereits für Schulanfänger geeigneter Login) für die Verwendung im (Sach-) Unterricht auf.
Parallel zur Weiterentwicklung von *kidipedia* findet eine Evaluationsforschung der Wirksamkeit dieses Portals in einem Prä-Post-Design statt. Im

---

[5] Im Jahr 1996 startete auch die Bildungsinitiative „Schulen ans Netz", welche zur Verbreitung der Internet-Zugänge an Schulen einen „Meilenstein" (Mitzlaff 2010) in der Entwicklung neuer Medien und Schule darstellte (vgl. auch Döring 1997).

[6] www.kidipedia.de, www.kidpedia.ch, www.kidipedia.at, www.kidipedia.eu

Zentrum der Untersuchung steht die Überprüfung des Zuwachses von Medienkompetenz, Naturwissenschaftskompetenz sowie Motivation und Interesse bei Jungen und Mädchen am Beispiel des Einsatzes von *kidipedia* im naturwissenschaftlich orientierten Sachunterricht. Die Erhebung in den 3. und 4. Klassen der Schulen der Schweizer Kantone Solothurn und Aargau startete im August 2012.

Erste Sichtungen der Daten zeigen eine hohe Akzeptanz seitens der Schülerinnen und Schüler sowie eine große Bereitschaft seitens der Lehrpersonen, dieses Instrument in sachunterrichtlichen Zusammenhängen zu nutzen. Die Ergebnisse dieser Arbeit werden deutlichen Einfluss auf die weitere Entwicklung des Portals und die damit verbundenen sachunterrichtlichen Unterrichtsszenarien haben.

## Literatur

Baacke, D. (1973): Kommunikation und Kompetenz: Grundlegung einer Didaktik der Kommunikation und ihrer Medien. München.

Baacke, D. (1996): Medienkompetenz – Begrifflichkeit und sozialer Wandel. In: Rein, A. von (Hrsg.): Medienkompetenz als Schlüsselbegriff. Bad Heilbrunn, S. 112-124.

Bundesministerium für Bildung und Forschung (BMBF) (Hrsg.) (2001): IT-Ausstattung der allgemein bildenden und berufsbildenden Schulen in Deutschland. Bestandsaufnahme 2001. URL: www.bmbf.de/pub/it-ausstattung_der_schulen.pdf [28.2.2012].

Bundesministerium für Bildung und Forschung (BMBF) (Hrsg.) (2002): IT-Ausstattung der allgemein bildenden und berufsbildenden Schulen in Deutschland. Bestandsaufnahme 2003 und Entwicklung 2001 bis 2002. URL: www.bmbf.de/pub/it-ausstattung_der_schulen_2002.pdf [28.2.2012].

Bundesministerium für Bildung und Forschung (BMBF) (Hrsg.) (2003): IT-Ausstattung der allgemein bildenden und berufsbildenden Schulen in Deutschland. Bestandsaufnahme 2003 und Entwicklung 2001 bis 2003. URL: www.bmbf.de/pub/it-ausstattung_der_schulen_gesamt_2003.pdf [28.2.2012].

Bundesministerium für Bildung und Forschung (BMBF) (Hrsg.) (2004): IT-Ausstattung der allgemein bildenden und berufsbildenden Schule in Deutschland. Bestandsaufnahme 2004 und Entwicklung 2001 bis 2004. URL: www.bmbf.de/pub/it-ausstattung_der_schulen_2004.pdf [09.07.2012].

Bundesministerium für Bildung und Forschung (BMBF) (Hrsg.) (2005): IT-Ausstattung der allgemein bildenden und berufsbildenden Schulen in Deutschland. Bestandsaufnahme 2005 und Entwicklung 2001 bis 2005. URL: www.bmbf.de/pub/it-ausstattung_der_schulen_2005.pdf [09.07.2012].

Bundesministerium für Bildung und Forschung (BMBF) (Hrsg.) (2006): IT-Ausstattung der allgemein bildenden und berufsbildenden Schulen in Deutschland. Bestandsaufnahme 2006 und Entwicklung 2001 bis 2006. URL: www.barkeplus.de/images/open-downloads/PDF-IT-Ausstattung/IT-Ausstattung-2006.pdf [09.07.2012].

Döring, N. (1997): Lernen mit dem Internet. In: Issing, L.J.; Klimsa, P. (Hrsg.) (1997): Information und Lernen mit Multimedia. Weinheim, S. 304-335.

Gapski, H. (2001): Medienkompetenz eine Bestandsaufnahme und Vorüberlegungen zu einem systemtheoretischen Rahmenkonzept. Wiesbaden.

Giest, H. (im Druck): Digitale Medien und schulisches Lernen. In: Peschel, M. (Hrsg.): Mediales Lernen – Good-Practice-Praxisbeispiele mit Neuen Medien für eine Inklusive Mediendidaktik. Dimensionen des Sachunterrichts – Kinder.Sachen.Welten. Baltmannsweiler.

Gesellschaft für Didaktik des Sachunterrichts (GDSU) (im Druck): Perspektivrahmen Sachunterricht. Bad Heilbrunn.

Hüther, J.; Podehl, B. (2005): Geschichte der Medienpädagogik. URL: www.mediacultureonline.de/fileadmin/bibliothek/huether-podehl_geschichte/huether-podehl_geschichte.pdf [03.07.2012].

Irion, Th. (2008): Hypermedia-Recherche im Grundschulalter. Eine qualitative Videostudie zu Vorerfahrungen und Recherchekompetenzen. Baltmannsweiler.

Issing, L.J. (1987) (Hrsg.): Medienpädagogik und ihre Aspekte. Medienpädagogik im Informationszeitalter. Weinheim, S. 19-32.

Kuri, J. (2003): 10 Jahre Mosaic. URL: www.heise.de/newsticker/meldung/10-Jahre-Mosaic-88313.html [09.07.2012].

Medienpädagogischer Forschungsverbund Südwest (Hrsg.)(2010): KIM-Studie 2010. Kinder + Medien, Computer + Internet. URL: www.mpfs.de/fileadmin/KIM-pdf10/KIM2010.pdf [09.07.2012].

Mandl, H.; Kopp, B. (2003): Auf dem Weg zu einer neuen Lehr-Lern-Kultur. Ein Beitrag zum situierten Lernen. In: Altenberger, H. (Hrsg.): Innovative Ansätze konstruktiven Lernens. Augsburg: ZIEL – Zentrum für Interdisziplinäres Erfahrungsorientiertes Lernen, S. 70-88.

Mitzlaff, H. (2010): ICT in der Grundschule und im Sachunterricht – Gestern – heute – morgen – Ein Blick zurück nach vorne. In: Peschel, M. (Hrsg.): Neue Medien im Sachunterricht. Baltmannsweiler, S. 7-30.

Mitzlaff, H. (im Druck): Medien inklusive – inklusive Mediendidaktik und Medienpädagogik des Sachunterrichts. In: Peschel, M. (Hrsg.): Mediales Lernen – Good-Practice-Praxisbeispiele mit Neuen Medien für eine Inklusive Mediendidaktik. Dimensionen des Sachunterrichts – Kinder.Sachen.Welten. Baltmannsweiler.

Moser, H. (2000): Einführung in die Medienpädagogik - Aufwachsen im Medienzeitalter. (3., überarb. und akt. Auflage). Opladen: Leske + Budrich.

Peschel, M. (2010): kidipedia – Präsentieren von Sachunterrichtsergebnissen im Internet. In: Peschel, M. (Hrsg.): Neue Medien im Sachunterricht. Baltmannsweiler, S. 71-78.

Petko, D.; Mitzlaff, H.; Knüsel, D. (2007): ICT in Primarschulen – Expertise und Forschungsübersicht. Im Auftrag des Dachverbandes der Schweizer Lehrerinnen und Lehrer LCH. Goldau, 31. März 2007. URL: www.schwyz.phz.ch/fileadmin/media/schwyz.phz.ch/ forschung/IMS_2007_ICT_in_Primarschulen_Expertise.pdf [09.07.2012].

Sekretariat der Ständigen Konferenz der Kultusminister der Länder in der Bundesrepublik Deutschland (Hrsg.) (2008): Dataset –IT-Ausstattung der Schulen. Schuljahr 2007/2008. URL: http://www.kmk.org/fileadmin/veroeffentlichungen_beschluesse/2008/2008_12_08-Dataset-IT-Ausstattung-07-08.pdf [09.07.2012].

Tulodziecki, G. (2011): Zur Entstehung und Entwicklung zentraler Begriffe bei der pädagogischen Auseinandersetzung mit Medien. In: Moser, H.; Grell, P.; Niesyto, H. (Hrsg.): Medienbildung und Medienkompetenz. Beiträge zu Schlüsselbegriffen der Medienpädagogik. München, S. 11-39.

*Veronika Schwelle, Andreas Hartinger,*
*Katrin Lohrmann und Jana Groß Ophoff*

# „Ein Nussknacker ist aus Metall und deshalb stärker als die Hand." Präkonzepte von Drittklässlern zum Hebelgesetz

*Learning is considered as a complex and active process in which through restructuring and changing of preconceptions new knowledge can be integrated in the available structure of knowledge representations. Therefore information about frequently occurring preconceptions can be helpful for designing learning processes. The findings described here are drawn from a pre-study in which 202 (age 8-9) students individually edited a questionnaire about the topic "lever". The findings show that students have declarative or procedural knowledge about the topic "lever" rather than conceptual knowledge.*

## 1. Präkonzepte zum Hebelgesetz

Bei der Gestaltung von Lernprozessen ist es unumgänglich, Lernen als aktiven Prozess zu betrachten, bei dem durch das Umstrukturieren und Verändern von Präkonzepten neues Wissen in die bereits vorhandene Wissensstruktur integriert wird (Möller 2007). So kommen Schülerinnen und Schüler mit tief verankerten Alltagsvorstellungen zu Phänomenen und Prinzipien in die Schule, wobei viele dieser Alltagsvorstellungen nicht mit den wissenschaftlich korrekten Vorstellungen übereinstimmen (Duit 2002).
Das Wissen über häufig vorkommende, inhaltsspezifische Präkonzepte ist somit hilfreich, um diese didaktisch sinnvoll in die Lernprozesse der Kinder einzubinden und die Lernenden dadurch bei der Umstrukturierung bzw. Ergänzung ihrer vorhandenen Wissensstrukturen zu unterstützen (vgl. dazu auch die Überlegungen und Befunde zu conceptual change, z.B. Möller 2007).

Im Projekt „Phänomen(un)ähnlichkeiten"[1] werden im Rahmen einer Interventionsstudie zwei didaktische Settings bestehend aus jeweils vier Unterrichtseinheiten zum Hebelgesetz untersucht. In diesem Zusammenhang war es erforderlich, Informationen über die Präkonzepte der Kinder zu erfassen. Bislang gibt es nur wenige Forschungsarbeiten zu Schülervorstellungen zum Hebelgesetz. Einige Erkenntnisse stammen aus den mikrogenetischen Studien von Siegler (1976). Hier wurde (aus psychologischem, nicht aus didaktischem Interesse) am Beispiel der Balkenwaage die kognitive Entwicklung von Fünf- bis Siebzehnjährigen unter Zuhilfenahme unterschiedlicher Stufen dargestellt. Nach Siegler definiert sich Stufe 1, indem Kinder in ihren Erklärungen zum Hebelgesetz zunächst auf das Gewicht fokussieren; d.h. von den Kindern wird zunächst nur eine Dimension berücksichtigt. Bei gleich großem Gewicht an beiden Hebelarmen wird auf der 2. Stufe von den Kindern die Distanz zum Drehpunkt einbezogen. In Stufe 3 können dann zwei Dimensionen (Gewicht und Distanz zum Drehpunkt) miteinander in Verbindung gebracht werden. Als 4. und letzte Stufe sieht Siegler die Berücksichtigung der „Multiplikationsregel", d.h. es gelingt den Kindern, das Verhältnis Kraft x Kraftarm = Last x Lastarm zu erkennen.

Wilkening und Anderson (1991) konnten dagegen aufzeigen, dass die Stufen nicht zwangsläufig in dieser Folge durchlaufen werden müssen: Es kann Lernenden durchaus recht früh gelingen, die relevanten Gewichts- und Distanzinformationen zu berücksichtigen und miteinander in Verbindung zu bringen, wenn sie nicht ausschließlich um die Beurteilung einer vorgegebenen Situation gebeten werden sondern um Produktionen, d.h. wenn sie aktiv mit Konkretionen arbeiten können.

Von Interesse ist hinsichtlich der Präkonzepte auch, welche Wissensform von den Kindern für ihre Erklärungen herangezogen wird. Unterschieden werden kann dabei zwischen deklarativem bzw. prozeduralem Wissen (d.h. die Kinder wissen, wie etwas funktioniert) und konzeptuellem Wissen (d.h. die Kinder wissen, warum etwas funktioniert). Empirische Befunde liefern diesbezüglich Ergebnisse, die zeigen, dass Experten eines Inhaltsbereichs über ein ausgeprägteres konzeptuelles Verständnis verfügen und das zugrunde liegende Funktionsprinzip einer Konkretion besser erkennen als Novizen (Blanchette/ Dunbar 2001, Chi/ Feltovich/ Glaser 1981).

---

[1] Das Projekt wird mit dem Aktenzeichen LO 1706/1-1 durch die DFG gefördert und entstand aus der Kommission Drittmittelforschung der GDSU.

130

## 2. Methodik

### 2.1 Stichprobe

Die hier dargestellten Befunde entstanden in der Pilotierungsphase für die oben genannte Studie. An dieser Pilotierung nahmen 202 Kinder aus neun 2. und 3. Klassen aus dem Freiburger und Augsburger Raum teil. Organisatorisch bedingt musste die Pilotierung kurz vor den Sommerferien stattfinden. Da die Prätests der Hauptuntersuchung bereits im Oktober durchgeführt werden sollten, wurden auch Kinder der zweiten Jahrgangsstufe einbezogen, um eine Stichprobe zu generieren, die die anvisierte Altersgruppe abbilden kann. Das Alter der Kinder lag im Durchschnitt bei 8,5 Jahren. Die Pilotierung erfolgte klassenweise, wobei die Kinder vor Bearbeitungsbeginn eine knappe Einführung in das Testheft erhielten und sichergestellt wurde, dass in den Klassen zuvor kein Unterricht zum Thema Hebelgesetz durchgeführt worden war.

### 2.2 Erhebungsinstrument

Die Aufgaben des Testhefts wurden zu den Phänomenen Wippe, Brechstange und Nussknacker entwickelt. Bedingt durch das Design der Hauptstudie wurden einige Phänomene (wie z.B. Balkenwaage, Sackkarre oder Locher) nicht verwendet, um später faire Bedingungen für beide Versuchsgruppen zu gewährleisten. Trotz der dadurch eingeschränkten Anzahl an möglichen Aufgabenstellungen wurden durch die Orientierung an den oben dargestellten Stufen Sieglers (1976) Items mit unterschiedlichem Schwierigkeitsniveau gestaltet.

| Kann die Wippe so stehen? Kreuze an. | Kann die Wippe so stehen? Kreuze an. |
|---|---|
| 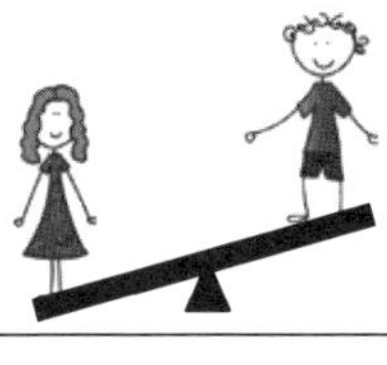 | 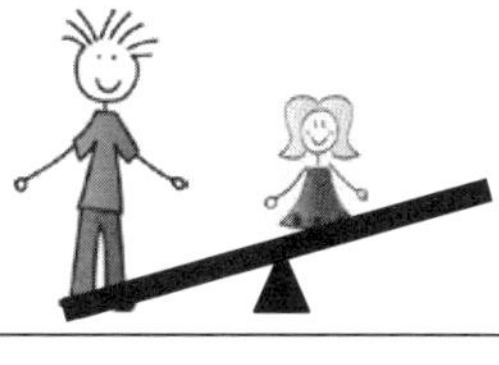 |
| ☐ Ja.<br>☐ Nein.<br>☐ Fällt mir gerade nicht ein. | ☐ Ja.<br>☐ Nein.<br>☐ Fällt mir gerade nicht ein. |

**Abb. 1:** Beispielitems aus dem Testheft

Die Itembeispiele (vgl. Abb. 1) zeigen dies: Beim links abgebildeten Item muss von den Kindern nur eine Dimension berücksichtigt werden, wohingegen beim rechts abgebildeten Item zwei Dimensionen für die Gleichgewichtsbeurteilung berücksichtigt werden müssen.

Im entwickelten Testinstrument wurde zudem sowohl mit offenem als auch mit geschlossenem Antwortformat gearbeitet, wobei beim geschlossenen Antwortformat unterschiedliche Umsetzungsmöglichkeiten (forced choice, multiple choice und multiple select) zum Einsatz kamen (vgl. Bortz/ Döring 2006, S. 213ff.; Rost 2004, S. 59ff.). Bei Aufgaben mit dem Format forced choice oder multiple select wurde, falls es um die Beurteilung einer Situation (*richtig/ falsch* oder *ja/ nein*) ging, die Auswahl an Antworten um die Möglichkeit *„Fällt mir gerade nicht ein"* erweitert (vgl. Abb. 1). Dadurch sollte einerseits die Wahrscheinlichkeit, durch Raten die richtige Antwort auszuwählen, reduziert werden sowie andererseits der Problematik entgegengewirkt werden, dass bei einer Nichtbeantwortung der Aufgabe nicht unterschieden werden kann, ob die Aufgabe überblättert oder aufgrund fehlenden Wissens nicht bearbeitet wurde.

Bedingt durch die mangelnden empirischen Erkenntnisse bezüglich der Präkonzepte zum Hebelgesetz wurde angenommen, dass Drittklässlern Fachbegriffe zum Hebelgesetz nicht geläufig sind. Als Konsequenz wurde deshalb in den Formulierungen der Aufgaben gänzlich auf die Verwendung von Fachbegriffen verzichtet.

Nach Erfassung und Kodierung der Aufgabenbearbeitungen wurde mit dem Programm ConQuest (Wu/ Adams/ Wilson/ Haldane 2007) ein einparametrisches Rasch-Modell (Rasch 1960, Rost 2004) angepasst. Durch die Verwendung dieses probabilistischen Testmodells konnten die Güte jedes Items geprüft und problematische (Teil-)Aufgaben identifiziert werden. Insgesamt wurden in die Skalierung 40 Items aufgenommen, für die sich eine zufriedenstellende Skalenreliabilität von .73 ergibt. Die Ergebnisse der Itemanalysen sind in Tabelle 1 zusammengefasst:

**Tabelle 1:** Kennwerte des inhaltsspezifischen Leistungstests

|  | Minimum | Maximum |
|---|---|---|
| Itemschwierigkeit | -3.02 | 3.56 |
| Weighted Mean Square | .83 | 1.20 |
| t-Wert | -2.30 | 1.80 |
| Item-Skala-Korrelation | .03 | .65 |

Die Items bilden die Fähigkeiten der untersuchten Kinder angemessen ab: So reicht die Itemschwierigkeit von -3.02 für das leichteste Item (94%) bis 3.56 für das schwerste Item (4%). Der Weighted Mean Sqare-Wert gibt für jedes Item an, wie gut es in das angenommene Modell passt und sollte sich in einem Wertebereich von .80 und 1.20 bewegen (Adams 2002). Der t-Wert stellt einen Signifikanztest für die Abweichung von der Modellannahme dar. Eine signifikante Abweichung, d.h. ein Wert unter -1.96 bzw. über 1.96, weist auf eine zu hohe bzw. zu niedrige Trennschärfe hin. Jedoch wird i.d.R. eine zu hohe Trennschärfe – wenn im Grenzbereich liegend – toleriert, weshalb das in Tabelle 1 angegebene Minimum des t-Werts bei -2.30 als unproblematisch gewertet wurde. Das klassische Maß der Item-Skala-Korrelation wurde ebenfalls zur Beurteilung der Trennschärfe herangezogen (Kelava/ Moosbrugger 2007).

Die Entscheidung über die Beibehaltung oder den Ausschluss von Items stützte sich auf mehrere Kriterien und wurde insbesondere inhaltlich geprüft. So wurden aus der Skalierung acht Items auf Grund zu geringer Trennschärfe bzw. einer niedrigen Item-Skala-Korrelation ausgeschlossen. Dabei handelt es sich durchwegs um Distraktoren, die inhaltlich nicht auf dem Hebelgesetz basieren: So erwies sich z.B. bei der Frage, warum man mit einer langen stabilen Metallstange einen großen Kleiderschrank gut anheben kann, die Antwortmöglichkeit *„weil es so am einfachsten geht"* als problematisch. Umgekehrt wurden in der Skalierung zwei Items mit niedriger Item-Skala-Korrelation belassen. Bei diesen handelt es sich um vergleichsweise schwere Aufgaben, die auch nach dem Unterricht in der Hauptuntersuchung eine Herausforderung für die Schüler/innen darstellen sollen.

Insgesamt belegen die in Tabelle 1 dargestellten Werte, dass die in der Skalierung berücksichtigten Items raschhomogen sind. Das neu entwickelte Testinstrument kann also die angenommene Fähigkeitsdimension – Wissen zum Hebelgesetz – angemessen abbilden.

## 3. Ergebnisse

Betrachtet man die Lösungshäufigkeiten im offenen und geschlossenen Antwortformat, so zeigt sich, dass es den Kindern im geschlossenen Antwortformat besser gelingt, die richtige Lösung auszuwählen, wohingegen in den eigenständig formulierten Antworten wenige bzw. keine Begründungen erfolgen, die auf konzeptuelles Wissen bezüglich des Hebelgesetzes schließen lassen. An folgender Beispielaufgabe (vgl. Abb. 2) kann dies verdeutlicht werden:

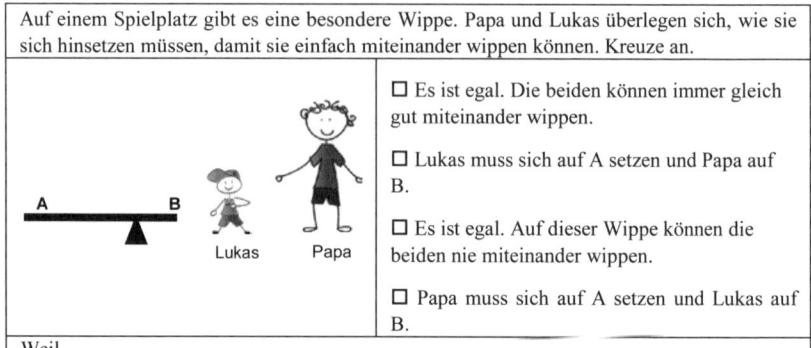

Auf einem Spielplatz gibt es eine besondere Wippe. Papa und Lukas überlegen sich, wie sie sich hinsetzen müssen, damit sie einfach miteinander wippen können. Kreuze an.

☐ Es ist egal. Die beiden können immer gleich gut miteinander wippen.

☐ Lukas muss sich auf A setzen und Papa auf B.

☐ Es ist egal. Auf dieser Wippe können die beiden nie miteinander wippen.

☐ Papa muss sich auf A setzen und Lukas auf B.

Weil...

**Abb. 2:** Beispiel für geschlossenes und offenes Antwortformat

Bei dieser Teilaufgabe gelingt es 68% der Kinder, die richtige Lösung im geschlossenen Antwortformat auszuwählen. Im zweiten Teil der Aufgabe, dem Begründungsteil – formulieren nur 17% der Kinder eine Antwort, die zumindest in Ansätzen das Hebelgesetz beinhaltet. Die durch das Testheft konstant besseren Lösungshäufigkeiten bei Aufgaben mit geschlossenem Antwortformat lassen somit keine gesicherten Aussagen zu, mit welcher Wissensform – deklarativ bzw. prozedural oder konzeptuell – die Aufgaben von den Kindern gelöst wurden, da zum Teil prozedurales Wissen ausreicht, um die Teilaufgabe im geschlossenen Antwortformat richtig zu beantworten. Genauer differenziert werden kann hingegen bei der Auswertung des offenen Antwortformats. Hier lassen die Ergebnisse darauf schließen, dass die Kinder zum Hebelgesetz hauptsächlich über Wissen im deklarativen und prozeduralen Bereich verfügen. Die Kinder fokussieren in ihren Erklärungen meist auf die Oberflächenstruktur der Phänomene, was folgendes Beispiel verdeutlicht: *„Der Nussknacker ist aus Metall und deshalb stärker."* Ansätze des Hebelgesetzes tauchen in den Schüleräußerungen nur selten auf. Bei folgendem Beispiel gelingt es jedoch einem Kind, ein Präkonzept auf konzeptueller Ebene zu formulieren: *„Ein Nussknacker hat einen langen Hebel und dadurch mehr Kraft."* Ebenfalls im konzeptuellen Bereich liegt folgende Schüleräußerung: *„Der Nussknacker ist stärker. Bei dem Nussknacker hat man die Hand weiter hinten, so ist der Druck größer."* Bezogen auf empirische Befunde hinsichtlich der Fähigkeiten von Novizen und Experten stellen die Ergebnisse der Testpilotierung eine Bestätigung des Forschungsstandes dar.

Betrachtet man die von den Kindern formulierten Präkonzepte phänomen-bezogen, so zeigen sich an dieser Stelle deutliche Unterschiede: Wippenauf-gaben werden von den Kindern insgesamt besser und mit mehr konzeptueller Tiefe bearbeitet als Aufgaben zum Nussknacker. Es gelingt z.B. nur 4% der Kinder eine Antwort auf konzeptueller Ebene zu geben auf die Frage, warum es einfacher ist, eine Walnuss mit einem Nussknacker zu knacken als mit der Hand. Bei der in Abbildung 2 dargestellten Wippenaufgabe konnten dagegen 17% der Kinder Antworten mit Bezug auf das Hebelgesetz formulieren.

## 4. Diskussion

Die Ergebnisse machen deutlich, dass die gezeigten Konzepte stark vom Antwortformat beeinflusst werden: Während Kinder bei geschlossenen Fra-gen Antworten wählen, die auf ein konzeptuelles Verständnis schließen las-sen, gelingt dies bei offenen Antwortformaten deutlich seltener. Es ist anhand der vorliegenden Daten nicht möglich zu entscheiden, ob dieser Sachverhalt auf ein implizites oder intuitives Verständnis deutet, das jedoch nicht selbst-ständig expliziert werden kann, oder ob sprachliche Probleme die Ursache dafür sind. Deutlich wird jedoch, dass bei vielen Kindern die Präkonzepte wenig elaboriert sind und der Fokus mehrheitlich auf der Oberflächenstruktur der Phänomene liegt.

Vor dem Hintergrund der Ergebnisse stellt sich nun die Frage, wie Lernsitua-tionen didaktisch gestaltet werden können, um die Kinder in der Weiterent-wicklung bzw. Veränderung ihrer Präkonzepte zu unterstützen. Betrachtet man die Bedeutung von Präkonzepten für den Lernprozess, so stellen die phänomenabhängigen Unterschiede einen nicht zu vernachlässigenden As-pekt dar. Die besseren Ergebnisse bei Wippenaufgaben im Vergleich zu Nussknackeraufgaben lassen den Schluss zu, dass Kinder vermutlich über eine Fülle an Alltagserfahrungen zur Wippe verfügen und vor allem durch eigene Spielplatzerfahrungen eine Vorstellung davon haben, wie Gleichge-wicht hergestellt werden kann. Präkonzepte, die sich durch das Erleben von Wippsituationen mit einem schwereren oder leichteren Wipppartner entwi-ckelt haben, können somit den Lernprozess vereinfachen. Der Nussknacker ist dagegen weniger Teil des Alltags der Kinder. Vermutlich wurde das Phä-nomen von den Kindern schon einmal ausprobiert, was in den formulierten Konzepten deutlich wird. Die niedrigere Lösungshäufigkeit legt jedoch nahe, dass bei diesem Phänomen weniger die Funktionsweise reflektiert wurde. Die phänomenabhängigen Unterschiede lassen deshalb den Schluss zu, dass Drittklässler noch kein oder nur geringes konzeptuelles Verständnis hinsichtlich des Hebelgesetzes haben, da bei ausgeprägtem konzeptuellem Verständnis ein Übertragen des abstrahierten Wissens auf beide Phänomene möglich wäre. Neben der Alltagsnähe werden Präkonzepte jedoch auch von Oberflächenstrukturen beeinflusst. Betrachtet man das Konzept, dass Metall für die Funktion eines Nussknackers verantwortlich gemacht wird, zeigt sich, dass sich basierend auf Oberflächeneigenschaften oftmals Konzepte ausbilden, die teilweise sogar als Fehlkonzepte eingestuft werden können. Die Herausforderung bei der Gestaltung von Lernprozessen besteht deshalb darin, vor dem Hintergrund der diskutierten Ergebnisse didaktische Gestaltungsmöglichkeiten zu finden, die eine Konzeptveränderung bzw. einen Konzeptwechsel ermöglichen. Im bereits erwähnten Projekt „Phänomen(un)ähnlichkeiten" werden deshalb die Auswirkungen zweier didaktischer Settings auf den Auf- und Ausbau von konzeptuellem Wissen zum Hebelgesetz untersucht.

## Literatur

Adams, R.J. (2002): Scaling PISA cognitive data. In: Adams, R.J.; Wu, M.L. (Hrsg.): PISA 2000 technical report. Paris, pp. 99-108.

Blanchette, I.; Dunbar, K. (2001): Analogy use in naturalistic settings: The influence of audience, emotion and goals. In: Memory and Cognition, 29, 5, pp. 730-735.

Bortz, J.; Döring, N. (2006): Forschungsmethoden und Evaluation für Human- und Sozialwissenschaftler. Heidelberg.

Chi, M.; Feltovich, P.; Glaser, R. (1981): Categorization and representation of physics problems by experts and novices. In: Cognitive Science, 5, 2, pp. 121-152.

Duit, R. (2002): Alltagsvorstellungen und Physik lernen. In: Kircher, E.; Schneider, W.B. (Hrsg.): Physikdidaktik in der Praxis. Berlin, S. 1-25.

Kelava, A.; Moosbrugger, H. (2007): Deskriptivstatistische Evaluation von Items (Itemanalyse) und Testwerteverteilungen. In: Moosbrugger, H.; Kelava, A. (Hrsg.): Testtheorie und Fragebogenkonstruktion. Heidelberg, S. 73-98.

Möller, K. (2007): Genetisches Lernen und Conceptual Change. In: Kahlert, J.; Fölling-Albers, M.; Götz, M.; Hartinger, A.; von Reeken, D.; Wittkowske, S. (Hrsg.): Handbuch Didaktik des Sachunterrichts. Bad Heilbrunn, S. 258-266.

Rasch, G. (1960): Probabilistic models for some intelligence and attainment tests. Copenhagen.

Rost, J. (2004): Lehrbuch Testtheorie – Testkonstruktion. Bern.

Siegler, R. (1976): Three aspects of cognitive development. In: Cognitive Psychology, 8, 4, pp. 481-520.

Wilkening, F.; Anderson, N.H. (1991): Representation and diagnosis of knowledge structures in developmental psychology. In: Anderson, N.H. (Ed.): Contributions to information integration theory. Vol. 3: Developmental. Hillsdale, NJ, pp. 45–80.

Wu, M.L.; Adams, R.J.; Wilson, M.R.; Haldane, S.A. (2007): ACER Conquest (Version 3.1). Mulgrave.

*Christine Waldenmaier, Hilde Köster und*
*Bernhard Müller*

# Unterschiede bezüglich der Engagiertheit von Kindergruppen bei geöffneten und geschlossenen Experimentierangeboten im naturwissenschaftsbezogenen Sachunterricht

*When children explore their environment and gain experience, they are often completely engrossed in what they are doing and they don't get easily distracted. With great perseverance, they pursue their goal and find their own ways to solve problems. Their internal participation is clearly recognizable through signals in the child's behavior. Using the Leuvener Engagiertheitsskala children's reactions to science-related teaching arrangements can be explored.*

## 1. Das Projekt HeiKiWi (Heidenheimer Kinder und Wissenschaft)

In wöchentlichen Kursen werden im Rahmen des Projektes HeiKiWi jeweils 12 ausgewählten, leistungsstarken Kindern aus den Klassen 1-4 Experimentieranleitungen und -materialien zur Verfügung gestellt, deren Bearbeitung durch eine Lehrkraft unterstützt wird (vgl. Köster et al. 2011).

Im Jahr 2010 wurde eine Neukonzeption erarbeitet, weil die Kinder regelmäßig schnell das Interesse zu verlieren schienen und dies auch zu Disziplinproblemen führte. Die Lehrkräfte wünschten sich mehr Eigenaktivität, eine höhere Motivation und eine verbesserte Ausdauer bei den Kindern, äußerten jedoch auch Ängste, dass sie in offenen Settings, die den Kindern weitgehende Entscheidungsfreiheit bezüglich der Auswahl der Experimente einräumen, etwaigen fachlichen Fragen der Kinder nicht gewachsen seien. (Die im Projekt HeiKiWi engagierten Personen sind Grundschullehrer/innen und als solche nicht explizit naturwissenschaftlich ausgebildet.)

## 2. Neuorientierung im Projekt

Im ursprünglichen Programm waren die Fragestellung und die Lösungswege exakt vorgegeben. Aus methodischer Sicht handelte es sich dabei um ein weitgehend „geschlossenes" Angebot. Um den Grad der Offenheit des Angebots genauer bestimmen und mit dem neu zu konzipierenden besser vergleichen zu können, wurde das von Falko Peschel vorgeschlagene „Raster zur Beurteilung des Grades der Öffnung von Unterricht bzw. Unterrichtssequenzen" herangezogen (vgl. Peschel 2012). Der Grad der Selbst- und Mitbestimmung wird damit zu einem entscheidenden Kriterium für die Offenheit des Unterrichts. Je mehr die Kinder im Unterricht selbst- beziehungsweise mitbestimmen können, desto „offener" wird der Unterricht bewertet. Die organisatorische, methodische und inhaltliche Kategorisierung stellen nach Peschel (a.a.O.) intersubjektiv nachweisbare Sachverhalte dar, die als Grundlage für Beobachtungen und Reflexionen über den Unterricht dienen können. Diese sind in „Stufen der Öffnung" von 1 bis 5 unterteilt.

Für die Neukonzeption des geöffneten Angebots wurden zunächst Öffnungsstufen zwischen 3 und 4 angestrebt, um ein stärkeres Selbstbestimmungsempfinden bei den Kindern zu ermöglichen. Eine weitere Öffnung, konnte aufgrund von Befürchtungen der Lehrkräfte, diesem hohen Öffnungsgrad nicht gerecht werden zu können, zunächst nicht realisiert werden.

Unter Einbezug sowohl der Bedürfnisse als auch der Bedenken der beteiligten Lehrkräfte wurde ein neues Programm aus verschiedenen Bausteinen entwickelt, das auf eine Öffnung im Hinblick auf vermehrte Eigenaktivität und eine Öffnung in Richtung freies Explorieren und selbstbestimmtes Experimentieren (vgl. Köster 2006) zielte.

Die Fragestellung war (zumindest in der ersten Phase des Projekts) narrativ und problemorientiert angelegt (vgl. Lück 2005). Die Kinder hatten Gelegenheit, eigene Lösungsansätze zu entwickeln, Versuche selbstständig zu entwerfen und durchzuführen. Hierzu standen vielfältige Materialien zur Verfügung. Es war den Kindern auch möglich, eigene, neue Fragestellungen aufzuwerfen und diese zu verfolgen.

Da die Umstellung auf die Neukonzeption sukzessive, beginnend bei Klassenstufe 2 (Klasse 1 kam erst später dazu), geplant wurde, ergab sich die Möglichkeit, eine Feldstudie – sowohl bei angeleiteter als auch bei geöffneter Arbeitsweise – durchzuführen und zu untersuchen, ob und inwiefern sich Unterschiede in der Motiviertheit und dem Interesse der Kinder beim Experimentieren erkennen ließen.

Aufgrund der Komplexität des Handelns, der Altersunterschiede bei den Kindern sowie auch der Unterschiedlichkeit der jeweils bearbeiteten Inhalte erschien als ein geeignetes Instrument für die Untersuchung die 5-stufige Leuvener Engagiertheitsskala (LES-K, Laevers 1997).

## 3. Engagiertheit

Laevers (1997) beschreibt Engagiertheit als eine Verhaltensform, die dann gezeigt wird, wenn Menschen hoch konzentriert arbeiten. Engagiertheit wird als ein Ausdruck für innere Beteiligung, für intensive Aktivität, für intrinsische Motivation und Fokussiertheit auf den Gegenstand des Interesses verstanden (a.a.O., S. 7ff.). Der im Flämischen verwendete Begriff „betrokkenheid" lässt sich zwar nicht ohne weiteres übersetzen, wird durch den Begriff „Engagiertheit" jedoch recht gut umschrieben.

Engagiertheit umfasst als komplexes Konstrukt mehrere Teilaspekte, wie beispielsweise die Art der Auseinandersetzung mit einer Sache, den Grad an Konzentration, das Durchhaltevermögen oder die Intensität der Aktivität. Ein Individuum wird dann als hoch engagiert bezeichnet, wenn sich möglichst viele dieser Aspekte auf einem hohen Niveau befinden. Der Grad an Engagiertheit bei Kindern wird von Laevers als Gütekriterium für institutionelle Bildungsangebote bzw. Bildungseinrichtungen herangezogen (a.a.O.).

Engagiertheit kann nicht unmittelbar beobachtet, aber es können deutliche Signale vernommen werden. Als wesentliche Anzeichen für engagiertes Tun gelten nach Laevers (a.a.O.) eine hohe Konzentration auf den jeweiligen Gegenstand, körperliche „Energie", d.h. z.B. Anstrengung, Schwitzen, rote Wangen sowie das Aktivieren eigener Fähigkeiten und Kompetenzen, vielschichtige Handlungen, Kreativität (a.a.O.). Zur Einschätzung dienen insbesondere Verhaltensmerkmale, die gut beobachtet werden können, wie z.B. der Gesichtsausdruck und die Körperhaltung, die Ausdauer und Art der Aufmerksamkeit, Genauigkeit, Reaktionsbereitschaft, Zufriedenheit, wie leicht sich die Kinder ablenken lassen, inwiefern es ihnen gelingt, Widerstände zu überwinden. Begeistertes Erzählen über die eigene Tätigkeit und auch spontane Laute wie Summen oder Singen, ein Strahlen im Gesicht oder „stilles Genießen" werden als Hinweise für Engagiertheit gewertet. Damit ein Kind als engagiert beziehungsweise innerlich beteiligt gilt, müssen nicht alle Signale gleichzeitig erkennbar sein.

Als Maßstab für Beobachtungen dienen fünf Engagiertheitsstufen, die von „keine Aktivität" auf Stufe 1 über „häufig unterbrochene Aktivität" auf Stufe 2, „mehr oder weniger andauernde Aktivität" auf Stufe 3, „Aktivität mit

intensiven Momenten" auf Stufe 4 bis „anhaltend intensive Aktivität" auf Stufe 5 reichen (Laevers a.a.O., S. 12ff.).
Laevers weist darauf hin, dass Engagiertheit nicht eingefordert werden kann und auch die Rahmenbedingungen noch kein Garant für eine hohe Engagiertheit bei den Kindern sind:

> „Die Rahmenbedingungen [...] sind natürlich nach wie vor in hohem Ausmaß mitentscheidend für die pädagogische Arbeit, die in den Einrichtungen geleistet werden kann. Die Frage danach lautet hier aber nicht nur: Wie gut sind die Rahmenbedingungen, sondern: Wie weit tragen Räumlichkeiten, Material, Mitarbeiter/innen dazu bei, dass sich die Kinder in der Einrichtung wohlfühlen und dass sie sich dort optimal entwickeln können?" (Laevers 1997, S. 8).

Als eine wesentliche Rahmenbedingung im Projekt wurde durch die beteiligten Lehrkräfte insbesondere die methodische Umsetzung des Angebots angesehen. Das Hauptaugenmerk der Studie lag deshalb darauf zu untersuchen, ob und inwiefern es Unterschiede bezüglich der Engagiertheit bei den Kindern zwischen den bisherigen, geschlossenen Experimentierangeboten und den neu konzipierten geöffneten, problemorientierten Angeboten gab.

## 4. Design der Studie

Unseren Untersuchungen lag die Vermutung zugrunde, dass bei einem hohen Grad an Selbstbestimmtheit ein hoher Grad an Engagiertheit zu beobachten sein müsse, denn der Selbstbestimmungstheorie der Motivation (Deci/ Ryan 1993) zufolge prägt sich eine intrinsische Motivation aus, wenn Menschen ihre Handlungen als frei gewählt und selbstbestimmt erleben und diese ihren Wünschen und Zielen entsprechen. „Intrinsische Motivation ist verbunden mit Neugier, Exploration, Spontaneität und Interesse an den unmittelbaren Gegebenheiten der Umwelt" (a.a.O., S. 225; vgl. Sachser 2004) und weist somit Merkmale auf, die der Engagiertheit zugrunde liegen.
Ein erhöhtes Selbstbestimmungsempfinden wiederum lässt sich durch eine Öffnung des Unterrichts erreichen (vgl. Peschel 2012b, Bohl/ Kucharz 2010, Jürgens 2009), in dem Kindern Gelegenheiten zu eigenen Entscheidungen und zu Autonomieerleben gegeben wird:

> „Die Erfahrung, eigene Handlungen frei wählen zu können, ist der Eckpfeiler dieser Entwicklung [...] Im Gegenzug bewirkt die engagierte Aktivität des Selbst eine höhere Lernqualität und fördert zugleich die Entwicklung des individuellen Selbst." (Deci/ Ryan 1993, S. 238; vgl. Bohl/ Kucharz 2010, S. 61)

## 4.1 Hypothesen

Unserer Untersuchung legten wir u.a. folgende (Null-)Hypothesen zu Grunde:

H1) Es ist kein Unterschied in den Engagiertheitsgraden der Kinder zwischen angeleitetem und geöffnetem Experimentierangebot feststellbar.

H2) Die Engagiertheit der Kinder ist unabhängig von der Lehrperson.

H3) Eine Methodenänderung vom angeleiteten zum geöffneten Arbeiten bewirkt keinen Anstieg der Engagiertheit.

## 4.2 Vorarbeiten

Zur Durchführung der Untersuchung wurden die Rater in der Anwendung der LES-K geschult. Hierzu wurde das von Laevers (1997) entwickelte Trainingsmaterial verwendet. Mit Hilfe von Videosequenzen, die Kinder in Situationen zeigten, in denen sie unterschiedliche Engagiertheitsgrade ausprägten, lernten die Beobachter/innen die Engagiertheitsstufen einzuschätzen.

## 4.3 Erhebung

Im Rahmen der Studie wurden jeweils Gruppen zu 12 Kindern einer Jahrgangsstufe beobachtet. Diese Beobachtungen wurden in den Klassenstufen 1 bis 4 bei insgesamt 7 Lehrkräften durchgeführt. Jede Beobachtung dauerte 10 Minuten und wurde während eines Experimentiernachmittages dreimal parallel von zwei unabhängigen Ratern durchgeführt. Hierbei wurde jedem Kind für jeden der drei 10-Minuten-Zeiträume ein Engagiertheitsgrad (1 bis 5) zugeordnet. Diese Beobachtungen wurden wiederum mehrfach jeweils an weiteren Nachmittagen bei anderen Inhalten vorgenommen.

Die Überprüfung der Beobachtungsqualität ergab eine Interrater-Reliabilität von 0,81 (quadratic weighted Kappa) nach Cohen (1969) (p<0,01) bei n = 802.

Es summierten sich bisher somit bei den insgesamt 168 beobachteten Kindern 2802 Einzelbeobachtungen, davon 2150 beim angeleiteten Experimentieren und 652 beim geöffneten, problemorientierten Angebot. Zur statistischen Auswertung wurde SPSS 19 genutzt.

# 5. Ergebnisse

## 5.1 Engagiertheit und Methode

Bei der Überprüfung der Nullhypothese „Es ist kein Unterschied in den Engagiertheitsgraden der Kinder zwischen angeleitetem und geöffnetem Experimentierangebot feststellbar" ergab sich ein Mittelwertunterschied bei den erreichten Engagiertheitsgraden von 0,82 zwischen dem angeleiteten Experimentieren (Engagiertheit 3,2) und dem geöffneten Experimentieren (Engagiertheit 4,1) (vgl. Abb. 1).

Bei der Auswertung dieser 2802 Beobachtungen mittels t-Test erwies sich dieser Unterschied als signifikant (p < 0,001). Die Effektstärke wurde mittels gepoolter Standardabweichung bestimmt (Leonhart 2004) und ist mit 0,7 als groß einzuschätzen (Bortz/ Döring 2006, S. 606).

Vergleicht man die erreichten Engagiertheitsgrade beim angeleiteten und beim geöffneten Angebot, so fällt auf, dass beim angeleiteten Angebot fast 8% der Kinder nur die Engagiertheitsstufe 1 erreichten. Beim geöffneten Angebot hingegen blieben nur 0,6% der Kinder unbeteiligt. Etwa 19% der Kinder erreichten beim angeleiteten Angebot die höchste Engagiertheitsstufe, beim geöffneten Angebot war deren Anteil mit 44% mehr als doppelt so hoch.

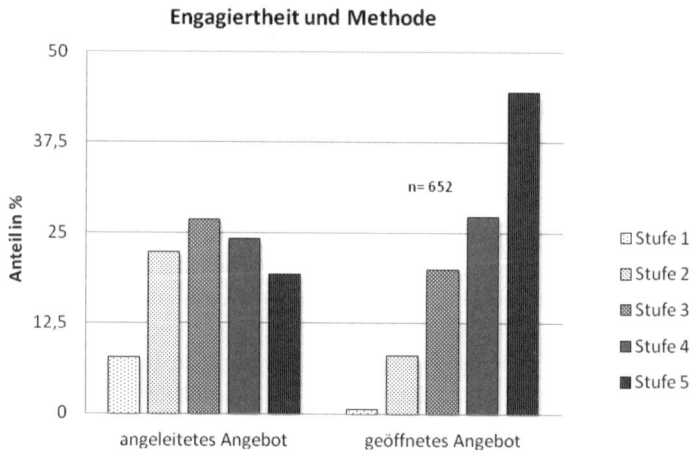

Abb. 1: Zusammenhang zwischen Methode und Engagiertheitsgrad

## 5.2 Engagiertheit und Lehrperson

Beim Vergleich von fünf Lehrkräften im angeleiteten Angebot ergaben sich signifikante (p<0,001) Mittelwertunterschiede (bis zu 1,4) hinsichtlich der Engagiertheit der von ihnen geleiteten Kindergruppen (vgl. Abb. 2). Somit konnte die Hypothese, dass die Engagiertheit der Kinder unabhängig von der

Lehrperson ist, nicht bestätigt werden. Worin diese Unterschiede begründet sind, kann aus den gewonnenen Daten nicht geschlossen werden.

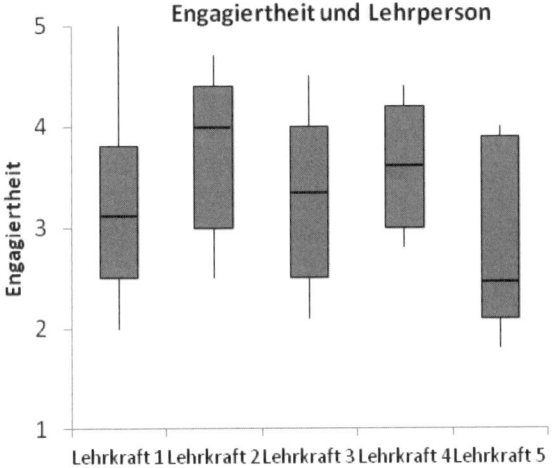

**Abb. 2:** Zusammenhang zwischen der Lehrperson und der Engagiertheit der Kinder

## 5.3 Engagiertheit und Methodenänderung

Bei der Überprüfung der Hypothese 3 „Eine Methodenänderung vom angeleiteten zum geöffneten Arbeiten bewirkt keinen Anstieg der Engagiertheit" wurde untersucht, in wieweit sich eine Änderung der Methode vom angeleiteten zum geöffneten Arbeiten auf die Engagiertheit der Kinder auswirkt. Hierzu wurden zunächst die Ergebnisse von zwei Lehrkräften ausgewertet, die zu Anfang angeleitet, später geöffnet gearbeitet hatten. Die Auswertung der insgesamt 1410 Beobachtungen (1068 angeleitet, 342 geöffnet) erfolgte jeweils getrennt nach Lehrkraft mittels t-Test und Untersuchung der Effektstärke (vgl. Abb. 3).
Die beobachteten Zunahmen der mittleren Engagiertheit um 0,52 bzw. 0,70 sind signifikant ($p > 0,001$). Hierbei sind die mittels gepoolter Standardabweichung bestimmten Effektstärken mit 0,58 bzw. 0,61 als „mittel" einzustufen (Bortz/ Döring 2006, S. 606).

Die Zunahme der Engagiertheit fiel geringer aus als die bei der Gesamtgruppe beobachteten Veränderungen (0,82), wobei diese Abweichung jedoch nicht signifikant ist.

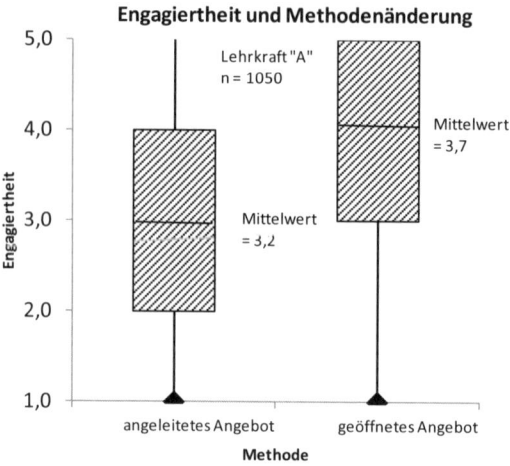

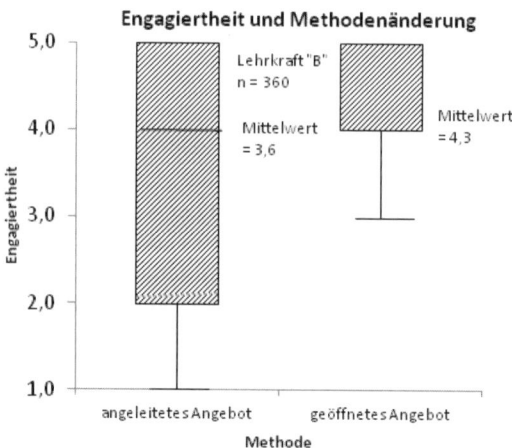

**Abb. 3:** Zusammenhang zwischen der Änderung der Methode und der Engagiertheit

# 6. Fazit

Die Ergebnisse der Untersuchung zeigen, dass bei geöffneten Experimentier-angeboten die Engagiertheit der Kinder signifikant höher war als bei angeleiteten Angeboten und dass durch die Öffnung des Angebots auf organisatorischer, methodischer und inhaltlicher Ebene eine größere Engagiertheit bei den Kindern erreicht werden konnte. In weiteren Studien wird zu untersuchen sein, inwiefern ein direkter Zusammenhang zwischen der Engagiertheit und der Kompetenzentwicklung bei den Kindern hergestellt werden kann. Darüber hinaus konnten bei den Lehrkräften unabhängig von der Wahl der Methode individuelle Unterschiede im Hinblick auf die bei den betreuten Kindern beobachteten Engagiertheitsgrade festgestellt werden. In einer Anschlussstudie soll untersucht werden, ob Merkmale für diese Unterschiede gefunden werden können.

## Literatur

Bortz, J.; Döring, N. (2006): Forschungsmethoden und Evaluation für Human- und Sozialwissenschaftler. Berlin, Heidelberg (4. Aufl.).

Bohl, T.; Kucharz, D. (2010): Offener Unterricht heute. Konzeptionelle und didaktische Weiterentwicklung. Weinheim und Basel.

Cohen J. (1969): Statistical power analysis for the behavioural sciences. New York, London.

Deci, E.L.; Ryan, R.M. (1993): Die Selbstbestimmungstheorie der Motivation und ihre Bedeutung für die Pädagogik. In: Zeitschrift für Pädagogik, H. 39, S. 223-238.

Jürgens, E. (2009): Die „neue" Reformbewegung und die Bewegung Offener Unterricht. Theorie, Praxis und Forschungslage. Sankt Augustin (7. Aufl.).

Köster, H. (2006): Freies Explorieren und Experimentieren. Eine Untersuchung zum selbstbestimmten Erfahrungsgewinn mit physikalischen Phänomenen im Sachunterricht. Berlin.

Köster, H.; Waldenmaier, C.; Schiemann, N. (2011): Zur Engagiertheit von Kindern im naturwissenschaftsbezogenen Grundschulunterricht. In: PhyDid B – Didaktik der Physik – Beiträge zur DPG-Frühjahrstagung.
URL: http://www.phydid.de/index.php/phydid-b/article/view/319/433 [07. 10. 2012].

Lück, G. (2005):. Animismus und Storytelling – Nicht nur unterhaltsames Beiwerk bei der Vermittlung naturwissenschaftlicher Inhalte und Deutungen. In: Lück, G.; Köster, H. (Hrsg.): Physik und Chemie im Sachunterricht. Braunschweig, Bad Heilbrunn.

Laevers, F. (Hrsg.) (1997): Die Leuvener Engagiertheits-Skala für Kinder, Handbuch. LES-K. Erkelenz.

Leonhart, R. (2004): Effektgrößenberechnung bei Interventionsstudien. In: Rehabilitation, 43, S. 241-246.

Peschel, F. (2012): Kleine konkrete Schritte. URL: http://offener-unterricht.net/ou/start-offu.php?action=rast1 [29.09.2012].

Sachser, N. (2004): Neugier, Spiel und Lernen: Verhaltensbiologische Anmerkungen zur Kindheit. In: Zeitschrift für Pädagogik, 50, 4, S. 475-486.

*Michael Haider, Marika Keck, Thomas Haider*
*und Maria Fölling-Albers*

# Analogiemodelle als didaktisches Mittel zur Unterstützung naturwissenschaftlicher Lernprozesse

*Developing mental concepts in scientific contexts can be a challenging learn-ing process. On the one hand the issues can be complex; on the other hand the causes behind visible phenomena often cannot be illustrated by using simple schemes. One possibility to support scientific learning and basic un-derstanding is the use of illustrative analog models. This report presents a study funded by the German Research Foundation (DFG). The aim of the study is to look whether analogies support the understanding of electric cir-cuits and reduce primary school students' idea of current drain. Qualitative and quantitative data are collected at several times in order to evaluate learning processes and learning effects.*

Naturwissenschaftliche Grundbildung ist ein zentraler Auftrag an den Unter-richt in der Grundschule. Diese umfasst zum einen verschiedene fachliche Kompetenzen und Wissensarten, aber auch überfachliche Kompetenzen und affektive Komponenten. Dieses (international anerkannte) Konzept der „scientific literacy" wird in den letzten Jahren verstärkt auch in die Lehrpläne der Bundesländer aufgenommen (vgl. Labudde/ Möller 2012). Beim Aufbau naturwissenschaftlicher Kompetenzen und Konzepte im schulischen Unter-richt ist allerdings zu bedenken, dass vorangegangene Alltagserfahrungen den wissenschaftlichen Konzepten widersprechen können. Deshalb gilt es, die Vorerfahrungen und Alltagsvorstellungen der Schüler/innen zum Aus-gangspunkt des Unterrichts zu machen und diese mit den wissenschaftlichen Konzepten zu verknüpfen.

# 1. Lernprozesse in naturwissenschaftlichen Disziplinen

Lernprozesse in naturwissenschaftlichen Disziplinen erfordern von den Schüler/innen sehr häufig die Aufgabe ihrer bisherigen Vorstellungen darüber, wie etwas funktioniert oder warum bestimmte Dinge sich so „verhalten" – z.b. schwere Gegenstände nicht untergehen. Alltagskonzepte der Schüler/innen und wissenschaftliche Konzepte sind oftmals nicht nur unterschiedlich, sondern sie stehen nicht selten sogar in Widerspruch zueinander. Die Schwierigkeit bei der Überwindung bisheriger Konzepte ist aus verschiedenen Gründen oftmals sehr schwierig, zum einen, weil sich diese Konzepte und Vorstellungen im Alltag bewährt haben, zum anderen, weil die wissenschaftlichen Konzepte nicht anschaulich darstellbar sind. Die Veränderungen bisheriger Erklärungen und Vorstellungen wird in der Naturwissenschaftsdidaktik seit einigen Jahrzehnten als Konzeptwechsel („conceptual change") beschrieben – wobei der Terminus unscharf ist und Konzeptveränderungen unterschiedliche Prozesse und Abstufungen enthalten können (vgl. dazu u.a. Duit 1996).

Eine zentrale Komponente für den Aufbau naturwissenschaftlicher Konzepte stellt die Modellierung dar: Bei den wahrnehmbaren (Alltags-)Phänomenen müssen die zugrunde liegenden Strukturen erkannt und ihre Zusammenhänge erfasst werden. Um dies zu unterstützen, bedarf es verschiedener didaktischer Maßnahmen. Die KMK (2004) formulierte für die Unterstützung naturwissenschaftlicher Erkenntnisse verschiedene Aufgaben, die im Unterricht berücksichtigt werden sollten. Demnach sind Phänomene zunächst wahrzunehmen, zu beobachten und zu beschreiben. In einem weiteren Schritt sind diese dann zu ordnen und in Beziehung zu setzen. Im Anschluss daran können eigene Erklärungen und Hypothesen formuliert werden, die durch Experimente und Auswertungen zu prüfen sind. Modellierung findet im Ansatz der KMK durch Idealisierung, Abstrahieren, Theoriebildung und Transferierung Berücksichtigung.

Modellbildung geschieht in diesem Prozess gleichwohl nicht automatisch. Neben den Bedingungen für einen Konzeptwechsel, wie sie Posner et al. (1982) formulierten (Unzufriedenheit mit den bisherigen Konzepten, Verständlichkeit des neuen Konzepts, Überzeugung, Glaubwürdigkeit und Fruchtbarkeit des neuen Konzepts), müssen bestimmte Abläufe durchlaufen werden (Vorwissen aktivieren, Vorwissen nutzen, um den neuen Informationen einen Sinn zu geben, Vorwissen weiterentwickeln, das neue Wissen „erproben", das neue und das alte Wissen vergleichen, das neue Wissen bewerten – vgl. Widodo 2004).

Da bei der Modellbildung von der konkreten Wahrnehmungsebene abstrahiert werden muss, fällt es Schüler/innen oftmals schwer, den Transfer von der konkreten Wahrnehmungsebene auf die abstrakte Meta-Ebene zu vollziehen. Hinzu kommt, dass in der Alltagssprache bei naturwissenschaftlichen Phänomenen vielfach Termini verwendet werden, die aus fachwissenschaftlicher Sicht falsch sind und deshalb den Aufbau korrekter naturwissenschaftlicher Konzepte z.T. erheblich erschweren, so etwa der Begriff „Stromverbrauch".

Es stellt sich die Frage, ob und inwiefern Analogiemodelle dazu beitragen können, Modellierungsprozesse für den Aufbau angemessener naturwissenschaftlicher Konzepte zu unterstützen.

## 1.1 Beispiel elektrischer Strom

Am Beispiel „elektrischer Strom" (ein im Sachunterricht der Grundschule fest verankertes Thema) soll nachfolgend das Problem des Aufbaus eines angemessenen naturwissenschaftlichen Konzepts aufgezeigt werden. Die Lernschwierigkeiten, die sich in der Grundschule zeigen und sich häufig über die Sekundarstufe hinaus erstrecken, liegen vor allem in dem abstrakten Lerngegenstand begründet. Zudem sind Objekte des Mikrokosmos (z.B. Elektronen) nicht sichtbar, es gibt keine realen Anschauungsobjekte: Elektronen und Elektronenfluss bleiben – abgesehen von Wirkungen – unsichtbar.

Zum Thema „Strom" haben Schüler/innen im Alltag in der Regel bestimmte Vorstellungen aufgebaut, z.B. wie im Wohnzimmer der Strom zur Stehlampe kommt. Bei den meisten Schüler/innen der Primarstufe (aber nicht nur dort) ist beim Stromkreis eine „Einwegzuführungsvorstellung" bzw. eine „Zweiwegezuführungsvorstellung" feststellbar (vgl. Wiesner 1995): Bei der „Einwegverbrauchsvorstellung" gehen die Kinder davon aus, dass nur ein Draht nötig ist, um ein Lämpchen mit Hilfe einer Batterie zum Leuchten zu bringen. Durch diesen Draht fließt der Strom zum Lämpchen und wird dort verbraucht. Dieses Konzept wird relativ leicht zugunsten der Zweiwegezuführung aufgegeben, wenn beim Erproben erkannt wird, dass das Lämpchen nur leuchtet, wenn zwei Drähte an der Batterie und am Lämpchen angeschlossen sind. Bei der „Zweiwegezuführungsvorstellung" gehen die Schüler davon aus, dass ein Draht nicht ausreicht, um das Lämpchen zum Leuchten zu bringen und der zweite Draht ebenfalls ein Zuführungsdraht sein muss; erst durch den zweiten Draht könne die vom Lämpchen benötigte „Menge Strom" geliefert werden. Hier existiert zum Teil auch noch die Vorstellung, dass ausgehend von Plus- und Minuspol durch die beiden Drähte unterschiedliche Stoffe zum Lämpchen fließen. Die Stoffe (ob nun einer oder zwei verschiedene) werden im Lämpchen verbraucht (vgl. Kircher 1984, 1989, 1995, Stork/ Wiesner 1981, Wiesner 1995).

Hintergrund dieser Zuführungstheorien scheint zu sein, dass Strom als etwas Substanzartiges aufgefasst wird, nicht als Prozess. Schüler/innen kennen das Problem, wenn „der Nachschub" fehlt, und sie übertragen dies auf die Situation Lämpchen. Wenn die Substanz „Strom" fehlt, kann eine angenommene „Verwandlung in Licht" nicht stattfinden (vgl. Haider 2010).

## 2. Analogiebildung im naturwissenschaftlichen Sachunterricht

In der naturwissenschaftsdidaktischen Diskussion besteht Konsens darüber, dass naturwissenschaftliche Erkenntnisse nicht direkt aus der Wissenschaft übernommen werden können. Dies wird etwa beim Modell der Didaktischen Rekonstruktion deutlich (Kattmann/ Duit/ Gropengießer/ Komorek 1997, siehe auch Labudde/ Möller 2012). Dabei werden fachliche Konzepte den Schülervorstellungen gleichberechtigt gegenübergestellt – wobei die Gegenüberstellung die Struktur und den Ablauf der Unterrichtseinheit bestimmt. In dem Modell werden Ansätze der didaktischen Analyse von Klafki (1969) mit dem Strukturmomentenmodell von Heimann/ Otto/ Schulz (1965) verknüpft. Zentrale Merkmale der Strukturierung sind: die Verringerung der Komplexität, die Identifikation des Elementaren und die Sequenzierung des Unterrichts. Wesentliche Merkmale dieses didaktischen Ansatzes können auch beim Unterricht mit Analogiemodellen zum Thema „Strom" eingesetzt werden – z.B. die Gegenüberstellung der Schülervorstellungen mit den fachlichen Konzepten, die Identifikation elementarer Konzepte (hier: strukturelle Analogien) sowie die Strukturierung des Unterrichts mit Hilfe eines systematischen Einsatzes der Analogiemodelle. Analogiemodelle können die Aufmerksamkeit auf strukturell relevante Aspekte des Lerngegenstandes fokussieren (vgl. Pea 2004).

Analogiebildung findet in sehr unterschiedlichen Bereichen statt. So spielt im Alltag die Analogiebildung eine wichtige Rolle, wenn z.B. Vergleiche hergestellt oder Analogieschlüsse gezogen werden. In der Fachwissenschaft werden Analogien zur Erkenntnisgewinnung genutzt. In der Didaktik hingegen sind sie Mittel zum Zweck – zur Vermittlung von Inhalten und zur Unterstützung von Erkenntnisprozessen. Analogien bieten bei unanschaulichen Inhalten (weil diese zu groß, zu klein, zu schnell, zu langsam etc. sind) eine Vorstellungshilfe. Sie können im Unterricht sowohl Medium, aber auch selbst

150

Lerngegenstand sein. Um tragfähige wissenschaftliche Konzepte aufzubauen oder bestehende Konzepte und Vorstellungen zu verändern, bekommen Analogien hauptsächlich als Medium eine „Brückenfunktion" (Duit/ Glynn 1992, 1995) zugeschrieben: Schüler/innen greifen auf ihr Wissen in einem sekundären Bereich zurück, um im primären Lernbereich bzw. auf den primären Lernbereich Analogieschlüsse zu ziehen (vgl. u.a. Gentner 1988, Kircher 1995, Spreckelsen 1997, Duit/ Glynn 1995, Hesse 1991). Auch Vosniadou/ Ioannides/ Dimitrakopoulou/ Papademetriou (2001) bestätigen, dass mit Hilfe von Modellen Konzeptwechsel besser gelingen.

Eine Einteilung in verschiedene Arten von Analogien kann einen Hinweis auf den Einsatz von Analogiemodellen geben. Unterschieden werden kann zwischen Analogien erster und zweiter Art. Bei Analogien erster Art (Oberflächenanalogien) gleicht der sekundäre Lernbereich dem primären Lernobjekt in der äußeren Form. Bei Analogien zweiter Art repräsentiert die Struktur des sekundären Lernbereichs die Struktur des primären Lernbereichs (Kircher 1995). Lamsfuß (1994) betont, dass Oberflächenmerkmale wichtig seien, um Analogien überhaupt zu erkennen. Die Frage, inwiefern bestimmte Merkmale von Analogiemodellen als Übereinstimmung von Oberflächenmerkmalen wahrgenommen werden, ist allerdings alles andere als trivial. Daher bleibt zu prüfen, ob und in welcher Weise bereits von Grundschüler/innen bestimmte Merkmale wahrgenommen werden, aber auch, ob und wie (unterschiedliche) Analogien für den Lernprozess genutzt werden.

Analogien müssen bestimmten Voraussetzungen genügen, um in Lernprozessen unterstützend wirken zu können und sind nicht zwingend lernförderlich. Analogien sind immer ein Lernumweg, also „Krücken auf dem Lernweg" sind (Kircher 1989, S. 48; Kircher 1995, S. 195).

Wichtig ist auch, die Grenzen der verwendeten Analogie zu thematisieren. So gilt es zu bedenken, dass in ungünstigen Fällen Lernprobleme gerade durch ihren Einsatz verursacht werden können. Vereinfachungen, die Analogiemodellen zugrunde liegen, können spätere Entwicklungsmöglichkeiten sogar einschränken oder gar verhindern.

Durch einen Wechsel zwischen Abstraktionsebenen und verschiedenen Modellen kann versucht werden, die Risiken und Grenzen einzelner Analogiemodelle zu minimieren.

Mögliche Analogiemodelle zum Stromkreis sind Wassermodelle und mechanische Modelle (vgl. Haider/ Keck/ Haider/ Fölling-Albers 2012, Keck/ Haider/ Haider/ Fölling-Albers im Druck). Beide Arten von Modellen enthalten sowohl Oberflächenmerkmale als auch strukturelle Merkmale. Die Oberflächenanalogien betreffen die „kreisförmige" Anordnung sowie die Entsprechung der einzelnen Teile beim Stromkreis und bei den Analogiemodellen. Strukturelle Analogien betreffen die Aspekte des Fließens („elektrischer Strom" – fließen von elektrischen Ladungen) sowie des Nicht-Verbraucht-Werdens.

## 3. Studie zur Nutzung von Analogien für den naturwissenschaftlichen Lernprozess am Beispiel elektrischer Strom

Um zu untersuchen, ob und inwiefern Analogiemodelle dazu beitragen können, die genannten falschen Konzepte zum elektrischen Stromkreis bei den Schüler/innen abzubauen und fachlich angemessene aufzubauen, wurde eine quasi-experimentelle Interventionsstudie durchgeführt.

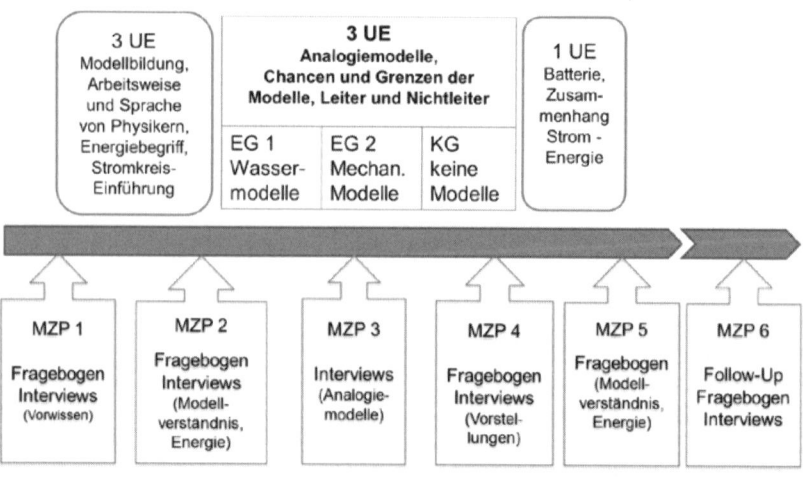

Abb. 1: Design der Studie

Es wurden an sechs Messzeitpunkten qualitative (Interviews) und quantitative Daten (Fragebögen) von Schüler/innen aus 16 Klassen der dritten Jahrgangsstufe erhoben, die den Lernprozess der Schüler bezüglich des Aufbaus eines richtigen Stromflusskonzeptes und des Abbaus einer Stromverbrauchsvorstellung abbilden sollen. Kontrolliert wurden dabei die Lehrperson (durch den Einsatz einer Lehrperson in allen Klassen), das Modellverständnis der Schüler sowie das Energieverständnis.

Die Intervention wird an anderer Stelle (vgl. Keck/ Haider/ Haider/ Fölling-Albers im Druck) beschrieben.

Die Hauptfragestellung der quantitativen Erhebungen ist, zu untersuchen, ob es Unterschiede im Lernerfolg von Schüler/innen gibt, die auf den Einsatz verschiedener Modelle zurückzuführen sind. Hier werden insbesondere der Aufbau von korrekten Flussvorstellungen, der Abbau von Verbrauchsvorstellungen zugunsten von Energieumwandlungsvorstellungen sowie der Aufbau von Modellvorstellungen im Fokus der Untersuchung stehen. Dazu werden zwei Experimentalgruppen, die jeweils mit verschiedenen Analogiemodellen arbeiten, einer Kontrollgruppe ohne Einsatz von Analogiemodellen gegenüber gestellt. Eine Wartegruppe sichert den Einfluss von Zeit und Messinstrumenten ab. Subgruppenanalysen sollen Aufschluss darüber geben, für welche Schülergruppen mit welchen Interventionsteilen die größten Erfolge oder Misserfolge zu verzeichnen sind.

Die Untersuchung der Frage, wie die Schüler die Analogiemodelle nutzen, erfolgt an ausgewählten Schülergruppen mit qualitativen Verfahren. Hier sollen Vorstellungen der Schüler bei der Arbeit mit Analogien, wahrgenommene Form und Struktur der beiden Modelltypen sowie Schwierigkeiten und möglicherweise neu entstehende Fehlkonzepte erfasst werden. Die Daten sind noch nicht ausgewertet.

## Literatur

Clement, J. (2008). The Role of Explanatory Models in Teaching for Conceptual Change. In: Vosniadou, St. (Ed.): International Handbook of Research on Conceptual Change. New York, London, pp. 417-452.

Duit, R. (1996). Lernen als Konzeptwechsel im naturwissenschaftlichen Unterricht. In: Duit, R.; Rhöneck, Chr. v. (Hrsg.): Lernen in den Naturwissenschaften. Kiel, S. 145-162.

Duit, R.; Glynn, S. (1992): Analogien und Metaphern. Brücken zum Verständnis im schülergerechten Physikunterricht. In: Häußler, P. (Hrsg.): Physikunterricht und Menschenbildung. Kiel, S. 223-250.

Duit, R.; Glynn, S. (1995): Analogien – Brücken zum Verständnis. Naturwissenschaften im Unterricht. Physik, 6, 27, S. 4-10.

Gentner, D. (1988): Analogical inference and analogical access. In: Prieditis, A.: Analogica. Los Altos, pp. 63-88.

Haider, M. (2010): Der Stellenwert von Analogien für den Erwerb naturwissenschaftlicher Erkenntnisse. Bad Heilbrunn.

Haider M.; Keck, M.; Haider, Th.; Fölling-Albers, M. (2012): Die Rolle von Modellen für die Strukturierung naturwissenschaftlicher Lernprozesse. In: Hellmich, F. (Hrsg.): Bedingungen des Lehrens und Lernens in der Grundschule. Wiesbaden, S. 217-220.

Heimann, P.; Otto, G.; Schulz, W. (1969): Unterricht, Analyse und Planung. Hannover.

Hesse, F.W. (1991): Analoges Problemlösen: eine Analyse kognitiver Prozesse beim analogen Problemlösen. Weinheim.

Jung, W. (1986): Alltagsvorstellungen und das Lernen von Physik und Chemie. Naturwissenschaften im Unterricht – Physik/Chemie, 34, 4, S. 2-6.

Kattmann, U.; Duit, R.; Gropengießer, H.; Komoreck, M. (1997): Das Modell der Didaktischen Reduktion – Ein Rahmen für naturwissenschaftsdidaktische Forschung und Entwicklung. In: Zeitschrift für Naturwissenschaften, 3, 3, S. 3-18.

Keck, M.; Haider M.; Haider, Th.; Fölling-Albers, M. (im Druck): Analogiegestützter Unterricht zum Thema elektrischer Strom. Erscheint im GDSU-Journal, 3, 2013.

Kircher, E. (1984): Analogiemodelle für den elektrischen Stromkreis. In: Der Physikunterricht, 18, 2, S. 46-60.

Kircher, E. (1989): Analogien im Physikunterricht. In: Schneider, W. (Hrsg.): Wege in der Physikdidaktik. Erlangen, S. 47-57.

Kircher, E. (1995): Analogien im Sachunterricht der Primarstufe. Sachunterricht und Mathematik in der Primarstufe, 23, 5, S. 192-197.

Klafki, W. (1969): Didaktische Analyse als Kern der Unterrichtsvorbereitung. In: Roth, H.; Blumental, A. (Hrsg.): Auswahl, Didaktische Analyse. Grundlegende Aufsätze aus der Zeitschrift Deutsche Schule. Hannover, S. 5-34.

KMK (2004): Bildungsstandards in Physik für den mittleren Schulabschluss (analog für Biologie und Chemie). Bonn.

Labudde, P.; Möller, K. (2012): Stichwort: Naturwissenschaftlicher Unterricht. In: Zeitschrift für Erziehungswissenschaften, 15, S. 11-36.

Lamsfuß, S. (1994): Misskonzepte und Analogien. Kindliche Vorstellungen über das Zusammenwirken von Kräften. Heidelberg.

Pea, R. (2004): The social and technological dimensions of scaffolding and related theoretical concepts for learning, education and human activity. In: The journal of Learning Sciences, 13, pp. 423-451.

Posner, G.J.; Strike, K.A.; Hewson, P.; Gertzog, W.A. (1982): Accomodation of a scientific conception: Toward a theory of conceptual change. In: Science Education, 66, pp. 211-227.

Spreckelsen, K. (1997): Wie Grundschulkinder physikalische Phänomene verstehen. In: Grundschule, 29, 10, S. 18-19.

Storck, E.; Wiesner, H. (1981): Schülervorstellungen zur Elektrizitätslehre und Sachunterricht. In: Sachunterricht und Mathematik in der Primarstufe, 9, S. 218-230.

Vosniadou, S.; Ioannides, C.; Dimitrakopoulou, A.; Papademetriou, E. (2001): Designing learning environments to promote conceptual change in science. In: Learning and Instruction, 11, pp. 381-419.

Widodo, A. (2004): Constructivist oriented lessons. Frankfurt am Main.

Wiesner, H. (1995): Untersuchungen zu Lernschwierigkeiten von Grundschülern in der Elektrizitätslehre. In: Sachunterricht und Mathematik in der Primarstufe, 23, 2, S. 50-58.

*Swen Linke*

## Aktuelle fachdidaktische Grundlagen und Entwicklungsperspektiven im Erkenntniskomplex Technik

*Technological proficiency will be highly significant in future-orientated so-cial and economic areas and is also of vital importance for future human evolution. New concepts of teaching technology must be developed and im-plemented in order to reach the long-term goal of providing technical educa-tion for all people as early as possible. Consequently, adopting a technologi-cal perspective both in teaching classes and in educational science must be an integral part of didactics in General Studies. It should be noted, however, that both teaching technological knowledge and applying specific technolog-ical methods only have been rarely taken into consideration when applying General Studies at school. The latter may be the cause of the absence of actual empirical based teaching models following specific theoretical guide-lines in elementary and primary education. This article addresses the role of introducing a flexible framework model in order to facilitate systematic re-search for didactics in technological studies in the context of elementary and primary education fields. In conclusion, the importance/ significance and intended purpose of implementing technical methods in elementary and pri-mary education will be discussed.*

## 1. Einführung

Der deutschen Wirtschaft droht in der nächsten Aufschwungphase ein gravie-render Fachkräftemangel. Bis zum Jahr 2014 werden rund 220000 Ingenieu-re, Naturwissenschaftler und Techniker fehlen – Tendenz steigend. Das geht aus einer Studie des arbeitgebernahen Instituts der deutschen Wirtschaft (IW) hervor (Gillmann 2009).

Insbesondere zur Stärkung des Technikunterrichts und zur begründeten Fun-dierung im Kontext der Grundschule müssen künftige Lehrkräfte während ihrer Ausbildung spezifische Inhalte und didaktische Methoden im Lernbereich Technik erfahren und langfristig für den Unterricht in Grundschulen verfügbar machen.

## 1.1 Bedeutsamkeit auf der Ebene der europäischen Politik

Aufgrund des nachgewiesenen Rückgangs der Interessen an naturwissenschaftlichen (und technischen) Unterrichtsfächern und an der Mathematik beschäftigte sich eine von der Europäischen Kommission im Jahr 2006 ins Leben gerufene „High Level Expert Group on Science Education" mit einem breiten Spektrum an laufenden Unterstützungsinitiativen (vgl. Europäische Kommission 2007). Ausnahmsloses Ziel aller analysierten Initiativen war die Stärkung der Interessen von Kindern und Jugendlichen an naturwissenschaftlichen (und technischen) Inhalten. Als Hauptursache für den Interessenrückgang stellt sich, laut Bericht dieser Expertenkommission, der in den Schulen stattfindende Unterricht heraus. Den durchgeführten Studien zufolge stimmt die Mehrheit der Pädagogen überein, dass Konzepte, die auf untersuchendem Lernen basieren, wirkungsvoller sind. Sie finden jedoch in der angewandten Schulpraxis, also im Unterricht, keine Verwendung. Die ausgemachten Initiativen zur aktiven Erneuerung der naturwissenschaftlichen und technischen Erziehung durch eben diese untersuchenden Methoden sind laut Bericht als vielversprechend anzusehen, erlangen jedoch aufgrund ihres begrenzten Umfangs keine deutlich wahrnehmbaren Auswirkungen.

## 1.2 Einordnung auf fachdidaktischer Ebene

Der „Perspektivrahmen Sachunterricht" der Gesellschaft für Didaktik des Sachunterrichts (GDSU 2002), als Beitrag zur didaktischen Professionalisierung betrachtet, macht den Anspruch an Lehrende im Sachunterricht deutlich, vor der Auswahl der Unterrichtsinhalte deren inhaltliche Bedeutung aus 5 Perspektiven zu beurteilen. Neben der sozial-/ kulturwissenschaftlichen Perspektive, der raumbezogenen Perspektive, der naturwissenschaftlichen Perspektive und der historischen Perspektive wurde gleichbedeutend die technische Perspektive etabliert. Die Notwendigkeit technischen Lernens im Sachunterricht wird unter dieser Perspektive ebenso deutlich ausgeführt, wie grundsätzliche Ziele elementarer technischer Bildung entwickelt werden. Diese aufschlussreiche Zusammenstellung stellt jedoch noch keine unmittelbare Handlungsanleitung für Lehrkräfte dar. Sie gibt auch keinen detaillierten Aufschluss darüber, welche zentralen didaktischen und unterrichtsspezifischen Elemente aus technischer Perspektive für erfolgreichen Unterricht geeignet sind und welche folglich in der Ausbildung künftiger Lehrkräfte der Grundschuldidaktik Sachunterricht eine Rolle spielen sollten.

## 2. Die Situation der technischen Elementarbildung

### 2.1 Technikdidaktik auf Primarstufenebene

Ausgehend von Situationsfeldern der Auseinandersetzung mit Technik etabliert Schulte (1991) in seinem mehrperspektivischen Ansatz zur Technikdidaktik folgende Inhaltsfelder: Arbeit und Produktion, Bauen und Wohnen, Versorgung und Entsorgung, Transport und Verkehr, Information, Kommunikation und Freizeit. Im Zuge der starken Weiterentwicklung und des anhaltenden Wandels der technischen und technologischen Konzepte müssen Kritiken zugelassen werden, die diesen Ansatz der Inhaltsfelder als unzeitgemäß benennen. Beispielgebend betrachte man die Kategorie „Information, Kommunikation und Freizeit", die die mittlerweile etablierten Konzeptionen der IKT (Informations- und Kommunikationstechnologie) mit der Kategorie Freizeit verknüpfen. Zusätzlich behindert die starke Lebensweltbezogenheit der Inhaltsfelder in der Unterrichtspraxis eine konkrete Auseinandersetzung mit technisch grundlegenden Inhalten und Prinzipien, entgegen der aktuellen Forderung nach spezifischen Lernsituationen und einer kompetenzorientierten Aufgabenkultur. Im Ergebnis verbleibt technisches Wissen, Können und Handeln im Unterricht der Grundschule auf einem allgemeinen Niveau, das im Höchstfall ein Bedienungswissen erzeugt.

Parallel dazu wurden fragmentarische Bestrebungen nach der Entwicklung didaktisch unterlegter Unterrichtsbeispiele für eine sinnvolle und zeitgemäße Auseinandersetzung mit technischen Lerngegenständen und -inhalten entwickelt. Diesbezüglich muss kritisch angemerkt werden, dass es derartige Entwürfe nur sehr selten bis zur Veröffentlichung bringen und umso seltener einen qualitativ hochwertigen Ansatz verfolgen (Zolg et al. 2007). Zudem bleiben es immer Einzelbeispiele mit technischem Bildungsanspruch ohne einen konzeptionellen Gesamtzusammenhang.

Schlüssige Gesamtkonzepte der Technikdidaktik haben sich schulstufenspezifisch erst ab der Sekundarstufe – nicht aber für die Elementar- oder Primarstufe – etabliert (Schmayl 2010, Hüttner 2010). Andere Konzepte (Bareis 1994) sind aufgrund des eingangs beschriebenen, rasanten gesellschaftlichen und technischen Wandels im Sachunterricht nicht mehr einsetzbar. Der diese Konzeptionen dominierende, nicht mehr zeitgemäße Werkenbegriff und die fehlende Berücksichtigung gewandelter Anforderungen an die Elementar- und Primarstufe sind die primären Ursachen dafür.

## 2.2 Curriculare Verankerung

Technische Bildungsinhalte sind in den einzelnen Bundesländern sehr unterschiedlich in den Bildungsplänen verankert. Das betrifft sowohl die inhaltliche Berücksichtigung und Themenauswahl als auch den didaktischen Anspruch der Thematisierung im Unterricht (mit dem Ziel der Kompetenzentwicklung). Lehrplananalysen offenbaren ein breites Spektrum an Repräsentationen. Die Varianz reicht von keinen Angaben zu technischen Inhalten und Kompetenzen im Fachlehrplan Sachunterricht (Kultusministerium Sachsen-Anhalt 2009) bis hin zu umfangreichen, kompetenzorientierten Anforderungen technischer Erkenntnis (Niedersächsisches Kultusministerium 2010):

- elementare Formen technischen Handelns ausführen
- technische Handlungszusammenhänge verstehen
- Bedingungszusammenhänge zwischen Naturwissenschaft und Technik
  erfahren
- technische Problemstellungen lösen
- Bauanleitungen verstehen/ umsetzen
- montieren/ demontieren → Funktionsweise
- zeichnerisch darstellen
- Funktionsweisen erkunden/ nutzen


## 2.3 Fachwissenschaftliches und fachdidaktisches Wissen der Lehrkräfte

Eine repräsentative Untersuchung zur Situation der technischen Bildung der Lehrkräfte im Sachunterricht von Nordrhein-Westfalen (Möller et al. 1996) erbrachte folgende Ergebnisse: Weniger als die Hälfte aller Grundschullehrkräfte bieten technische Themen im Sachunterricht an. 80 Prozent der Lehrenden kamen im Zuge ihrer Ausbildung gar nicht oder nur geringfügig mit technischen Themen in Kontakt. Die Hälfte aller Lehrkräfte besitzt kein oder nur geringes praktisches Technikinteresse. Nur jede 4. Lehrperson fühlt sich kompetent genug, um technikbezogenen Sachunterricht durchzuführen. Dem gegenüber halten zwei Drittel der Lehrenden das Erlernen technikbezogener Inhalte für wichtig oder besonders wichtig. 27 Prozent der Lehrkräfte wünschen sich ein verbessertes Aus- und Fortbildungsangebot und eine verbesserte Ausstattung an den Schulen.

Eine breit angelegte Klassenbuchanalyse (Strunk et al. 1998) von 6062 Sachunterrichtsstunden ergab zudem: Die Unterrichtspraxis ist dominiert von einem heimatkundlich geprägten Sachunterricht. Physikalische oder chemische Inhalte, die in engem Zusammenhang mit technischen Inhalten stehen, spielen kaum eine oder keine Rolle. Technikspezifische Inhalte wurden nicht ausgemacht. Eine nachfolgende Studie des Netzwerks Wissenschaftliche

Weiterbildung für Lehrkräfte (NWWL) zum gleichen Sachverhalt bestätigt diese Untersuchungsergebnisse (BLK 2005).

## 3. Zwei-Ebenen-Modell der technischen Bildung

Die Entwicklung und Erprobung eines tragfähigen Rahmenmodells zur zielgerichteten und praxiswirksamen Grundlagenforschung im Bereich der technischen Elementarbildung soll aus den zusammengetragenen Gründen (s.o.) das gebündelte Ziel meiner Forschungsvorhaben in diesem Kontext sein. Eine erste spezifische Umsetzung innerhalb des folgenden Rahmenmodells wird das eigene Promotionsvorhaben an der Erziehungswissenschaftlichen Fakultät der Universität Leipzig darstellen. Die Ansprüche an dieses Rahmenmodell sind vielgestaltig. Sowohl aktuelle gesellschaftliche Veränderungen als auch neue technische und naturwissenschaftliche Entwicklungen sollen Berücksichtigung finden. Um künftig technische Handlungsfähigkeit unter den Adressaten sicher zu stellen, sollen kompetenzbasierte Konzepte angewandt und eine tatsächliche Balance zwischen Lebensweltbezogenheit und technischem Grundwissen hergestellt werden. Im Sinne einer ertragreichen Umsetzbarkeit für die Praxis werden anerkannte Qualitätskriterien „guten Unterrichts" bestimmend sein. Zentrale Inhaltsfelder sollen den Prinzipien des exemplarischen Lernens und der Vielperspektivität mit möglichst weitreichendem Vernetzungspotential folgen.

### 3.1 Dimension „primarstufenrelevante Perspektiven der Technik"
Unter der Dimension der Technikspezifik habe ich auf der Basis einer explorativen Vorerhebung (Methodenkombination aus Unterrichtsanalysen und Literaturrecherche) sieben grundlegende Perspektiven zusammengefasst:

**Tabelle 1:** Erste Ebene - Technikspezifische Inhaltsbereiche

| Perspektive | grundschulrelevante Inhaltsbereiche |
|---|---|
| Elektrotechnik | Leiter/ Nichtleiter, Halbleiter, Magnetfelder, elektronische Bauelemente, (Grund-) Schaltungen |
| Bautechnik | stabile Konstruktionen, Formen und Profile, (Verbund-) Bauweisen |
| Optik | Farben, Lichtwellen, Spiegelungen, Brechungen |

| Informations- und Kommunikations-technik (IKT) | Zahlsysteme (z.b. Dualzahlen), Möglichkeiten der Datenübertragung, Kodierungsverfahren, Rechenmaschinen, Drucktechniken für Printmedien, statische Bildgewinnungsverfahren (Fotografie), dynamische Bildgewinnungsverfahren (Filmen) |
|---|---|
| Transporttechnik | Gleiten und Rollen (Reibungen), Fahren, Fliegen und Schwimmen, Fließbänder, Kräne, Fahrzeuge und Fahrzeugtechnik |
| Energietechnik | Energieformen, Energiespeicher, Energieübertragung, Energieumwandlung, Energieschutz und Ökologie |
| Mechanik | Hebel, Rollen und Seilzüge, geneigte Ebenen, Fliehkräfte, Kraftübertragungen, Formen und Passungen, Reibungskräfte |

## 3.2 Dimension „fachübergreifende Qualitätsmerkmale von Unterricht"

Zur Strukturierung der zweiten Dimension, der Qualität von Unterricht, die die didaktischen und unterrichtspraktischen Kriterien repräsentiert, ziehe ich das von Helmke entwickelte Angebots-/ Nutzungsmodell der Unterrichtswirksamkeit (Helmke 2007) heran. Die diesem Modell zugrundeliegenden Kategorien zur Diagnose und Bewertung von Unterrichtqualität berücksichtigen insbesondere die individuellen Voraussetzungen der Lernenden, die institutionellen Rahmenbedingungen des Unterrichts, das Professionswissen der Lehrperson, das Unterrichtsangebot, die Lernaktivitäten unter der Prämisse der eigentlichen Nutzung des Lernangebotes und die Erfassung der tatsächlichen Wirkungen bzw. Lernerträge.

## 3.3 Forschungsschwerpunkte technischer Elementarbildung

Die Forschungsschwerpunkte der technischen Elementarbildung entstehen als Resultate in der Matrix durch crosslinking der beiden eingeführten Ebenen, den primarstufenrelevanten Perspektiven der Technikdidaktik und den fachübergreifenden Qualitätsbereichen von Unterricht (vgl. Abb. 1).

Dieses Rahmenmodell soll einen systematischen Gesamtentwurf mit Konzeptcharakter repräsentieren. Der Versuch einer konzeptionellen Einordnung und zielgerichteten Erforschung durch netzwerkbasierte Einzelprojekte soll im Sinne einer Vervollständigung des Gesamtmodells unternommen werden (Defragmentierungsfunktion). Zusätzlich bestünde die Möglichkeit eines Austausches (mehrmalige Anwendung) aufwendig entwickelter, evaluierter Forschungsinstrumentarien innerhalb vergleichbarer Segmente. Wissenschaftlich anerkannte Bezugsmodelle sollen den einheitlichen Bezugsrahmen bilden und als gesicherte theoretische Fundierung dienen. Aufgrund des konzeptionellen Designs soll systematischer und empirisch fundierter Ergebnistransfer zur direkten Unterstützung pädagogischer Anwendungen ermöglicht werden, beispielsweise bezüglich der Entwicklung von Unterrichtseinheiten, der inhaltlichen Gestaltung von Aus- und Fortbildungsveranstaltungen für Lehrkräfte, der Entwicklung von Konzepten für außerschulische (regionale) Lernorte, der bedarfsgerechten Ausstattung von Bildungseinrichtungen, der Beurteilung der Qualität von realen Lernprozessen und deren Wirkungen.

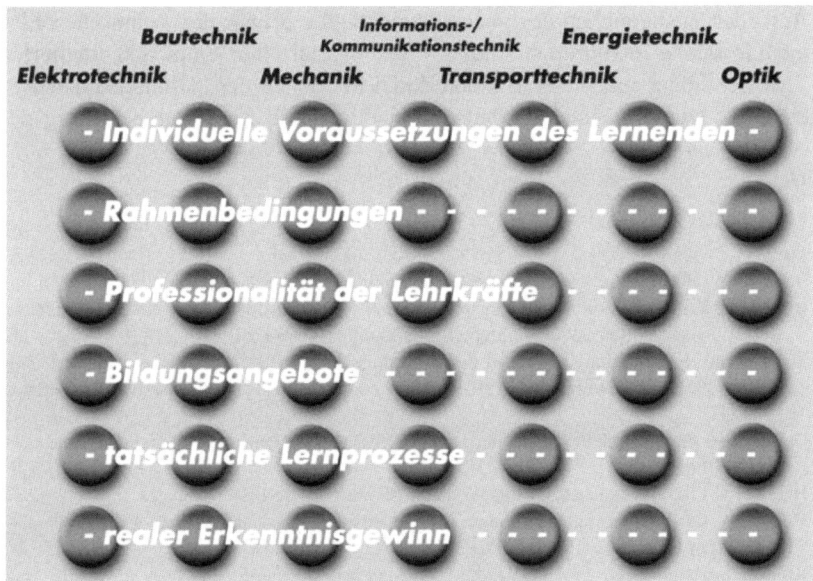

**Abbildung 1:** Die Forschungsfelder technischer Elementarbildung

# 4. Fazit und Ausblick

Mit dem Ziel der Etablierung einer zeitgemäßen und gesellschaftlich relevanten technischen Bildung für die Primarstufe wurde ein flexibles Rahmenmodell entwickelt, das relevante technische Inhaltsbereiche und Qualitätskriterien „guten Unterrichts" als fundamentale Grundlage miteinander vereinen soll. Das Modell will die zielgerichtete Beforschung des ausgemachten Bereichs im Rahmen eines Netzwerkes ermöglichen. Durch die damit angestrebte, realisierbare Chance des Transfers von Einzelergebnissen bei gleichzeitiger Zusammenführung der Einzelstudien in einem Gesamtrahmen sollen die gewonnenen Ergebnisse sinnvoll interpretierbar und für den Gesamtzusammenhang Unterricht besser anwendbar werden. Motiviert durch die Tatsache der verdichteten Defizite in der Lehrkräfteprofessionalisierung im Bereich der Technikdidaktik auf Primarstufenniveau sollen im Rahmen meines Promotionsvorhabens ausgewählte primarstufenrelevante Inhaltbereiche der Technikdidaktik genauer untersucht werden. Die zentrale Forschungsfragestellung lautet: „Wie begegnen Studierende des Lehramts an Grundschulen Anforderungsbereichen des Sachunterrichts, die primär der technischen Elementarbildung zuzuordnen sind?" Mit dem Ziel einer empirisch fundierten Theoriebildung soll dieser Bereich durch Methoden der „Grounded Theory" erforscht werden. Erste Ergebnisse der Pilotstudie werden gegenwärtig der Analyse unterzogen.

## Literatur

Bareis, A. (1994): Werken: Praxis in der Grundschule. Donauwörth.

Bund-Länder-Kommission für Bildungsplanung und Forschungsförderung (BLK) (2005): Netzwerk Wissenschaftliche Weiterbildung für Lehrkräfte (NWWL). Bonn.

Europäische Kommission – Generaldirektion Forschung (2007): Gemeinschaftsforschung: Naturwissenschaftliche Erziehung JETZT: Eine erneuerte Pädagogik für die Zukunft Europas. Brüssel.

Gesellschaft für Didaktik des Sachunterrichts (GDSU) (2002): Perspektivrahmen Sachunterricht. Bad Heilbrunn.

Helmke, A. (2007): Unterrichtsqualität erfassen – bewerten – verbessern. Seelze.

Hüttner, A. (2010): Technik unterrichten – Methoden und Unterrichtsverfahren im Technikunterricht. Haan-Gruiten.

Kultusministerium Sachsen-Anhalt (2009): Fachlehrplan Sachunterricht Sachsen-Anhalt. Magdeburg.

Möller, K Tenberge, C.; Ziemann, U.. (1996): Technische Bildung im Sachunterricht – Eine quantitative Studie zur Ist-Situation an nordrhein-westfälischen Grundschulen. Münster.

Niedersächsisches Kultusministerium (2010): Kerncurriculum für die Grundschule Sachunterricht Niedersachsen. Hannover.

Gillmann, B. (2009): Ingenieurmangel wird noch dramatischer. Düsseldorf (Handelsblatt-Online). URL: http://www.handelsblatt.com [13.12.2010].

Schmayl, W. (2010): Didaktik Allgemeinbildenden Technikunterrichts. Baltmannsweiler.

Schulte, H.; Wolfgramm, H.; Hartmann, E.; Hein, C.; Höpken, G. (1991): Allgemeine technische Bildung – Technikunterricht. Stuttgart.

Strunk, U.; Lück, G.; Demuth, R. (1998): Der naturwissenschaftliche Sachunterricht in Lehrplänen – Unterrichtsmaterialien und Schulpraxis. Eine quantitative Analyse in den letzten 25 Jahren. In: Zeitschrift für Didaktik der Naturwissenschaften, 4, 1, S. 69-80.

Zolg, M.; Wodzinski, R.; Wöhrmann, H. (2007): Brücken – Türme – Häuser. Statisch konstruktives Bauen in der Grundschule. Kassel.

*Andrea Becher und Eva Gläser*

# Historisches Lernen aus empirischer Sicht – Desiderata und aktuelle Ergebnisse

*Empirical researches are very rare in the didactics of history. This also includes the still very limited empirical research of historical learning in primary schools and thus relates to the didactics of social science. At first, the following text is an outline. Moreover, our investigations deal with the kind of changes and effects of different theories about gathering knowledge and cognitive development in the past and partly in the present time. What can only be done with restrictions are debates about competence oriented historical learning in primary schools without empirical evidence. However, necessary are empirical studies about the question whether children in elementary and primary schools have competences of historical learning, if at all. Thus models of competence structure may be developed on a rational basis. Our own studies, introduced in this text, embedded in this context give evidence of children at the end of elementary school and the beginning of primary school as having different points of view of sources.*

Vor wenigen Jahren diagnostizierte Hilke Günther-Arndt ein Desiderat hinsichtlich empirischer Forschung in der Geschichtsdidaktik (2006, S. 7). Diese kritische Aussage schließt auch die noch immer sehr begrenzte empirische Forschung zum historischen Lernen in der Grundschule mit ein und lässt sich somit auch auf die Sachunterrichtsdidaktik beziehen.

Der folgende Beitrag beginnt mit einem Einblick in die empirische Forschung der Geschichtsdidaktik und zeigt auf, welche Veränderungen und Auswirkungen unterschiedliche Theorien zum Wissenserwerb bzw. zur kognitiven Entwicklung hierbei hatten und zum Teil noch haben. Daran anschließend wird die aktuelle Debatte zum kompetenzorientierten historischen Lernen – explizit die Primarstufe berücksichtigend – thematisiert. Die aktuelle Debatte zum kompetenzorientierten Lernen im Sachunterricht, die unter anderem auch zum historischen Lernen geführt wird, kann ohne empirische

Belege nur bedingt geführt werden. Empirische Studien darüber, ob und über welche Kompetenzen Kinder im Elementar- und Primarbereich zum historischen Lernen verfügen, sind notwendig, um Kompetenzstrukturmodelle überzeugend zu entwickeln. Die in diesem Beitrag vorgestellte eigene Studie, in der Kinder im Elementar- als auch im Primarbereich untersucht wurden, ist in diesen Kontext eingebunden.

## 1. Empirische Forschung zur Geschichtsdidaktik

Der Psychologe Kurt Sonntag führte bereits in der Weimarer Zeit eine Studie zum „geschichtlichen Bewusstsein von Schülern" durch, die für die Entwicklung der Unterrichtsforschung zum Fach Geschichte bedeutsam war (vgl. Sonntag 1932). Er entwickelte ein Verlaufsmodell zur Entfaltung von Geschichtsbewusstsein, das sich von der Stufe der Kindheit (bis 12 Jahre), der Pubertät (bis 14 Jahre), der Reifezeit (bis 18 Jahre) bis zur Adoleszenz im Sinne der Reifungstheorie erstreckt. In den 1950er Jahren knüpfte Heinrich Roth (1955) an diese Vorstellungen der Entwicklung an. Auch er versuchte das kindliche Verhältnis zur Geschichte zu klären. Er entwarf im theoretischen Kontext der Stadientheorie Piagets ein Stufenmodell der Zuwendung zur Geschichte, demzufolge „sich das Verhältnis zur Vergangenheit von {…} märchenhaft-magischen ‚Anmutungserlebnissen' (Märchenalter)" über ein „Sagen- und Abenteuergeschichtenalter" (Robinsonalter) gefolgt von einem „Verstehen-Wollen der Motive ab dem 12. Lebensjahr (Geschichtsalter) bis hin zu einem reflektierten Verhältnis zur Geschichte ab dem 15. Lebensjahr (Geschichts- und Politikalter)" (Beilner 2003, S. 287) entwickeln würde. Roth ging zudem von einer „Verfrühung" historischen Lernens in der Primarstufe aus und folgerte daraus, Geschichte in der Grundschule vor allem durch erlebnis- und ergebnisbetonte Lehrererzählungen zu vermitteln. Die sowohl von Sonntag als auch Roth zugrundegelegte theoretische Basis der „Vorstellung eines organischen Reifungsprozesses von Kindern und Jugendlichen, der sich in bestimmten Phasen vollziehe" (Günther-Arndt 2006, S. 8), prägte ihre Forschungsarbeiten nachhaltig und dominierte innerhalb geschichtsdidaktischer Diskurse bis in die 1970er Jahre hinein. Nachdem neue Begabungs- und Lerntheorien das reifungstheoretische Entwicklungsmodell erschütterten, folgte zunächst eine Verunsicherung in der Geschichtsdidaktik, die jedoch nicht als Chance für die Generierung neuer Forschungsrichtungen bzw. eines empirischen Schubs in den 1970er und 1980er Jahren genutzt wurde. Dies wandelte sich erst in den 1990ern, als die bereits von Sonntag und Roth angestoßene Debatte des Erlangens und Entwickelns eines Geschichtsbewusstseins durch Geschichtsunterricht wieder verstärkt in den Fokus der Diskussion historischer Lehr-Lernprozesse rückte. Die in diesem Kontext stehende Entwicklung verschiedener theoriebasierter Modelle des Geschichtsbewusstseins Ende der 1980er Jahre schaffte eine Ausgangsbasis zahlreicher empirischer geschichtsdidaktischer Studien in den 1990er Jahren (vgl. u.a. Jeismann 1988, Pandel 1987, von Borries 1990).

## 2. Forschungsarbeiten zum Geschichtsbewusstsein

Einen starken Einfluss auf die Diskussion und Entwicklung didaktisch-methodischer Konzepte zum historischen Lernen in der Grundschule hatte die Rezeption der „weithin akzeptierten Theorie {...} Hans-Jürgen Pandel{s}" (von Reeken 2011, S. 8). Pandel unterscheidet sieben Dimensionen des Geschichtsbewusstseins – drei Basisdimensionen der Geschichtlichkeit (Temporal-, Wirklichkeits-, Historizitätsbewusstsein) sowie vier Dimensionen der Gesellschaftlichkeit (politisches, ökonomisch-soziales, moralisches und Identitätsbewusstseins). Sein mentales Modell wurde als theoretische Grundlegung von empirischen Untersuchungen in den 1990er Jahren häufig verwendet, von denen im Folgenden exemplarisch drei für den Primarbereich skizziert werden: (1) In einer qualitativen Studie führte Renate El Darwich (1991) Ende der 1980er/ Anfang der 1990er Jahre Interviews mit Kindern im Alter von fünf bis 14 Jahren durch (n=18) und „versuchte, die Pandelschen Dimensionen des Geschichtsbewusstseins durch entsprechende Fragestellungen, z.T. unterstützt durch Bilder {...} nachzuzeichnen und mit Inhalt zu füllen" (von Reeken 2011, S. 17). Ihre Erkenntnisse verweisen darauf, dass sich „mit zunehmendem Lebensalter auch eine zunehmende Ausdehnung und Differenzierung des Geschichtsbewusstseins entwickelt, vor allem, was das Historizitätsbewusstsein angeht" (ebd.). (2) Helmut Beilner (2004) und Martina Langer-Plän (2004) führten in den 1990er Jahren mehrere kleine empirische Studien zum Geschichtsbewusstsein durch. So befragten sie rund 80 zehnjährige Grundschulabgänger in Bayern zu ihrem Geschichtsbegriff und -verständnis. Sie fanden heraus, dass diese schon über grundlegende Einsichten bzw. Konturierungen der Dimensionen der Geschichtlichkeit verfügen (vgl. von Reeken 2011, S. 17). (3) Theoretisch angelehnt an die Studien von Beilner, Langer-Plän und El Darwich verfolgte Pape mit ihrer Ende der 1990er Jahre gestarteten und erst 2008 veröffentlichten Studie das Ziel, die Ausprägungen der Geschichtlichkeit bei Grundschulkindern näher zu bestimmen. Sie generierte hierfür ein sehr umfangreiches Erhebungsdesign, das sie 1999 und 2000 an zwei niedersächsischen Grundschulen anwandte. Trotz der umfangreichen Dokumentationen in dieser Studie kann nicht genau nachvollzogen werden, „welcher Untersuchungsgegenstand (z.b. Komponente von Geschichtsbewusstsein) mit welcher Erhebungsmethodik getestet wird" (Sothmann 2011, S. 31ff.). Pape untersuchte lediglich die drei Basisdimensionen der Geschichtlichkeit und bestätigte die Erkenntnisse der Vorgängerstudien, indem sie aus ihren Daten schlussfolgert(e), dass Kinder der ersten bis vierten Klassenstufe bereits über einen breiten „Inhaltsbereich zu historischen Interessen und Vorstellungen, zu zeitlichen Verknüpfungsleistungen, zu Wissensquellen und -inhalten sowie zur sprachlichen Repräsentation von Geschichtsbewusstsein" (Pape 2008, S. 1f.) verfügen.

Zudem orientierten sich alle drei hier skizzierten Untersuchungen sehr eng an der Stufentheorie Piagets, was damit begründet werden kann, dass dies den Erkenntnissen der neunziger Jahre zu Lehr-Lerntheorien in der Zeit geschuldet ist. Doch auch in der aktuellen Diskussion zur Entwicklung des kindlichen Geschichtsbewusstseins wird, trotz veränderter Sicht auf kindliche Lernprozesse, immer noch an entwicklungspsychologischen Stufentheorien als Erklärungsmuster festgehalten. So zieht beispielsweise Kübler (2007, S. 343) diese neben dem gegenwärtig konsensual diskutierten Konzept des domänen- bzw. bereichsspezifischen Wissens ebenfalls als mögliche Erklärungsmodelle heran. Dies, obwohl es sich bei dem Konzept des bereichsspezifischen Wissens um die aktuell in der Entwicklungspsychologie und in den einzelnen Fachdidaktiken breit rezipierte Annahme handelt, dass nicht mehr von altersbezogenen und domänenübergreifenden Stadien der Entwicklung bzw. von alterstypischen Defiziten auszugehen ist, sondern vielmehr davon, dass „Kinder mehr oder weniger brauchbare ‚naive' Theorien über Wissensbereiche (domains)" (Krieger 2001, S. 46f.) haben, was den Blick – auch den geschichtsdidaktischen – auf die kindlichen Lernvoraussetzungen lenkt bzw. lenken sollte.

## 3. Kompetenzorientierung – auch in der Primarstufe

Die veränderte Sicht auf Wissenserwerb, insbesondere die Domänenspezifik, kennzeichnet auch die Debatte zu Kompetenzorientierung und Bildungsstandards in einzelnen Fachdidaktiken. Bildungsstandards benennen „präzise, verständlich und fokussiert die wesentlichen Ziele der pädagogischen Arbeit, ausgedrückt als erwünschte Lernergebnisse" (Klieme u.a. 2007, S. 9). Formuliert werden diese in Kompetenzen, die „in hohem Maße domänenspezifisch {sind}" (a.a.O., S. 75) und in fachbezogenen Kompetenzmodellen angeordnet werden – mit dem Ziel, „Grunddimensionen der Lernentwicklung in einem Gegenstandsbereich {...} zu identifizieren" (a.a.O., S. 21f.). Übertragen auf das historische Lernen in der Grundschule bedeutet dies für die Geschichts- sowie Sachunterrichtsdidaktik, die Verpflichtung zur Entwicklung eines (schulformübergreifenden) Kompetenzmodells historischen Lernens. Diesbezüglich benennt die aktuelle Diskussionsfassung des Perspektivrahmen Sachunterricht die Förderung der Fähigkeit zum historischen Denken sowie die Entwicklung eines reflektierten Geschichtsbewusstseins als oberstes Ziel historischen Lernens im Sachunterricht. Dieses fokussiere nicht „den Erwerb von Faktenwissen", sondern eine „methodisch angeleitete und zunehmend systematische – gemeinsame Auseinandersetzung mit historischen Fragen, Problemen und Gegenständen, die im kindlichen Interesse sind" (GDSU 2012, S. 38f.). In ihren Ausführungen zum kompetenzorientierten historischen Lernen im Sachunterricht orientiert sich die GDSU stark am Kompetenz-Strukturmodell der FUER-Gruppe von Waltraud Schreiber und Kollegen (2006) und benennt wie die FUER-Gruppe die vier Bereiche historische Frage-, Orientierungs-, Sach- sowie Methodenkompetenz, letztere im Perspektivrahmen als Methoden-/ Medienkompetenz bezeichnet – ergänzt durch die historische Narrationskompetenz als Fähigkeit zur Bildung sinnhafter Erzählungen (beim FUER-Modell bereits in der Methodenkompetenz als De-Konstruktionskompetenz enthalten). Im Gegensatz zu Schreiber und Kollegen gehen die Autoren des Perspektivrahmens jedoch davon aus, dass in der Grundschule nicht alle vier bzw. fünf Kompetenzbereiche systematisch zu fördern seien: Der Fokus wird auf die historische Frage-, Methoden-/ Medienkompetenz sowie Narrationskompetenz gelegt, die anderen Kompetenzbereiche seien lediglich mitzudenken. Folglich wird der Schwerpunkt für das historische Lernen in der Grundschule eindeutig auf eine Förderung der Re-Konstruktion von Geschichte aus Quellen und die „Einsicht, dass {...} Erkenntnisse über die Vergangenheit nur über die Auseinandersetzung mit Quellen und Darstellungen möglich sind" (GDSU 2012, S. 40), gelegt.

## 4. Kompetenzen historischen Lernens von Kindern im Elementar- und Primarbereich

Die Debatte zum kompetenzorientierten Lernen im Sachunterricht – auch zum historischen Lernen – kann nur begründet geführt werden, wenn empirische Belege vorliegen, ob und über welche Kompetenzen Kinder im Elementar- und Primarbereich zum historischen Lernen verfügen. Darin liegt auch die Begründung bzw. das Erkenntnisinteresse für die im Folgenden vorgestellte eigene empirische Studie. Für die empirische Klärung war für jeden Kompetenzbereich historischen Denkens zunächst ein Untersuchungsdesign zu generieren, das sowohl im Kindergarten als auch in der Grundschule Anwendung finden konnte. Die Studie umfasst leitfadengestützte problemzentriert-fokussierte Einzelinterviews, die durch Impulsmaterialien thematisch strukturiert sind. Mit dem entwickelten Setting wurden bislang 105 Kinder befragt (KiGa: n=16; Klasse 1: n=28; Klasse 2: n=18; Klasse 3: n=11; Klasse 4: n=32), die zwischen fünf und zehn Jahren alt waren und sich jeweils am Übergang in die nächst höhere Klassenstufe bzw. vom Kindergarten in die Grundschule befanden (vgl. Gläser/ Becher 2011, S. 88).

Der fünfjährige Lasse, der zum Zeitpunkt des Interviews einen Kindergarten besucht, beantwortete diese Frage, die sich auf eine Abbildung bezieht, auf der Römer dargestellt sind, folgendermaßen: *„Hmmm, die sind tot."* Und er ergänzt: *„DAS SIND RÖMER. Die haben Schwerter (...) Römer und Germanen die leben zusammen."* Der Fünfjährige erkennt in der Abbildung einerseits die Historizität und er verwendet zudem Fachbegriffe *(„Römer und Germanen")*, um die Abbildung zuzuordnen. Andererseits zeigt seine Antwort auf diese Frage, mit der das Wissen von Kindern über die Möglichkeiten der Überlieferung von Vergangenheit untersucht wurde, dass er hierzu noch keine Vorstellungen benennen kann. Die eigentliche Frage bleibt unbeantwortet, auch auf erneute Nachfrage der Interviewerin. Anders dagegen fällt die Antwort der achtjährigen Anneke aus, die ein Konzept hierzu verbalisiert:

A: „Von den Leuten, die früher gelebt haben, die haben das immer weiter erzählt und die, die dann mhm das wissen, erzählen das dann den anderen Leuten auch immer weiter."

Oral history wird von ihr als eine Möglichkeit der Überlieferung konkret benannt. Judith aus einer vierten Klasse antwortet ähnlich:

J: „Vielleicht, zum Beispiel wenn da Eltern waren und da waren Kinder, die haben denen das erzählt und dann immer so weiter."

Eine andere historische Quellenart, die Sachquelle, benennt die Erstklässlerin Amelie:

A: „Weil, die ja früher gelebt haben. Und, (...) denn haben wir uns einfach mal gedacht: „Gibt's auch Römer?", und dann haben die Ex-Experten das rausgefunden, es gibt Römer. Weil es, wenn auch so Rüstungen rumliegen".

Amelie erläutert zudem die Funktion von Sachquellen für die Rekonstruktion von Geschichte. Ihre Aussage zeigt, dass ihrer Ansicht nach Sachquellen ermöglichen, Vergangenheit zu rekonstruieren. Die Bedeutung von Quellen wird somit von Amelie benannt. Auch Anne, acht Jahre, die sich zum Zeitpunkt der Befragung in einer zweiten Klasse befand, erkennt die Bedeutung von Sachquellen für die Rekonstruktion von Vergangenheit:

I: „Warum ist es dir wichtig, dass Menschen die Sachen angucken können?"

A: „So damit wir nicht einfach glauben, was die Leute uns erzählen. Und damit wir ähm, wir uns auch überzeugen können, dass es die auch wirklich gibt."

## 5. Fazit

Unsere Untersuchung zeigt, dass Kinder am Ende des Elementarbereichs und im Anfangsunterricht bereits nachweislich über unterschiedliche Sichtweisen hinsichtlich der Überlieferung von Vergangenheit verfügen. Nur wenige der interviewten Kinder haben noch keine Vorstellungen hierzu. Sie kennen bereits den Unterschied zwischen Geschichte und Geschichten und können diesen auch erläutern. Sie benennen als Spuren der Vergangenheit Zeitzeugengespräche als auch Sach-, Text- und Bildquellen, die sie verschiedenen Epochen zuordnen können. Die meisten Kinder im Anfangsunterricht benennen jedoch ausschließlich Sachquellen als reale Spuren der Vergangenheit und erklären deren Bedeutung für die Rekonstruktion von Vergangenheit. Es ist daher zu vermuten, dass diese Form der Überlieferung von Vergangenheit am bekanntesten ist. Zudem verstehen die befragten Kinder im Anfangsunterricht Sachquellen häufig als eindeutige Beweise. Die Möglichkeit der Interpretation der Sachquelle wird nicht benannt. Auch die Begriffe Steinzeit und Mittelalter („*Ritterzeit*") kennen fast alle Schülerinnen und Schüler im Anfangsunterricht als zeitliche Epochen. Auch wissen sie zum Teil bereits, dass Geschichte erforscht wird – benennen „*Wissenschaftler*", „*Experten*", „*Forscher*" – und dass die Rekonstruktion von Vergangenheit ein gedanklicher Prozess sowie ein Prozess des „*Findens*" und „*Suchens*" ist.

Historisches Denken ist somit bereits bei Kindern unter acht Jahren nachweisbar und sollte daher im Sinne eines Kompetenzentwicklungsprozesses bereits im Elementarbereich gefördert werden. Eine Auseinandersetzung lediglich mit Zeit bzw. dem Zeitbewusstsein im Anfangsunterricht – wie in vielen bundesdeutschen Sachunterrichtslehrplänen und auch Lehrmitteln angelegt (vgl. Gläser/ Becher 2012, S. 145) – bedeutet eine Unterforderung hinsichtlich des historischen Lernens.

# Literatur

Beilner, H. (2003): Empirische Forschung in der Geschichtsdidaktik. In: Geschichte in Wissenschaft und Unterricht, 5-6, S. 284-302.

Beilner, H. (2004): Empirische Erkundung zum Geschichtsbewusstsein am Ende der Grundschule. In: Schreiber, W. (Hrsg.): Erste Begegnungen mit Geschichte: Grundlagen historischen Lernens. Bd. 1. (2. erw. Aufl.). Neuried, S. 152-187.

Borries, B. v. (1990): Empirische Befunde zu Gestalt und Genese von Geschichtsbewusstsein bei Kindern und Jugendlichen. In: Hinrichs, E.; Jacobmeyer, W. (Hrsg.): Bildungsgeschichte und historisches Lernen. Frankfurt a.M., S. 119-156.

El Darwich, R. (1991): Zur Genese von Kategorien des Geschichtsbewusstseins bei Kindern im Alter von 5 bis 14 Jahren. In: Borries, B. v.; Pandel, H.-J.; Rüsen, J. (Hrsg.): Geschichtsbewusstsein empirisch. Pfaffenweiler, S. 24-52.

Gesellschaft für Didaktik des Sachunterrichts (GDSU) (2012): Perspektivrahmen Sachunterricht. Diskussionsfassung – Stand 16. Februar 2012. (Unveröffentlichtes Material.)

Gläser, E.; Becher, A. (2011): Historisches Denken und Kompetenzentwicklung im Übergang vom Elementar- zum Primarbereich. In: Kucharz, D.; Irion, Th.; Reinhoffer, B. (Hrsg.): Grundlegende Bildung ohne Brüche. Wiesbaden, S. 87-90. (Jahrbuch Grundschulforschung, Bd. 15.)

Gläser, E.; Becher, A. (2012): Kompetenzorientierung im historischen Lernen – Eine Analyse schriftlicher Lernaufgaben in Schulbüchern. In: Giest, H.; Heran-Dörr, E.; Archie, C. (Hrsg.): Lernen und Lehren im Sachunterricht. Zum Verhältnis von Konstruktion und Instruktion. Bad Heilbrunn, S. 143-150 (Probleme und Perspektiven des Sachunterrichts, Bd. 22.)

Günther-Arndt, H. (2006): Empirische Forschung in der Geschichtsdidaktik. Fragestellungen – Methoden – Erträge. In: Günther-Arndt, H.; Sauer, M. (Hrsg.): Geschichtsdidaktik empirisch. Untersuchungen zum historischen Denken und Lernen. Berlin, S. 7-28.

Jeismann, K.-E. (1988): Geschichtsbewusstsein als zentrale Kategorie der Geschichtsdidaktik. In: Schneider, G. (Hrsg.): Geschichtsbewusstsein und historisch-politisches Lernen. Pfaffenweiler, S. 1-27. (Jahrbuch für Geschichtsdidaktik, Bd. 1.)

Klieme, E.; Avenarius, H.; Blum, W.; Döbrich, P.; Gruber, H.; Prenzel, M.; Reiss, K.; Riquarts, K.; Rost, J.; Tenorth, H.-E.; Vollmer, H. (2007): Zur Entwicklung nationaler Bildungsstandards. Bundesministerium für Bildung und Forschung (BMBF) Referat Bildungsforschung: Bonn, Berlin.

Krieger, R. (2001): Mehr Möglichkeiten als Grenzen – Anmerkungen eines Psychologen. In: Bergmann, K.; Rohrbach, R. (Hrsg.): Kinder entdecken Geschichte. Theorie und Praxis historischen Lernens in der Grundschule und im frühen Geschichtsunterricht. Schwalbach/Ts., S. 32-50.

Kübler, M. (2007): Entwicklung von Zeit- und Geschichtsbewusstsein. In: Kahlert, J.; Fölling-Albers, M.; Götz, M.; Hartinger, A.; Reeken, D. v.; Wittkowske, St. (Hrsg.): Handbuch Didaktik des Sachunterrichts. Bad Heilbrunn, S. 338-343.

Langer-Plän, M. (2004): „Also, geben tut's sie schon, aber geben tut' es nicht." Überlegungen zum Realitätsbewusstsein bei Grundschulabgängern. In: Schreiber, W. (Hrsg.): Erste Begegnungen mit Geschichte: Grundlagen historischen Lernens. Bd. 1. (2. erw. Aufl.). Neuried, S. 233-251.

Pandel, H.-J. (1987): Dimensionen des Geschichtsbewusstseins – Ein Versuch, seine Struktur für Empirie und Pragmatik diskutierbar zu machen. In: Geschichtsdidaktik, 2, S. 130-142.

Pape, M. (2008): Geschichtsbewusstsein im Grundschulalter: eine empirische Studie. In: www.widerstreit-sachunterricht.de/ Ausgabe Nr. 11. URL: www.widersteit-sachunterricht.de [13.12.2012].

Reeken, D.v. (2011): Historisches Lernen im Sachunterricht: Eine Einführung mit Tipps für den Unterricht. (3. Aufl.) Baltmannsweiler.

Roth, H. (1955): Kind und Geschichte. Psychologische Voraussetzungen des Geschichtsunterrichts in der Volksschule. München.

Schreiber, W.; Körber, A.; Borries, B.v.; Krammer, R.; Leutner-Ramme, S.; Mebus, S.; Schöner, A.; Ziegler, B. (2006): Historisches Denken. Ein Kompetenz-Strukturmodell. Neuried.

Sonntag, K. (1932): Das geschichtliche Bewusstsein des Schülers. Ein Beitrag zur Bildungspsychologie. Erfurt.

Sothmann, L. (2011): Das Geschichtsbewusstsein von Grundschulkindern – Interpretation einer Forschungsarbeit. Eine Analyse im Kontext von Kompetenzen historischen Denkens. Bachelorarbeit, Universität Osnabrück. (Unveröffentlichtes Manuskript.)

*Dagmar Richter*

# Sozialwissenschaftliches Lernen im Sachunterricht – Stand und Ausblick

*In the last years, the social science perspective of General Studies in primary education has evolved positively. Nevertheless, important areas of the perspective require further development: The quality of the theoretical studies must be improved and there is a need for more empirical studies as well as increased networking in research.*

## 1. Positive Entwicklungen

Seit Gründung der GDSU hat sich der Bereich des sozialwissenschaftlichen Lernens im Sachunterricht positiv entwickelt. Hierzu haben viele Faktoren beigetragen. Hervorzuheben ist zunächst der Perspektivrahmen der GDSU (2002), der die Perspektive stärker ins Blickfeld von Lehrenden und der Bildungsadministration rückte. Die Perspektive ist mittlerweile in den Curricula der Bundesländer besser vertreten als jemals zuvor. In der Folge entstanden zahlreiche Unterrichtsmaterialien und hilfreiche Anregungen für die Unterrichtspraxis durch Themenschwerpunkte in Fachzeitschriften. Auch verwandte Fachdidaktiken wie die Politik- oder Wirtschaftsdidaktik interessieren sich heute verstärkt für „ihren" Bereich im Sachunterricht, was zumindest die fachlichen Diskussionen bereichert. Des Weiteren haben die Forschungsleistungen zur Perspektive zugenommen, wozu auch die Anregungen durch den Austausch mit anderen Perspektiven beigetragen haben, die starke empirische Forschungen betreiben. Die kompetenzorientierte Präzisierung der Perspektive im jetzt überarbeiteten Perspektivrahmen lässt darüber hinaus auf weitere positive Entwicklungen hoffen. Dennoch ist der Stand der sozialwissenschaftlichen Perspektive nicht zufriedenstellend, wenn er mit den Fortschritten beispielsweise der naturwissenschaftlichen Perspektive verglichen wird. Im Folgenden liegt der Schwerpunkt der Kritik auf dem politischen Lernen.

## 2. Fehlende Kompetenzmodelle, fehlende didaktische Konzeptionen

Konkrete Ziele des Unterrichts können ohne zugrundeliegendes Kompetenz-modell nur auf der Basis von Vermutungen formuliert werden. Es ist weitge-hend unbekannt, wie gut sich welche Kompetenzen auf welchen Klassenstu-fen fördern lassen. Bislang gibt es für die Perspektive weder ein empirisch-deskriptives Kompetenzmodell noch ein Kompetenzentwicklungsmodell. Erschwerend für die Entwicklung eines Kompetenzmodells war lange Zeit, dass auch die verwandten Disziplinen wie Politikdidaktik und Wirtschaftsdi-daktik erst ab 2004 begonnen haben, sich mit Kompetenzen zu beschäftigen (GPJE 2004, DeGöB 2006). Die Kompetenzorientierung widersprach dem Fachverständnis von Vertreter/innen der politischen Bildung. Es wurde pro-pagiert, dass politische Bildung ganz anders sei als andere Fächer, dass sich ihre Ziele nicht operationalisieren ließen und dass sich Lehren auf die Bereit-stellung anregender Lernbegleitungen zu beschränken habe (Sander 2007). Dies ist eine Folge des „politischen Kompromisses" durch den Beutelsbacher Konsens Ende der 1970er Jahre, der den angestrebten Politikunterricht auf einen „dialogischen Kommunikationsmodus" reduzierte (Weißeno 2011, S. 82). Das Fach bestand seitdem aus einem Sammelsurium aus wünschenswer-ten, aber unsystematischen Zielen und einigen didaktischen Prinzipien bzw. Orientierungen, denen eine gute Wirkung zugesprochen wurde.
Dieses Fachverständnis, das allein eine politische Perspektive auf beliebige Gegenstände beschreibt, spiegelt sich schon in den 1970er Jahren im Sachun-terricht u.a. bei Gertrud Beck wieder, die ihr Grundverständnis vom politi-schen Lernen ausgehend von gesellschaftlichen Analysen und von eigenen politischen Überzeugungen entfaltete (Richter 2006). Das Einnehmen einer politischen Perspektive, zu der auch Gesellschaftsanalysen gehören können, ist zwar wichtig für die Planung von leitenden Fragestellungen im Unterricht. Aber es ist kein Ersatz für eine Auseinandersetzung mit einem definierbaren Gegenstandsbereich, der mit Hilfe von Fachkonzepten Grundlagen für politi-sches Denken bereitstellt. Erst im Zusammenhang mit Wissen können Men-schen selbständig und aufgeklärt über Politik reflektieren und sich gegebe-nenfalls einmischen. Ähnliche Probleme zum Fachverständnis werden auch für die ökonomische Bildung beschrieben (vgl. Retzmann 2012).
Für beide Fachdidaktiken liegen jetzt erste (umstrittene) Kompetenzstruk-turmodelle vor (Detjen u.a. 2012, Retzmann u.a. 2010). Die Perspektive im überarbeiteten Perspektivrahmen des Sachunterrichts bezieht sich zum Teil

auch auf diese Modelle und bietet eine Struktur, an der weitere Forschung ansetzen kann. Zudem können Kompetenzmodelle auch Orientierungshilfen für Lehrende sein, die sich noch nicht vertiefend mit jeder Perspektive des Sachunterrichts und deren Besonderheiten auseinandersetzen konnten. Beispielweise wird in der Wirtschaftsdidaktik das moralische Dilemma diskutiert, das sich zwischen den solidarischen Idealen der gängigen Konzeption von Allgemeinbildung und der ökonomischen Bildung mit dem erklärten Ziel der individuellen Optimierung von Konsum- oder Anlageentscheidungen ergibt (vgl. Remmele 2012). In dem Modell der DeGöb steht dazu, dass ökonomische Bildung in der individuellen Fähigkeit kulminiere, „zum eigenen Wohl wie auch zum Wohle Aller" (DeGöB 2006, S. 5) zu handeln. Wird dieses Spannungsverhältnis in Form von Kompetenzanforderungen konkretisiert, kann es Lehrenden eine Grundlage für eigene Reflektionen bzw. eine Orientierung für ihren Unterricht bieten. Denn neben Kompetenzmodellen fehlen ebenso didaktische Konzeptionen für die Perspektive, auch wenn manche Publikation vom Titel her vielversprechend klingt (z.B. Kuhn 2003). Als Kern politischer Bildung im Sachunterricht sehen einige Politikdidaktiker lediglich „die Erfahrung, dass Wirklichkeit veränderbar ist" (Grammes 2003, S. 77), was auf viele Bereiche der Lebenswelt zutrifft und wenig hilfreich ist.

## 3. Sachliche Unschärfen und Fehler

Ohne Forschung und ohne begründete Konzeptionen scheinen alle möglichen Vorschläge, wie die sozialwissenschaftliche Perspektive im Sachunterricht zu konkretisieren ist, interessant oder gar richtig zu sein. Lange Zeit wurden soziales und politisches Lernen miteinander vermengt. In der Folge wird u.a. bei Herdegen (1999) politisches Lernen „nebulös zur ‚Arbeit an Haltungen'"(Weißeno 2003, S. 94). Die Unterrichtsthemen selbst werden unpolitisch und konfliktfrei präsentiert (a.a.O., S. 95). Gleiches gilt für Prote (2000), die einen grundschuldidaktischen Ansatz entwickelt (siehe ausführlicher Reeken 2001, S. 46) mit der Behauptung, es sei politisches Lernen, sowie für Moll (2001). Zwar zeigen empirische Studien (Biedermann 2006), dass soziales und politisches Lernen zu trennen sind und es gibt mittlerweile Synopsen hierzu (Reinhardt 2009). Dennoch ist der Glaube weiterhin verbreitet, dass soziales Lernen ein Vorläufer des politischen Lernens sei. Lediglich terminologische Verschiebungen finden statt. Der Bereich des politischen Lernens wird neu definiert mit positiv klingenden Schlagwörtern wie beispielsweise Demokratie-Lernen. In der Regel bleibt der Demokratiebegriff unklar; auch die Bereiche Politik und Gesellschaft werden meist nicht differenziert. Mehrheitlich erschöpfen sich diese Ansätze darin, dass die Schü-ler/innen soziale Tugenden im Miteinander erwerben sollen und somit „De-mokratie im Umgang mit den anderen ‚erfahren‘ können" (Himmelmann 2001, S. 119). Dieses Lernen in Gemeinschaften wird auch gern als Partizipa-tion bezeichnet, wobei es nicht als ein reflektiertes Sich-Einmischen in Insti-tutionen und ihre Entscheidungsverfahren, sondern unpolitisch als soziale Organisationsform verstanden wird. Demokratierelevante Kompetenzen werden durch Partizipation meist nicht erworben (Abs u.a. 2007, S. 69). Ein entsprechendes Problem stellt für ökonomisches Lernen die Differenz zwi-schen individueller Handlungsebene und systemischer Ebene dar, weil „die systemische Perspektive nicht auf der individuellen Erfahrungsdimension aufbaut" (Remmele 2012, S. 175).

Ärgerlich ist, wenn sachliche Fehler in didaktischen Publikationen enthalten sind, was des Öfteren vorkommt. So findet sich beispielsweise in Publikatio-nen die Behauptung, dass Kinder Bürger seien (Schneider 2007, S. 1, S. 29). Da der Bürgerstatus mit dem Wahlrecht verbunden ist, den Einwohner in Deutschland entweder mit der Vollendung des 16. oder 18. Lebensjahres erhalten, ist dies gravierend für Unterrichtsthemen zur Gemeinde, zu Wahlen oder eben zu Bürgern, Ausländern und Einwohner. Ärgerlich ist des Weite-ren, wenn Unterrichtseinheiten in Lehrmaterialien zu vermeintlich politischen Themen entpolitisiert dargestellt werden, indem sie konfliktfrei, ohne ver-schiedene Positionen oder Interessengruppen, ohne Prozesscharakter mit Auseinandersetzungen und Entscheidungen – kurz: ohne politische Perspek-tive präsentiert werden (vgl. Weißeno 2004).

## 4. Unbefriedigende empirische Forschungslage

In den Diskussionen zur sozialwissenschaftlichen Perspektive wird nur wenig auf fruchtbare Theoriebezüge anderer Disziplinen zurückgegriffen, d.h. auf Arbeiten zur naturwissenschaftlichen Perspektive oder zur Entwicklungs-und Kognitionspsychologie. Auch die internationale Vernetzung ließe sich noch vertiefen. Einblicke in den Stand des politischen Wissens von Grund-schüler/innen können beispielsweise die regelmäßigen Studien des National Assessment of Educational Progress (NAEP) geben, auch wenn sie vor dem Hintergrund eines anderen Schul- und politischen Systems zu interpretieren sind. Schon Gertrud Beck bemängelte die fehlende empirische Forschung, wodurch die „praktisch betriebene politische Bildung" ohne Fundament sei (1988, S. 406). Beck bezog sich bei ihrer Kritik insbesondere auf die politi-sche Sozialisationsforschung. Hier wird heute meist das (Vor-)Wissen der

Grundschüler/innen als Bestandsaufnahme erhoben. In den 1970er Jahren wurde zugleich die gesellschaftliche Vermittlung dieses Wissens herausgearbeitet, so dass sich eine politikdidaktische Perspektive für die Aufklärung der Schüler/innen ergab (vgl. z.B. die Darstellungen in Ackermann 1980). Erfreulich ist, dass mittlerweile die Qualität der Studien gestiegen ist. Der große Bereich der sozialwissenschaftlichen Perspektive ist insgesamt jedoch nur wenig empirisch erschlossen. Viele empirische Forschungen folgen keinem theoretischen Modell, sondern sie beschreiben lediglich Einzelbeobachtungen und sind kaum aufeinander bezogen. Hinzu kommt, dass sogar die Forschungen zu den Vorstellungen bzw. zum Wissen der Schüler/innen kaum aufeinander bezogen werden können, wie sich am Beispiel von drei Forschungsarbeiten zum Konzept Macht skizzieren lässt: Bei Vollmar (2007) gehört Macht sowohl zum Struktur- als auch zum Funktionswissen. Ersteres wurde in der Studie als „Macht BRD" durch „die Frage nach der Bezeichnung des Machtinhabers in Deutschland" abgefragt (a.a.O., S. 132), letzteres als „Zugang Macht" durch „die Frage wie man denn Bestimmer bzw. Bundeskanzler werden kann" (a.a.O., S. 133). Die Ergebnisse zeigen Verständnisse der Erstklässler zu diesen beiden Aspekten in Abhängigkeit von Alter und teilweise von Nationalität. Ganz andere Aspekte von Macht untersucht Dondl (2010). Seine Forschungsfrage lautet: „Inwieweit sind Viertklässler in der Lage, das Thema Macht zu erfassen und interaktionistisch zu verhandeln?" Anhand von Dilemma-Geschichten über Abstimmungen werden Fragen zu Machtverteilung und -kontrolle diskutiert. In einer Studie um Kalcsics und Raths variieren die Konkretisierungen zum Konzept Macht, da es für die Autorinnen „keine allgemeingültigen Definitionen gibt". Sie unterscheiden „nicht belastbare, teilweise belastbare und belastbare Konzepte" (Kalcsics/ Raths/ Huber 2011, S. 188). Während die nicht belastbaren Konzepte „nicht mit den grundlegenden Konzepten der Sache" übereinstimmten, sei dies bei den belastbaren Konzepten „in zentralen Aspekten" der Fall (ebd.). Unklar bleibt, wer oder was darüber entscheidet, welches die zentralen Aspekte des Konzeptes sind und wie geklärt wird, ob die Konzepte der Kinder mit ihnen übereinstimmen. In einer neueren Veröffentlichung zur selben Studie wird „ein plurales Spektrum unterschiedlicher legitimer Verständnisse" präsentiert (Raths/ Kalcsics 2011, S. 62) und Macht als „legitime Herrschaft" gedeutet. Für die Befragungen der Kinder werden ohne Begründung die Begriffe Regieren, Wählen und Gewaltenteilung ausgewählt. Passend zu den Antworten der Kinder werden Zitate diverser Politikwissenschaftler gesucht, mit denen sie „verglichen" werden (a.a.O., S. 63), wobei hier statt von Konzepten von Deutungsmustern gesprochen wird. Als

Ergebnis stellen die Autorinnen fest, dass Kinder genug Vorwissen für einen Unterricht über Machtfragen mitbringen. Studien zum Unterricht, zu seinen Bedingungsfaktoren und zur Lernentwicklung von Grundschüler/innen sind selten. So ist unklar, welche Lernfortschritte möglich sein können. Wirkungsforschung zum politischen Lernen im Sachunterricht findet kaum statt und brachte bislang keine überzeugenden Ergebnisse (vgl. Richter/ Gottfried 2012). Das, was Einsiedler „didaktische Entwicklungsforschung" nennt, also eine Art „Grundlagenorientierte Anwendungsforschung", fehlt (2011, S. 48): Wünschenswert wäre ein theoretischer Erkenntnisgewinn durch empirische Forschung, die methodischen Mindeststandards folgt, aus denen sich „evidenzbasiert Empfehlungen für didaktisches Handeln" ergeben und die zu „empirisch überprüfte(n) Unterrichtsmaterialien" führen (a.a.O., S. 46). Über die Schulpraxis ist kaum etwas bekannt. Viele Lernaufgaben in Unterrichtsmaterialien sind in den Anforderungen undifferenziert und methodisch nur auf Unterrichtsgespräche ausgerichtet. Für Lernmaterialien zur ökonomischen Bildung wird ein zunehmender Einflusses von Lobbyisten aus der Wirtschaft auf Lehrende und Lehrmaterialien festgestellt, die neoliberalen Positionen folgen (vgl. Möller/ Hedkte 2011). Ohne Kriterien für die Bewertung von Lernmaterialien in der Hand von Lehrenden können solche Einflüsse unkontrolliert stattfinden.

Wie könnte es weitergehen? Sicherlich sind anzustrebende Forschungsverbünde nicht immer leicht zu etablieren, auch der organisatorische Aufwand ist groß. Jedoch wäre es sinnvoll, die Kräfte zu bündeln. Zudem ist eine stärkere, d.h. auch kritischere Auseinandersetzung mit schon vorhandenen Forschungstexten wünschenswert, die über die Feststellung hinausgeht, dass auch andere Personen zu einer mehr oder weniger ähnlichen Fragestellung schon geforscht haben. Nicht immer müssen für jede Studie alle Daten aufwändig neu erhoben werden. Denkbar sind Sekundäranalysen, die mit erweiterten Fragestellungen oder Auswertungsmethoden bereits erhobene Daten deuten. Gerade eine „große" Perspektive mit vergleichsweise nur wenig Forschenden braucht deren stärkere Vernetzung.

## Literatur

Abs, H.J.; Roczen, N.; Klieme, E. (2007): Abschlussbericht zur Evaluation des BLK-Programms „Demokratie lernen und leben". Frankfurt am Main.
Ackermann, P. (1980): Politik in der Primarstufe. In: Süssmuth, H. (Hrsg.): Soziale Studien in der Grundschule. Fragen an die Sozialwissenschaften. Düsseldorf, S. 69-82.

Beck, G. (1988): Politisches Lehren und Lernen in ausgewählten Schulformen und Schulberei-
chen. Primarstufe. In: Mickel, W.; Titzlaff, D. (Hrsg.): Handbuch zur politischen Bildung.
Opladen, S. 402-406.

Biedermann, H. (2006): Junge Menschen an der Schwelle politischer Mündigkeit. Partizipation:
Patentrezept politischer Identitätsfindung? Münster.

DeGöB (Deutsche Gesellschaft für ökonomische Bildung) (2006): Kompetenzen der ökonomischen Bildung für allgemein bildende Schulen und Bildungsstandards für den Grundschulab-
schluss. URL: http://degoeb.de/uploads/degoeb/06_DEGOEB_Grundschule.pdf [28.09.2012].

Detjen, J.; Massing, P.; Richter, D.; Weißeno, G. (2012): Politikkompetenz – ein Modell. Wiesbaden.

Dondl, J. (2010): Die Kompetenzen der Kinder und Inhalte politischen Lernens in der Grundschule – Überlegungen anhand einer Studie zu den Vorstellungen von Viertklässlern zum
Thema „Macht". In: Zeitschrift für Grundschulforschung, 3, 2, S. 60-71.

Einsiedler, W. (2011): Was ist Didaktische Entwicklungsforschung? In: Einsiedler, W. (Hrsg.):
Unterrichtsentwicklung und Didaktische Entwicklungsforschung. Bad Heilbrunn, S. 41-70.

GPJE (Gesellschaft für Politikdidaktik und politische Jugend- und Erwachsenenbildung) (2004):
Nationale Bildungsstandards für den Fachunterricht in der Politischen Bildung an Schulen.
Ein Entwurf. Schwalbach/ Ts.

Grammes, T. (2003): Traditionslinien des Sachunterrichts. In: Kuhn, H.-W. (Hrsg.): Sozialwissenschaftlicher Sachunterricht. Konzepte, Forschungsfelder, Methoden. Herbolzheim, S. 77-
89.

Herdegen, P. (1999): Soziales und politisches Lernen in der Grundschule. Grundlagen – Ziele –
Handlungsfelder. Ein Lern- und Arbeitsbuch. Donauwörth.

Himmelmann, G. (2001): Demokratie Lernen als Lebens-, Gesellschafts- und Herrschaftsform.
Ein Lehr- und Studienbuch. Schwalbach/ Ts.

Kalcsics, K.; Raths, K.; Huber, A. (2011): „Wer darf regieren?" – Zur Belastbarkeit von Vorstellungen zur politischen Macht. In: Giest, H.; Kaiser, A.; Schomaker, C. (Hrsg.): Sachunterricht
– auf dem Weg zur Inklusion. Bad Heilbrunn, S. 187-192.

Kuhn, H.-W. (Hrsg.) (2003): Sozialwissenschaftlicher Sachunterricht. Konzepte, Forschungsfelder, Methoden. Herbolzheim.

Moll, A. (2001): Was Kinder denken. Zum Gesellschaftsverständnis von Schulkindern.
Schwalbach/ Ts.

Möller, L.; Hedkte, R. (2011): Wem gehört die ökonomische Bildung? URL: www.iboeb.org/
moeller_hedtke_netzwerkstudie.pdf [28.09.2012].

NAEP (National Center for Education Statistics). URL: http://nces.ed.gov/nationsreportcard/
[28.09.2012].

GDSU (2002): Perspektivrahmen Sachunterrichts. Bad Heilbrunn.

Prote, I. (2000): Für eine veränderte Grundschule: Identitätsförderung – soziales Lernen – politisches Lernen. Schwalbach/ Ts.

Raths, K.; Kalcsics, K. (2011): Macht mit Legitimation – Vorstellungen von Kindern über
Herrschaft im demokratischen System. In: Zeitschrift für Didaktik der Gesellschaftswissen-
schaften, 2, 2, S. 58-81.

Reeken, D.v. (2001): Politisches Lernen im Sachunterricht. Baltmannsweiler.

Reinhardt, S. (2009): Ist soziales Lernen auch politisches Lernen? Eine alte Kontroverse scheint
entschieden. In: Gesellschaft – Wirtschaft – Politik, 17, S. 119-125.

Remmele, B. (2012): Macht ökonomische Bildung die Marktwirtschaft sozialer? Österreichische
Zeitschrift für Soziologie, Jg. 37, S. 171-187. [DOI 10.1007/s11614-012-0042-6].

179

Retzmann, T. (2012): Kompetenzentwicklung in der ökonomischen Domäne: Ein Kompetenzmodell nebst Standards für den mittleren Bildungsabschluss in Deutschland. In: GW-Unterricht Nr. 125, S. 41-58

Retzmann, T.; Seeber, G.; Remmele, B.; Jongebloed, H.-C. (2010): Ökonomische Bildung an allgemein bildenden Schulen. Essen, Lahr, Landau, Kiel.

Richter, D. (2006): Was gibt's Neues zur Politischen Bildung im Sachunterricht? Ein Kommentar zu Gertrud Beck. URL: www.widerstreit-sachunterricht.de/Ausgabe Nr. 6/März/2006 [28.09.2012].

Richter, D.; Gottfried, L.M. (2012): Politisches Lernen mit und ohne Concept Maps bei Viertklässlern. Zusammenhänge mit verbalen Fähigkeiten und Migrationshintergrund? In: Juchler, I. (Hrsg.): Unterrichtsleitbilder in der politischen Bildung. Schwalbach/ Ts., S. 153-165.

Sander, W. (2007): Politik entdecken – Freiheit leben. Didaktische Grundlagen politischer Bildung. Schwalbach/ Ts.

Schneider, I.K. (2007): Politische Bildung in der Grundschule. Baltmannsweiler.

Vollmar, M. (2007): Politisches Wissen bei Kindern – nicht einfach nur ja oder nein. In: Deth, J.W.v.; Abendschön, S.; Rathke, J.; Vollmar, M.: Kinder und Politik. Politische Einstellungen von jungen Kindern im ersten Grundschuljahr. Wiesbaden, S. 119-160.

Weißeno, G. (2003): Lebensweltorientierung – ein geeignetes Konzept für die politische Bildung in der Grundschule? In: Kuhn, H.-W. (Hrsg.): Sozialwissenschaftlicher Sachunterricht. Konzepte, Forschungsfelder, Methoden. Herbolzheim, S. 91-98.

Weißeno, G. (2004): Lernen über politische Institutionen – Kritik und Alternativen dargestellt an Beispielen in Schulbüchern. In: Richter, D. (Hrsg.): Gesellschaftliches und politisches Lernen im Sachunterricht. Bad Heilbrunn; Braunschweig, S. 211-227.

Weißeno, G. (2011): Welches Wissen produziert die Politikdidaktik als Wissenschaft? In: Detjen, J.; Richter, D.; Weißeno, G. (Hrsg.): Politik in Wissenschaft, Didaktik und Unterricht. Schwalbach/Ts., S. 77-89.

# Iris Baumgardt

# Politische Bildung im Sachunterricht

*Starting with a goal of student empowerment, I analyze the dichotomy between „economical learning" and „political education" in general studies. The basic tenets – is man a „homo oeconomicus" or „zoon politikon" receive critical consideration. Comparing different conceptions of man with the goals of education such as self-determination, participation and solidarity (Klafki 1992) indicates that „political education" provides a suitable framework for the perspective of social sciences in general studies.*

## 1. Einleitung

Der Perspektivrahmen Sachunterricht der GDSU (vgl. 2002) beschreibt als einen von fünf Schwerpunkten die „sozial- und kulturwissenschaftliche Perspektive". Im didaktischen Diskurs wird das Verhältnis zwischen Politik und Ökonomie aus verschiedenen Blickwinkeln heraus betrachtet. Am Beispiel des Unterrichtsinhaltes „Beruf" soll diskutiert werden, inwieweit das ökonomische Lernen bzw. die ökonomische Bildung bzw. die politische Bildung als geeigneter Rahmen für die sozialwissenschaftliche Perspektive anzusehen ist.[1]

Kiper und Gläser sehen den Unterrichtsinhalt „Beruf" im Kontext des „ökonomischen Lernens" (Kiper 1996, S. 115; Gläser 2007, S. 229). Mit dem Begriff des „ökonomischen Lernens" kann Kiper sowohl nicht-intendierte als auch außerschulische Lernprozesse sowie die „ökonomische Überformung" (Kiper 1994, S. 120) der Lebenswelt von Kindern erfassen. Die Verwendung des Begriffs der „ökonomischen Bildung" (Bolscho 2008) bzw. der „politischen Bildung" (Richter 2007) hingegen richtet den Fokus auf Bildungsziele. Bildungsziele erfordern Kriterien, nach denen deren Relevanz und Legitimität überprüft werden kann. Um außerschulische bzw. nicht-intendierte Lernprozesse nicht systematisch auszublenden, wird hier der Bildungsbegriff im

---

[1] Vgl. zum Folgenden auch Baumgardt 2012, S. 33-43.

181

Sinne einer übergeordneten Orientierungskategorie mit dem zentralen Ziel der Mündigkeit (Klafki 1992) zugrunde gelegt, jedoch um verschiedene Dimensionen des Lernens erweitert.

## 2. Ökonomische Bildung

Mit der Wahl für oder gegen einen Beruf (z.b. Krankenschwester oder Ärztin) ist die Wahl für ein eher kleines oder eher größeres Einkommen verbunden – die ökonomische Bedeutung des Berufs und damit die Zuordnung dieses Unterrichtsinhaltes zur Ökonomie scheinen selbstverständlich zu sein. Als Bezugswissenschaft der Ökonomischen Bildung können die Wirtschaftswissenschaften, d.h. die Betriebswirtschaftslehre (BWL) und die Volkswirtschaftslehre (VWL) angesehen werden (vgl. Weber 2008). Die BWL interessiert sich für die effiziente Verfolgung von Unternehmenszielen. Die Untersuchung von grundlegenden wirtschaftlichen Zusammenhängen einer Gesellschaft in einer von realen individuellen Handlungen abstrahierenden Systemperspektive steht im Fokus der VWL. So können mit den Wirtschaftswissenschaften zwar die Rahmenbedingungen der späteren Berufswahl (wie z.B. die Funktionsweise des Arbeitsmarktes) erklärt werden. Famulla (2008, S. 66) konstatiert jedoch, dass Jugendliche im Hinblick auf ihre Berufswahl weder von der BWL noch von der VWL „umfassendes Orientierungs-, Erklärungs- und Gestaltungswissen" erwarten können. Ausgehend vom Beruf und beruflichen Orientierungsprozessen ist vielmehr der Bezug zur (Arbeits-, Berufs-, und Industrie-) Soziologie sowie zur Entwicklungspsychologie und Lerntheorie weiterführend.

Für den ökonomischen Denkansatz ist die Vorstellung des *homo oeconomicus* von zentraler Bedeutung. In der klassischen und neoklassischen Ökonomik wird damit ein von Eigeninteresse geleitetes, rationales und auf Anreizbedingungen der Situation reagierendes Verhalten beschrieben (vgl. Wallner 2007). Adam Smith beschreibt dieses eigennützige Verhalten folgendermaßen: „Nicht vom Wohlwollen des Metzgers, Brauers und Bäckers erwarten wir das, was wir zum Essen brauchen, sondern davon, dass sie ihre eigenen Interessen wahrnehmen. Wir wenden uns nicht an ihre Menschen-, sondern an ihre Eigenliebe, und wir erwähnen nicht die eigenen Bedürfnisse, sondern sprechen von ihrem Vorteil" (Smith 1974 [1789], S. 17). Das Problem, wie angesichts dieser Ausgangslage eine stabile politische Ordnung hergestellt werden kann, löst Smith mit der berühmten Metapher der unsichtbaren Hand: Der Einzelne „strebt lediglich nach eigenem Gewinn; und er wird in diesen wie auch in anderen Fällen von einer unsichtbaren Hand geleitet, um einen Zweck zu fördern, den zu erfüllen er in keiner Weise beabsichtigt hat. Auch für das Land ist es nicht immer das schlechteste, dass der einzelne ein solches Ziel nicht bewusst anstrebt; ja, gerade dadurch, dass er das eigene Interesse verfolgt, fördert er häufig das der Gesellschaft nachhaltiger, als wenn er wirklich beabsichtigt, es zu tun" (Smith 1974 [1789], S. 371). Sowohl in der Weltordnung von Adam Smith und seinem Bild der „unsichtbaren Hand" als auch z.B. im aktuellen Rational-Choice-Ansatz (vgl. Kunz 2004) wird dem und der Einzelnen nahe gelegt, die Folgen dieser individuellen Handlungen gerade *nicht* zu berücksichtigen – soziale Prozesse werden vielmehr als ungeplantes Ergebnis von individuellen nutzenmaximierenden Handlungen verstanden. Ein solches Verständnis führt zur „Delegitimierung sozialer und politischer Gestaltung" (Steffens 2008, S. 29). Es steht außerdem im Widerspruch zum eingangs definierten Bildungsziel der Mündigkeit, nach dem die Schülerinnen und Schüler gerade lernen sollen, die Verantwortung für die Folgen ihrer Handlungen zu übernehmen.

Im Jahr 1844 hätte der englische Ökonom John Stuart Mill dieser Kritik entgegnet, dass der homo oeconomicus nicht als Menschenbild fungiert, sondern einen methodischen Kunstgriff darstellt: Ökonomie „behandelt nicht die Gesamtheit der menschlichen Natur [...] und [...] des Verhaltens", sondern beschäftigt sich „mit dem Menschen lediglich in seiner Eigenschaft als Wesen, das Reichtum besitzen möchte und das die relative Effizienz der Mittel zum Erreichen dieses Ziels beurteilen kann." Mill stellt klar: „Nicht, dass jemals ein politischer Ökonom so töricht gewesen wäre, anzunehmen, die Menschheit sei wirklich so beschaffen [...]. Die politische Ökonomie folgert aus angenommenen Prämissen, [...] die möglicherweise keine Grundlage in der Wirklichkeit haben und von denen man auch nicht behaupten kann, dass sie der Wirklichkeit völlig entsprechen" (Mill et al. 1976, S. 161, S. 162-167).

Nach Mill steht demnach mit dem homo oeconomicus ein methodischer Zugriff zur Verfügung, der dazu dienen kann, Phänomene der Wirtschaft – nicht jedoch aller Lebensbereiche – zu analysieren. Während also im Jahr 1844 die Begrenztheit der Aussagekraft dieses Ansatzes betont wurde, betont Becker die Möglichkeit der Ausweitung und Übertragung des ökonomischen Denkens auf alle Lebensbereiche: „Alles menschliche Verhalten kann [...] so betrachtet werden, als habe man es mit Akteuren zu tun, die ihren Nutzen, bezogen auf ein stabiles Referenzsystem, maximieren" (Becker 1982, S. 15). Mit einem solchen „ökonomischen Imperialismus" (vgl. Homann/ Suchanek 2000, S. 438) verschwimmt die Grenze zwischen dem Modellcharakter des homo oeconomicus und seinem Verständnis als Menschenbild. Im Hinblick auf die sozialwissenschaftliche Perspektive des Sachunterrichts lässt sich das Verständnis des homo oeconomicus als Menschenbild kaum mit Klafkis Bildungsdimensionen der Selbstbestimmungs-, Mitbestimmungs- und Solidaritätsfähigkeit vereinbaren: Grundschulkinder sollen ein Verständnis von dem „Geworden-Sein" der Welt erwerben. Sie sollen lernen, dass die soziale, wirtschaftliche und politische Welt gestaltbar ist, dass Selbstbestimmung und Mitbestimmung erforderlich ist. Diese Ziele widersprechen einer Weltsicht, die auf das individuelle nutzenmaximierende Handeln abhebt und soziale Strukturen explizit als Nebenprodukt dieser Handlungen definiert.

## 3. Politische Bildung

Das Ziel der mündigen Schülerinnen und Schüler könnte stattdessen mit dem Bild des Menschen als *zoon politikon* verknüpft werden. Aristoteles verstand damit den Menschen als gesellschaftliches Wesen, das zu seiner Vervollkommnung der Gemeinschaft mit anderen bedarf: Es kommt den Menschen „nicht auf Selbstbehauptung und Expansion, nicht auf Unterdrückung und Herrschaft, wohl aber auf Verständigung mit ihresgleichen" an (Aristoteles/ Höffe 2009, S. 410). Vor diesem Hintergrund stellt sich die Frage, inwieweit Klafkis Bildungsdimensionen insbesondere auf die Ziele der politischen Bildung verweisen.

Der Beutelsbacher Konsens von 1976 stellt den Minimalkonsens der Politikdidaktik dar. Zentral ist hier die „Zielvorstellung von der Mündigkeit der Schülerinnen und Schüler", das damit einhergehende Indoktrinationsverbot, das Kontroversitätsgebot („was in Wissenschaft und Politik kontrovers ist, muss auch im Unterricht kontrovers erscheinen") sowie die Orientierung an der Interessenlage der Schülerinnen und Schüler: „Der Schüler muss in die Lage versetzt werden, eine politische Situation und seine eigene Interessenlage zu analysieren, sowie nach Mitteln und Wegen zu suchen, die vorgefundene politische Lage im Sinne seiner Interessen zu beeinflussen" (Landeszentrale für Politische Bildung Baden-Württemberg 1976).

In diesen zentralen Aussagen des Beutelsbacher Konsens' findet sich sowohl das Ziel der Mündigkeit als auch Klafkis Dimension der Fähigkeit zur Selbst- und Mitbestimmung. Das Kontroversitätsgebot lässt die Frage des Menschenbildes weitgehend offen: Der Mensch kann als nutzenmaximierender homo oeconomicus im Unterricht skizziert werden – aber nur als eine von mehreren Möglichkeiten, sich ein Bild vom Menschen und der Welt zu machen. Vor diesem Hintergrund kann daher die politische Bildung zunächst als geeigneter Referenzrahmen für die sozialwissenschaftliche Perspektive angesehen werden. Aber auch hier stellt sich – analog zur ökonomischen Bildung – die Frage, inwieweit die Inhalte der politischen Bildung im Sinne einer Bezugsdisziplin als ertragreich anzusehen sind. Die Definition „des Politischen" als Gegenstand der politischen Bildung bzw. der Politikwissenschaft ist kein leichtes Unterfangen. Denn die politische Bildung hat seit dem 19. Jahrhundert Aspekte der Philosophie, Soziologie, Wirtschafts-, Rechts- und Bildungswissenschaften integriert – Sander bezeichnet sie daher als „interdisziplinäre Disziplin" (2008, S. 130).

## 4. Fazit

Für den Unterrichtsinhalt „Beruf bzw. berufliche Orientierungsprozesse" im Sachunterricht sind dabei besonders die Bezüge der politischen Bildung zur Soziologie und zur Pädagogik/ Psychologie bedeutsam. In der Interdisziplinarität kann daher für den Sachunterricht eine besondere Stärke der politischen Bildung gesehen werden. Sie ermöglicht es, unter der übergeordneten Kategorie „Politische Bildung" verschiedene Dimensionen des Lernens zu erfassen – z.B. historisches, soziales, politisches oder auch ökonomisches Lernen. Damit könnte das übergeordnete Bildungsziel der Mündigkeit mit der notwendigen Perspektivenvielfalt der politischen Bildung verbunden und gleichzeitig sowohl schulisches wie außerschulisches, intendiertes und nicht-intendiertes Lernen erfasst werden. Ohne der Illusion zu folgen, dass „es so etwas wie ein politikfreies Verstehen ökonomischer Zusammenhänge geben" würde (Sander a.a.O., S. 130), könnten so Ansätze der BWL oder VWL als konkurrierende oder ergänzende Modelle die Diskussion innerhalb der sozialwissenschaftlichen Perspektive im Sachunterricht bereichern.

## Literatur

Aristoteles; Höffe, O. (2009): Aristoteles: die Hauptwerke. Ein Lesebuch. Tübingen.
Baumgardt, I. (2012): Der Beruf in den Vorstellungen von Grundschulkindern. Baltmannsweiler.
Becker, G.S. (1982): Der ökonomische Ansatz zur Erklärung menschlichen Verhaltens. Tübingen.
Bolscho, D. (2008): Vom Nutzen und Nachteil ökonomischer Bildung für das Leben. In: Bolscho, D.; Hauenschild, K. (Hrsg.): Ökonomische Bildung mit Kindern und Jugendlichen. Frankfurt am Main, S. 7-16.
Famulla, G.-E. (2008): Berufsorientierte Bildung. In: Hedtke, R.; Weber, B. (Hrsg.): Wörterbuch ökonomische Bildung. Schwalbach/Ts., S. 65-67.
Gesellschaft für Didaktik des Sachunterrichts (GDSU) Hrsg.) (2002): Perspektivrahmen Sachunterricht. Bad Heilbrunn.

Gläser, E. (2007): Arbeitswelt im Wandel – Konsequenzen für das ökonomische Lernen in der Grundschule. In: Richter, D. (Hrsg.): Politische Bildung von Anfang an. Demokratie-Lernen in der Grundschule. Bonn, S. 229-244.

Homann, K.; Suchanek, A. (2000): Ökonomik. Eine Einführung. Tübingen.

Kiper, H. (1994): Wirtschaftliches Lernen im Sachunterricht – Überlegungen, Beispiele, Anregungen. In: Lauterbach, R.; Köhnlein, W.; Koch, I.; Wiesenfarth, G. (Hrsg.): Curriculum Sachunterricht. Kiel, S. 116-126.

Kiper, H. (1996): Konzeptionen ökonomischen Lernens. In: George, S.; Prote, I. (Hrsg.): Handbuch zur politischen Bildung in der Grundschule. Schwalbach/Ts., S. 99-120.

Klafki, W. (1992): Allgemeinbildung in der Grundschule und der Bildungsauftrag des Sachunterrichts. In: Lauterbach, R.; Köhnlein, W.; Spreckelsen, K.; Klewitz, E. (Hrsg.): Brennpunkte des Sachunterrichts. Vorträge zur Gründungstagung der Gesellschaft für Didaktik des Sachunterrichts e.V. vom 19. bis 21. März 1992 in Berlin. Kiel, S. 11-31.

Kunz, V. (2004): Rational choice. Frankfurt am Main.

Landeszentrale für Politische Bildung Baden-Württemberg (1976): Beutelsbacher Konsens. URL: http://www.lpb-bw.de/beutelsbacher-konsens.html [23.08.2012].

Mill, J.S.; Nutzinger, H.G.; Sousa Ferreira, K. de (1976): Einige ungelöste Probleme der politischen Ökonomie. Frankfurt.

Richter, D. (2007): Einleitung: Politische Bildung von Anfang an. In: Richter, D. (Hrsg.): Politische Bildung von Anfang an. Demokratie-Lernen in der Grundschule. Bonn, S. 9-16.

Sander, W. (2008): Ökonomisches Lernen und politische Bildung. Anmerkungen zur aktuellen Debatte zwischen Lobbyinteressen und notwendiger Modernisierung. In: Steffens, G.; Widmaier, B. (Hrsg.): Politische und ökonomische Bildung. Konzepte – Leitbilder – Kontroversen. Wiesbaden, S. 123-134.

Smith, A. (1974 [1789]): Der Wohlstand der Nationen. Eine Untersuchung seiner Natur und Ursachen. München.

Steffens, G. (2008): Wirtschaftssubjekt und Staatsbürger. Konkurrierende Leitbilder und Konzepte politischer Bildung? In: Steffens, G.; Widmaier, B. (Hrsg.): Politische und ökonomische Bildung. Konzepte – Leitbilder – Kontroversen. Wiesbaden, S. 7-27.

Wallner, J. (2007): Homo oeconomicus versus Barmherziger Samariter. Was die Ethik von der Ökonomik lernen kann (und sollte). In: Fischer, M.; Hammer, R. (Hrsg.): Wirtschafts- und Unternehmensethik. Bern, S. 127-137.

Weber, B. (2008): Kompetenzen ökonomischer Grundbildung für Kinder und Jugendliche. In: Bolscho, D.; Hauenschild, K. (Hrsg.): Ökonomische Bildung mit Kindern und Jugendlichen. Frankfurt am Main, S. 17-35.

*Daniela Schmeinck*

# Digitale Geomedien und Realtime Geographies – Konsequenzen für den Sachunterricht

*Whereas „Realtime Geographies" (Geodata or Geoinformation in real-time) originally were used for defense purposes or seen as application domain of Geoinformatics, they nowadays made its entry in German households and therefore also in everyday life of primary-school children. Besides social networks such as „Facebook" and „schüler-VZ" especially the so called „Location Based Services" enjoy increasing popularity amongst children, youngsters and adults. Security settings like the protection of privacy thereby generally remain unheeded. Although a critical competence for the consumption of media appears more important today than ever before, in primary schools (as well as in high schools) one usually looks in vain for appropriate teaching units. This paper shows possibilities, limitations and risks of the systems and describes necessary consequences for teaching general science and social studies at primary school level.*

## 1. Geodaten, Geoinformation und Kartenkompetenz im 20. Jahrhundert

Bis Ende des 20. Jahrhunderts stellten vor allem gedruckte topographische, thematische und/ oder geographische Karten das bevorzugte und wohl auch nahezu einzige Medium dar, raumbezogene Aspekte und Sachverhalte der Erdoberfläche entsprechend zu dokumentieren oder zu visualisieren.
Aus schulischer Sicht standen hinsichtlich eines angemessen Umgangs mit Karten (Kartenkompetenz) folgende Fähigkeiten (Teilkompetenzen) im Zentrum unterrichtlicher Bemühungen: A. Karten dekodieren: a) Karten lesen (kartographische Gestaltungsmittel, Maßstab u.a. kennen), b) Karten verstehen (sich auf und mit der Karte orientieren; Informationen ermitteln; Karteninhalte verstehen) Karten interpretieren (Karteninhalte verstehen; eine auf den Karteninhalt bezogene Interpretation entwickeln), B: Karten bewerten: a)

über den Inhalt reflektieren, b) über die graphische Darstellung reflektieren, C: einfache Karten anfertigen: a) topographische Skizzen, b) thematische Skizzen, c) einfache thematische Skizzen (vgl. Lenz 2006, S. 196)

Auch der Perspektivrahmen Sachunterricht aus dem Jahr 2002 beschreibt im Zusammenhang mit der raumbezogenen Perspektive entsprechende Einsichten und Fähigkeiten: „Menschen orientieren sich in Räumen an auffallenden Gegebenheiten, nach Entfernungen und Himmelsrichtungen. Sie nutzen dazu Beobachtungen, Skizzen und Karten, Luftbilder und Satellitenaufnahmen. Sie gliedern dazu Räume nach Erscheinungsbild und Aufgaben" (Gesellschaft für Didaktik des Sachunterrichts 2002, S. 7); Kompetenzen: „[...] Räume mit Hilfe von Karten, Skizzen, Beschreibungen u.a. Hilfsmitteln zu erschließen und Raumgegebenheiten zu erfassen" (ebd. S. 12) sowie inhalts- und verfahrensbezogene Beispiele: Skizzen und Karten lesen, anfertigen, auswerten, für Planungen nutzen; [...] Entfernungen mit Hilfe einfacher Verfahren in der Natur (Vergleichen, Schätzen) und des Maßstabs aus einer Karte ermitteln" (ebd. S. 14).

## 2. GPS, GSM und WLAN-Ortung – Realtime Geographies im 21. Jahrhundert

Das Aufkommen der Informations- und Kommunikationstechnologie (information and communication technology – ICT) Anfang der 1980er Jahre, führte hinsichtlich der raumbezogenen Daten (Geodaten) zu völlig neuen Anwendungs- und Nutzungsformen. Mit Hilfe der digitalen Technik, rechnergestützter Verfahren sowie leistungsfähiger Datenspeicher werden heutzutage in zunehmendem Umfang Geodaten in digitalen Datenbanken gespeichert und für grafische oder bildhafte Präsentationen sowie kartografische Darstellungen, nutzbar gemacht.

Ein besonders bedeutendes Ereignis im Zusammenhang mit der Verfügbarkeit von Geodaten stellt dabei die Freigabe des zuvor vor allem zu militärischen Zwecken genutzten und gleichzeitig für zivile Nutzer sehr stark künstlich reduzierten GPS-Signals dar.

Inzwischen ist die Positionsbestimmung nicht mehr alleine auf die Auswertung von GPS-Signalen beschränkt. Bei der sogenannten GSM-Ortung wird die Position von Mobiltelefonen anhand der Anmeldung an bzw. der Bewegungen zwischen verschiedenen Mobil- bzw. Basisstationen bestimmt.

Eine deutlich genauere sowie von GSM oder GPS unabhängige Ortung ermöglicht heutzutage das Wi-Fi-based positioning system (WPS), bei dem die

Ortung anhand von verfügbaren WLAN-Signalen erfolgt. Die WLAN-Signale, die sowohl von kommerziellen als auch von privaten Netzwerken (Routern) oder Hotspots gesendet werden, ermöglichen dabei vor allem in Ballungsgebieten eine oft metergenaue Berechnung des Standortes. Darüber hinaus ermöglicht die WLAN-basierte Ortung im Vergleich zur GPS-Ortung auch eine genaue Positionsbestimmung innerhalb von Gebäuden sowie das Anbieten von standortbezogenen Diensten und Anwendungen auf allen WLAN-fähigen Endgeräten (z.b. Notebook, Smartphone, Tablet-Computer usw.).

Mit Hilfe von sogenannten Location Aware Applications oder auch Local Based Serves (LBS) und somit von Diensten, die auf GPS, GSM und/ oder WLAN-Ortung basieren, ist es möglich, jegliche Form von Informationen mit entsprechenden räumlichen Positionsdaten zu versehen. Die Anwendungsbereiche im kommerziellen, öffentlichen oder auch privaten Bereich sind sehr vielfältig und reichen von informationsbezogenen Anwendungen (z.b. City-Guides, Hotel-, Restaurant- und Einkaufsführer, Wetter- und Verkehrsinformationen) über positionsübermittelnden Anwendungen z.B. (Routenplaner, Navigationsdienste, Tracking-Services, Friendfinder) bis hin zu sicherheitsbezogenen Anwendungen (z.B. Notruflokalisierung, Lokalisierung von Gefahrenstellen, Ortung auf Großveranstaltungen, Katastrophenschutz). Die fortschreitenden technischen Möglichkeiten, den aktuellen Standort von Personen zu lokalisieren, führen jedoch auch zu einer deutlichen Zunahme von Missbrauchsfällen z.b. durch unrechtmäßige Überwachung oder Datenspeicherung.

## 3. ICT, digitale Geomedien und Realtime Geographies im Alltag von Grundschulkindern

Die rasante Entwicklung der zahlreichen neuen Informations- und Kommunikationstechniken hat in den vergangenen Jahrzehnten auch den Alltag von Grundschulkindern entscheidend beeinflusst und verändert. Entsprechend der aktuellen Studie „Jugend, Information, (Multi-)Media" (JIM-Studie – vgl. Medienpädagogischen Forschungsverbunds Südwest 2011a) nutzen 39% der im Rahmen der Studie befragten 12- bis 13-Jährigen das Internet täglich und verbringen dabei jeweils rund 80 Minuten im Netz.
Laut der aktuellen KIM Studie aus dem Jahr 2010 besitzt gut die Hälfte aller Kinder im Alter von 6-13 Jahren bereits ein eigenes Mobiltelefon (Medienpädagogischer Forschungsverbund Südwest 2011b, S. 67). Handys gehören

somit ebenso wie Computer zur aktuellen Grundausstattung deutscher Kinderzimmer. Die Handys werden dabei von den Kindern nicht mehr nur zum Telefonieren, sondern zunehmend auch zum Abrufen von mobilen Daten aus dem Internet genutzt. Sicherheitseinstellungen wie z.b. der Schutz der Privatsphäre bleiben dabei vielfach unbeachtet. Insgesamt liegt der Schwerpunkt der Nutzung sowohl beim Computer als auch beim Handy jedoch weniger auf dem Gerät selber, als auf den verschiedenen Anwendungen und Applikationen, die für die entsprechenden Geräte verfügbar sind. Soziale Netzwerke (Online Communities) wie Facebook, LinkedIn, StudiVZ, wer-kennt-wen, MySpace, Google+, Jappy, Twitter oder XING boomen weltweit und auch Millionen Deutsche sind bei entsprechenden Online-Communitys angemeldet. Laut AllFacebook.de verzeichnete allein das derzeit größte soziale Netzwerk „Facebook" Ende September 2012 rund 24,6 Mio. deutsche Nutzer (vgl. AllFacebook o.J.). In zunehmendem Umfang werden die Netzwerke dabei, trotz teilweise vorhandener Altersbeschränkungen, auch von Jugendlichen und sogar von Kindern regelmäßig genutzt.

Das Prinzip der verschiedenen Netzwerke ist trotz z.T. recht unterschiedlicher Zielgruppen meist ähnlich. In der Regel legen die Nutzer selbst ein Profil mit ihren Namen, ggf. einem Foto sowie zahlreichen weiteren persönlichen Informationen, an. Innerhalb des Netzwerks können die Mitglieder dann nach anderen, ihnen bekannten Mitgliedern suchen, sich mit diesen vernetzen sowie Nachrichten, Bilder o.ä. austauschen. Aus Sicht der Nutzer bieten soziale Netzwerke zahlreiche Vorteile. So bieten sie u.a. die Möglichkeiten, auf unterschiedlichsten Wegen sowie zu verschiedensten Zeitpunkten mit einem oder gleich mehreren Freunden ggf. sogar gleichzeitig zu kommunizieren, Freunde durch Bilder und Nachrichten an eigenen Erlebnissen teilhaben zu lassen oder auch, online aktuelle Aufenthaltsorte untereinander auszutauschen (posten) (vgl. Mardink/ Schmeinck 2012).

Vor allem die sogenannten „Location Based Services" in Form von „Location Sharing Applikationen" wie „Glympse", „Google Latitude", „Facebook Places", „Foursquare" oder „Freunde", die z.T. direkt mit den sozialen Netzen verknüpft sind, erfreuen sich in jüngster Zeit wachsender Beliebtheit bei Kindern, Jugendlichen und Erwachsenen. Die Intention der Kinder ist es dabei zumeist, Freunde über den eigenen aktuellen Aufenthaltsort auf dem Laufenden zu halten bzw. über die Aufenthaltsorte der Freunde informiert zu werden, spontane Verabredung zu treffen oder sich über bestimmt Orte/ Treffpunkte auszutauschen. Die darüber hinaus angebotenen Funktionen wie z.B. Empfehlungen zu Restaurants, Bars, Shops und vielem mehr abzugeben oder zu erhalten, werden von den Kindern und Jugendlichen hingegen eher seltener genutzt. In ihrem Bericht „Online as soon as it happens" beschreibt die Europäische Agentur für Netz- und Informationssicherheit ENISA (European Network and Information Security Agency 2010) zahlreiche aktuelle Risiken und Gefahren bei der Nutzung mobiler sozialer Netzwerke (z.B. Identitätsdiebstahl, Verlust der Reputation, Maleware – Viren, Würmer, Trojaner, Spyware usw. – Datenverlust oder Datenmissbrauch). Dabei weist sie u.a. auch explizit auf die Gefahren des Position Tracking (Beobachtung des Bewegungsverhaltens) hin. In vielen Fällen ist den Nutzern und vor allen den Kindern und Jugendlichen nicht klar, dass mit der Veröffentlichung des eigenen Aufenthaltsortes auch grundsätzliche Gefahren verbunden sind (z.B. Einbrüche in Häuser und Wohnungen nach Bekanntgabe der eigenen Abwesenheit, Belästigungen, Übergriffe u.v.m.). Unlängst häufen sich daher von Seiten der Politik und der Wirtschaft Forderungen nach einer grundlegenden Vermittlung von „Medienkompetenz" bei Kindern und Jugendlichen.

## 4. Realtime Geographies – Möglichkeiten und Konsequenzen für den (Sach-)Unterricht

Die vorangegangenen Abschnitte haben deutlich gezeigt, wie die neuen Informations- und Kommunikationstechniken den Alltag von Grundschulkindern in den vergangenen Jahren zunehmend beeinflusst und verändert haben. Eine kritische Kompetenz beim Medienkonsum und somit auch die Förderung von Medienkompetenz[1] auch über den Computer hinaus erscheint daher heutzutage wichtiger als je zuvor. Nach Appelhoff (2008, S. 17) ist dabei ein entscheidendes Ziel, „[...] Kinder und Jugendliche so zu qualifizieren, dass sie mit den Medien und ihren Inhalten kompetent und selbstbestimmt umgehen können. [...] Potentielle Gefährdungen sollen durch Aufklärung und Kompetenzentwicklung minimiert werden (Leitbild Jugendmedienschutz)." Nach Henrichwark et al. soll vor allem im schulischen Kontext der Fokus nicht auf das Medium selbst, sondern auf die Qualitätsverbesserung des Un-

---

[1] Der Begriff „Medienkompetenz" geht im Wesentlichen auf den Erziehungswissenschaftler und Medienpädagogen Dieter Baacke zurück, der diesen Begriff bereits in den 1970er Jahren prägte. Er verknüpft mit dem Begriff ein grundlegendes Menschenbild von einem selbstbestimmten sowie gesellschaftlich handelnden Subjekt. Nach Baacke umfasst der Medienkompetenz die Bereiche: Medienkritik, Medienkunde, Mediennutzung sowie Mediengestaltung (vgl. 1998).

terrichts gelegt werden (vgl. 2002, S. 6). Trotz dieser Forderungen wird Medienkompetenz auch heute noch in vielen Fällen nur auf die reine Fähigkeit, mit Medien bzw. den so genannten Neuen Medien umzugehen und somit auf die instrumentell-qualifikatorische bzw. technische Dimension des „Bedienens" beschränkt (vgl. Kutscher et al. 2009, S. 12).

Obwohl erste Studien zu Nutzung von Realtime Geographies im Unterricht zeigen, dass der Einsatz und die Nutzung von digitalen Geodaten im Unterricht (z.B. in Form von „Geocaching" oder „Collaborative Mapping Exercises") und somit die Verknüpfung informellen und formalen Lernens sich positiv auf die Motivation, die Unterrichtsqualität und das Lernen auswirken können (vgl. u.a. Hartl 2006, Schleicher 2006, Koller 2010, Patubo 2010), sucht man vor allem in den meisten Grundschulen bislang vergeblich nach entsprechenden empirisch fundierten Forschungsergebnissen und didaktisch aufbereiteten Unterrichtseinheiten. Hier sind entsprechende grundschulbezogene Forschungsanstrengungen dringend notwendig.

Im Sinne eines zukunftsorientierten und sich an den Lernvoraussetzungen und Lebensbedingungen der Lernenden orientierten Sachunterrichts müssen die von Lenz (2006) aufgezeigten und zu erwerbenden (Karten-)Kompetenzen ebenso wie die im Perspektivrahmen Sachunterricht aufgezeigte räumliche Perspektive hinsichtlich eines angemessen Umgangs mit digitalen Geomedien, Karten und Globen ergänzt bzw. erweitert werden. So sollten die Schülerinnen und Schüler am Ende der Grundschulzeit z.B. in der Lage sein, a) digitale Karten (z.B. Bing Maps, Google Maps) und virtuelle Globen (z.B. Google Earth) auf einem Computer oder mobilen Endgerät aufzurufen, b) bedeutende Teile bei digitalen Karten und digitalen Globen (z.B. Navigationsleiste, Menü, Maßstab/ Maßstabsangabe, Kartenfenster) zu erkennen und zu benennen, c) Symbole auf digitalen Karten und Globen zu interpretieren, d) mit digitalen Karten und Globen sowie mit dreidimensionalen Darstellungen der Erde zu arbeiten (z.B. bedeutungsvolle Orte – das eigene Zuhause, die Schule, den Wohnort usw. – auf einer digitalen Karte/ einem digitalen Globus zu lokalisieren, die Kartenansicht zu verändern (zoomen), sich zu orientieren, einfache Messungen vorzunehmen, verschiedene „Layer" oder Darstellungsarten zu bestimmten Fragestellungen auszuwählen und zu nutzen, Kartenausschnitte zu aktualisieren), e) die graphische Darstellung von digitalen Geomedien zu reflektieren (z.B. Verallgemeinerungen, Änderung der Darstellung bei Maßstabsveränderungen), f) Informationen aus digitalen Geomedien zu entnehmen und kritisch zu analysieren, g) digitale Karten und Globen als von Menschen oder Organisationen zu einem bestimmten Zweck erstellte, manipulierte Darstellungen zu verstehen und h) über den Inhalt von digitalen Geomedien zu reflektieren (vgl. hierzu auch Zwartjes 2012, S. 93).

Vor allem im Zusammenhang mit den fortschreitenden technischen Möglichkeiten des Position Tracking sowie der Location Based Services sollten die Lernenden sich bereits im Grundschulalter als „Prosumer" (Prosumenten) und somit gleichzeitig als Konsumenten und als aktiven Mediengestalter/ Medienproduzenten erkennen. Sie müssen verstehen, dass sie durch die Nutzung entsprechender Applikationen nicht nur selber Informationen gewinnen, sondern gleichzeitig ihre persönlichen Daten (z.b. Bewegungsprofile usw.) für die Nutzung durch Dritte preisgeben.

## 5. Fazit

Durch die Verbindung von formalem und informellem Lernen bei der Förderung von Medienkompetenz im Zusammenhang mit „Realtime Geographies" ergeben sich auch für den Sachunterricht in der Grundschule zahlreiche neue Herausforderungen und Möglichkeiten. So kann sich die Auseinandersetzung mit digitalen Geomedien und Realtime Geographies im Sachunterricht (z.B. durch „Geocaching", „Collaborative Mapping Exercises") positiv auf die Motivation, das Interesse, die Unterrichtsqualität und das räumliche Lernen an sich auswirken. Auf der anderen Seite muss Sachunterricht, um diese Möglichkeiten tatsächlich sinnvoll nutzen zu können, a) das sich stetig verändernde Kommunikations- und Interaktionsverhalten von Lernenden berücksichtigen, b) Lernenden die Möglichkeit bieten, sich als Medienproduzenten zu erkennen, c) Wege finden, schulische und informationstechnische Bildung zu verbinden und d) einen kritisch-reflexiven und sinnvollen Umgang mit Geodaten und Geoinformation (bzw. mit Medien allgemein) fördern.

Vor allem aber müssen die Sachunterrichtslehrkräfte hinsichtlich der Entwicklung, der Nutzung sowie der potentiellen Möglichkeiten und Gefahren von Informations- und Kommunikationstechnologie kompetent werden und dauerhaft bleiben.

## Literatur

Appelhoff, M. (2008): Themenschwerpunkte 2008 der LfM zur Förderung von Medienkompetenz. In: Medienkompetenzbericht. 4. Bericht der Landesanstalt für Medien NRW zur Medienkompetenz in Nordrhein-Westfalen. Düsseldorf.

AllFacebook.de (o.J.): Facebook Nutzerzahlen. URL: http://allfacebook.de/userdata/ [25.09. 2012].

Baacke, D. (1998): Zum Konzept und zur Operationalisierung von Medienkompetenz. URL: http://www.bpjm.bund.de/bpjm/redaktion/PDF-Anlagen/baake-medienkompetenz,property =pdf,bereich=bpjm, sprache=de,rwb=true.pdf [25.09.2012].

European Network and Information Security Agency (ENISA) (2010): Online as soon as it happens. URL: http:// www.enisa.europa.eu/activities/cert/security-month/deliverables/2010/ onlineasithappens/at_download/fullReport [25.09.2012].

Gesellschaft für Didaktik des Sachunterrichts (GDSU) (Hrsg.) (2002): Perspektivrahmen Sachunterricht. Bad Heilbrunn.

Hartl, D.; Sterl, P.; Lampl, R.; Pröbstel, U. (2006): GPS und Geocaching als Medium der Umweltbildung. In: Jekel, T.; Koller, A.; Strobl, J. (Hrsg.): Lernen mit Geoinformationen. Heidelberg, S. 70-78.

Henrichwark, C.; Vaupel, W. (Hrsg.) (2002): Auf dem Weg zum Medienkonzept. Eine Planungshilfe für Schulen. E-nitiative. nrw, Medienzentrum Rheinland. URL: http:// www. teachersnews.net/mediathek/file/planungmedienkonzept.pdf [25.09.2012].

Koller, A. (2010): Geocaching – Ein Impuls für den GW- Unterricht?! In: GW-Unterricht, 119, S. 1-10.

Kutscher, N.; Klein, A.; Lojewski, N.; Schäfer, M. (2009): Medienkompetenzförderung für Kinder und Jugendliche in benachteiligten Lebenslagen. Konzept zur inhaltlichen, didaktischen und strukturellen Ausrichtung der medienpädagogischen Praxis in der Kinder- und Jugendarbeit. Düsseldorf: LfM Dokumentation, Band 36.

Lenz, T. (2006): Karten. In: Haubrich, H. (Hrsg.): Geographie unterrichten lernen. Die neue Didaktik der Geographie konkret. München, S. 196.

Mardink, K.; Schmeinck, D. (2012): „Liebes Tagebuch..." – Medienkompetenzförderung im Unterricht am Beispiel „Cyber-Grooming". In: GW-Unterricht, Heft 127, S. 42-49.

Medienpädagogischer Forschungsverbund Südwest (Hrsg.) (2011a): JIM 2011. Jugend, Information, (Multi-) Media. Basisstudie zum Medienumgang 12 bis 19-Jähriger in Deutschland. Stuttgart.

Medienpädagogischer Forschungsverbund Südwest (Hrsg.) (2011b): KIM-Studie 2010. Kinder + Medien, Computer + Internet. Basisuntersuchung zum Medienumgang 6 bis 13-Jähriger in Deutschland. Stuttgart.

Office of Science and Technology Policy (2000): President Clinton: Improving the Civilian Global Positioning System (GPS). May 1, 2000. URL: http://clinton3.nara.gov/WH/EOP/ OSTP/html/0053_4.html [25.09.2012].

Patubo, B. (2010): Environmental impacts of human activity associated with geocaching. San Luis Obispo.

Schleicher, Y. (2006): Digitale Medien und E-Learning motivierend einsetzen. In: Haubrich, H. (Hrsg.): Geographie unterrichten lernen. Stuttgart, S. 207-221.

Zwartjes, L. (2012): Creating a learning line on spatial thinking in education. In: Hubeau, M.; de Bakker, M.; Toppen, F.; Reinhardt, W.; Steenberghen, T.; Van Orshoven, J. (Hrsg.): GIS-education: Where are the boundaries? 8th European GIS Education Seminar. 6-9 September, 2012. Leuven, S. 87-96.

*Christina Klätte*

# Kinder und NS-Geschichte – Empirisch begründete Impulse für das historisch-politische Lernen

*This paper focuses results of a quantitative study on the knowledge of fourth-graders about the time of National Socialism. These results are used to formulate impulses for early historical and political learning in primary school.*

## 1. Einleitung

Das Begriffspaar *Kinder und NS-Geschichte* scheint auf den ersten Blick ungewöhnlich, ja nahezu antithetisch. Kann man Kinder mit der wohl schlimmsten Epoche deutscher Geschichte in Verbindung bringen? In den Jahren seit 2008 haben Forschende begonnen, dies in empirischen Forschungsarbeiten zu tun. Genauer gesagt haben sie das Wissen und die Vorstellungen von Grundschülerinnen und Grundschülern sowie das Unterrichtsgeschehen zu Nationalsozialismus, Judenverfolgung und jüdischer Geschichte systematisch erhoben. Die Befunde eines Großteils dieser Arbeiten wurden 2012 im Tagungsband *Kinder und Zeitgeschichte: Jüdische Geschichte und Gegenwart, Nationalsozialismus und Antisemitismus (vgl.* Enzenbach/ Pech/ Klätte 2012) nochmals zusammenfassend dargestellt. Ausgangspunkt der Forschung war ein seit 1996 kontinuierlich geführter Diskurs, der anfänglich vor allem die Frage nach den Gründen für eine Thematisierung mit Kindern und später die Frage nach Umsetzungsmöglichkeiten fokussierte, dem bis dahin aber keine gesicherten empirischen Befunde zu Grunde lagen (vgl. dazu Pech 2012, S. 13-22). In diese Forschungslinie ordnet sich das hier vorgestellte Forschungsvorhaben ein. Es verfolgt die Ziele, Wissensbestände über diese Zeit von Viertklässlerinnen und Viertklässlern verallgemeinernd zu untersuchen und Wissenserwerbsprozesse in den Blick zu nehmen.

## 2. Datenerhebung und -auswertung

Die Untersuchung wurde im Schuljahr 2009/2010 mittels Fragebögen durchgeführt. Befragt wurden 803 Kinder der vierten Jahrgangsstufe (und wenige der dritten Jahrgangsstufe) in 67 Grundschulklassen an 30 Grundschulen in Berlin, Brandenburg und Nordrhein-Westfalen. Hinzu kamen Eltern (N=694) und Lehrpersonen (N=59), um auch Informationen zum familiären Hintergrund und der Erfahrungen im Unterricht zu sammeln. Das Wissen der Kinder wurde mit Multiple-Choice- und offenen Aufgaben erhoben.

Für die Analysen wurden die Antworten der Kinder zu den Wissensfragen erst dichotomisiert (richtig/ falsch), dann raschskaliert und der Personenparameter WLE (Weighted Likelihood Estimate) berechnet. 21 von 23 Items des Schülerfragebogens erfüllen die Kriterien der Raschhomogenität und erlauben somit eine zuverlässige Messung des zugrunde liegenden Wissenskonstrukts. Diese 21 Items weisen mit einer WLE-Reliabilität von 0.73 eine zufriedenstellende interne Konsistenz auf. Durchschnittlich wurden 10,3 von 21 Fragen gelöst, minimal 0 und maximal 21.

## 3. Ergebnisse

Das Anliegen dieses Beitrages ist es, ausgewählte Ergebnisse von vertiefenden Analysen vorzustellen und damit die bereits veröffentlichten (vgl. Klätte 2012a, 2012b) zu konkretisieren. Von den Gesamtergebnissen ausgehend, werden im Gliederungspunkt 4 Impulse für das historisch-politische Lernen mit Kindern formuliert.

### 3.1 Thematisierung im Grundschulunterricht

Eine Thematisierung der Zeit des Nationalsozialismus ist weder in Berlin und Brandenburg noch in Nordrhein-Westfalen curricular als Thema für *alle* Grundschulkinder verankert. Nur in NRW gibt es im Lehrplan Evangelische Religionslehre unter dem für die 3. und 4. Jahrgangsstufe intendierten Schwerpunkt *Ruf zum Frieden und zur Gerechtigkeit* einen Verweis – und zwar *„Erinnern lernen (z.B. [...] Erinnern an die Shoa)"* (vgl. MSW des Landes Nordrhein-Westfalen 2008, S. 160). Trotz weitestgehend fehlender curricularer Vorgaben fand in 30 Grundschulklassen im 3. oder 4. Schuljahr eine Thematisierung von Aspekten der NS-Zeit statt. In Berlin wurde diese häufig im Sachunterricht mit dem Inhalt Stadtgeschichte verknüpft. In Nordrhein-Westfalen erfolgte der Zugang in der Regel über den Religionsunterricht. Die Anzahl der Brandenburger Grundschulklassen, in denen dazu gearbeitet wurde, ist vergleichsweise gering (Thematisierung: Berlin 57,1%; NRW: 50%; Brbg. 23,8%).

## 3.2 Wissensbestände der Kinder

Um zu prüfen, welche Merkmale einen Einfluss auf das Wissen der Kinder haben, wurden Mehrebenenanalysen durchgeführt. Diese berücksichtigen die hierarchische Struktur der Daten und ermöglichen es, Effekte auf zwei Ebenen – der 1. Ebene (Schülerebene) und der 2. Ebene (Klassenebene) – zu schätzen.

Tabelle 1 zeigt Ergebnisse für die Teilstichprobe Berlin und Nordrhein-Westfalen ($N_{Schüler} = 535$; $N_{Klassen} = 44$).[1] Genauer gesagt, werden neun Random-Intercept-Modelle, die bis zu neun Schülermerkmale enthalten, dargestellt.[2] Diese Schülermerkmale haben sich in den vergangenen Analysen (vgl. Klätte 2012a, 2012b) als bedeutsam zur Erklärung des Wissens von Kindern über die NS-Zeit erwiesen und wurden nun für die Mehrebenenanalyse am Klassenmittelwert zentriert. Die Ergebnisse weisen auf geschlechtsbezogene Disparitäten hin, da Mädchen über alle Grundschulklassen hinweg einen um -0 .34\*\*\* geringeren WLE als Jungen (SE = 0.08) haben. Dieser Zusammenhang ist statistisch hoch signifikant.[3] In allen Modellen trägt die Berücksichtigung des Interesses der Kinder und ob Eltern bereits mit ihren Kindern über diese Zeit gesprochen haben zur Aufklärung der Varianz im Wissen bei. Bei Hinzunahme weiterer Merkmale reduziert sich jedoch die Bedeutung beider Prädiktoren. Dem Prädiktor *Gespräche mit Eltern* kommt im Modell 9, das mit 27% die höchste Varianzaufklärung aufweist, eine besonders große Bedeutung zu. Kinder, mit denen über die NS-Zeit gesprochen wurde, haben einen um 0.35\*\*\* (SE = 0.09) höheren WLE als Kinder, mit denen nicht darüber gesprochen wurde. Die stärksten Effekte wurden für den Prädiktor Fernseherfahrungen gefunden. Modell 9 zeigt, dass Kinder, die angaben, bereits etwas im Fernsehen über diese Zeit gesehen zu haben, einen um

---

[1] Da es im Teildatensatz Brandenburg kaum Kinder mit einer Einwanderungsgeschichte gibt, werden Analysen für die Gesamtstichprobe und die Teilstichprobe ohne Brdg. durchgeführt.

[2] Die Schätzung der Modellparameter erfolgte mit dem Programm HLM 6.02. Die Intraklassenkorrelation (ICC) im Nullmodell beträgt 0.34 – d.h. 34% der Gesamtvarianz in den Daten kann auf die Klassenebene zurückgeführt werden.

[3] Weitere Analysen zeigen, dass Jungen im oberen Wissensspektrum stärker repräsentiert sind und besonders viele Fragen zu Aspekten wie „Hitler" und „Kriegsverlauf" richtig beantworten. Mädchen kannten dagegen häufiger „Anne Frank". Bezüglich des Interesses gibt es jedoch keine nennenswerten Unterschiede.

0.44*** (SE = 0.08) höheren WLE als Gleichaltrige ohne Fernseherfahrungen aufweisen.

**Tabelle 1:** Effekte von Schülermerkmalen auf das Wissen

| Ebene 1/ Prädiktoren | M1 b (SE) | M2 b (SE) | M3 b (SE) | M4 b (SE) | M5 b (SE) | M6 b (SE) | M7 b (SE) | M8 b (SE) | M9 b (SE) |
|---|---|---|---|---|---|---|---|---|---|
| 1. Mädchen | -0.34*** (0.08) | -0.35*** (0.08) | -0.34*** (0.08) | -0.30*** (0.07) | -0.31*** (0.08) | -0.31*** (0.07) | -0.31*** (0.07) | -0.32*** (0.08) | -0.33*** (0.07) |
| 2. Geschichtsinteressiert | | 0.36*** (0.09) | 0.35*** (0.10) | 0.27** (0.09) | 0.26* (0.13) | 0.28** (0.10) | 0.28** (0.10) | 0.23** (0.10) | 0.24* (0.10) |
| 3. Gespräche mit Eltern | | | 0.58*** (0.09) | 0.48*** (0.09) | 0.46*** (0.09) | 0.41*** (0.08) | 0.33*** (0.09) | 0.32*** (0.08) | 0.35*** (0.09) |
| 4. Fernsehen | | | | 0.42*** (0.07) | 0.44*** (0.09) | 0.43*** (0.07) | 0.43*** (0.07) | 0.43*** (0.07) | 0.44*** (0.08) |
| 5. Berufe | | | | | ns | ns | ns | ns | ns |
| 6. Vater ist in Dt. geboren | | | | | ns | ns | ns | ns | |
| 7. mehr als 100 Bücher | | | | | | | 0.39*** (0.09) | 0.38*** (0.09) | 0.35*** (0.09) |
| 8. Häufige Musumsbesuche | | | | | | | | 0.26** (0.10) | 0.24** (0.09) |
| 9. Mutter erwerbslos | | | | | | | | | -0.26** (0.09) |
| $R^2_{Ebene1}$ in % | 3,64 | 5,28 | 15,52 | 19,75 | 19,14 | 20,70 | 22,51 | 23,58 | 26,59 |

**Anmerkungen:** M = Modell, b = unstand. Regressionskoeffizienten, SE = Standardfehler von b, ns = nicht signifikant, $*p \leq .05$, $**p \leq .01$, $***p \leq .001$; Schätzung R2 nach Hox; Refererenzgruppen: 1. Jungen; 2. (Eher) nicht geschichtsinteressiert; 3. Keine Gespräche mit Eltern; 4. Keine Fernseherfahrungen; 6. Vater ist nicht in Deutschland geboren; 7. Weniger als 100 Bücher; 8. Seltene Museumsbesuche ($\leq$ 1 bis 2 pro Jahr); 9. Mutter erwerbstätig; 5. ist eine kategoriale Variable: 0 = Manuelle Tätigkeiten (u.a.), 1 = Angestellte (u.a.), 2 = Akademiker (u.a.).

Die Berufe der Eltern, als Indikator für die sozio-ökonomische Stellung der Familie, sind in keinem der Modelle wichtig zur Erklärung des Wissens. Als einzelner Prädiktor erwies sich das Geburtsland des Vaters noch als bedeutsam (- 0.28**, SE = 0.10), bei Hinzunahme weiterer Prädiktoren verliert dieses Merkmal jedoch an Erklärungskraft. Die nationale Herkunft des Vaters besitzt folglich keinen zusätzlichen Einfluss auf das Wissen der Kinder. Dagegen zeigte sich, dass mit der Anzahl der Bücher im Haushalt der Familie ein höheres Wissen verbunden ist. Kinder, in deren Haushalten mehr als 100 Bücher zur Verfügung stehen, erzielen einen um 0.35*** (M 9) höheren WLE als Kinder, auf die das nicht zutrifft. Sowohl dieses Merkmal als auch die Häufigkeit von Museumsbesuchen[4] geben Auskunft über die kulturelle Praxis und sind Indikatoren für das kulturelle Kapital[5] der Familie. Kinder, die häufiger als 1 bis 2 Mal pro Jahr ein Museum besuchen, haben einen um 0.24** höheren WLE als Kinder, die dies nicht tun. Die Erwerbssituation der Eltern, hier der Mutter, dient als Indikator für das soziale Kapital der Familie. Eine Erwerbslosigkeit der Mutter hat einen negativen Einfluss (- 0.26**; SE = 0.09) auf den Wissensstand der Kinder.

In den Modellen fällt auf, dass vor allem die Fernseherfahrungen der Kinder und das Elternhaus bedeutsam für den Wissenserwerb sind. Die Einwanderungsgeschichte der Familie verliert bei Kontrolle von anderen familiären Merkmalen, wie den Berufen oder dem Buchbesitz, an Erklärungskraft.

In Tabelle 2 findet man erneut die neun Schülermerkmale – diese werden nun kontrolliert, d.h. am Gesamtmittelwert zentriert. In den drei Modellen kommen sukzessive Merkmale der Klassenebene hinzu, um deren Einfluss auf das Wissen der Kinder zu schätzen. Alle Prädiktoren tragen, isoliert betrachtet, zur Aufklärung der Varianz im Kriterium bei (10. 0.08*; SD = 0.04 / 11. -0.38*, SD = 0.16 / 12. 0.38**, SD = 0.13). Modell 1 zeigt, dass ein sehr geringer Teil der Varianz durch die Anzahl der durchgeführten Unterrichtsstunden zur NS-Geschichte in der jeweiligen Grundschulklasse zu erklären ist. Die mittlere Anzahl der Bücher und die mittlere Einwanderungsgeschichte aller Kinder sind Indikatoren für die soziale und kulturelle Zusammensetzung der Grundschulklasse. In Klassen, in denen die Kinder im Mittel weniger als 100 Bücher zu Hause haben, ist der WLE um 0.34* kleiner als bei Kinder in Klassen mit über 100 Büchern (M 2). Wenn die mittlere Einwanderungsgeschichte der Kinder als Merkmal mitberücksichtigt wird, verringern sich die Effektstärken aller drei Prädiktoren. Dies weist auf einen vermittelnden Effekt hin: In Grundschulklassen, in denen über 60% der Kinder eine Einwanderungsgeschichte haben, gibt es die Tendenz, dass die NS-Zeit selte-

---

[4] Da auch Kinder oder Grundschulklassen Museen mit Bezügen zur NS-Zeit besuchen, ist gleichzeitig ein direkter Einfluss auf das Wissen vorstellbar.
[5] Die Konzepte „Kulturelles Kapital" und das folgende „Soziale Kapital" sind auf die Arbeiten von Pierre Bourdieu zurückzuführen, z.B. Bourdieu (1982).

ner ($\Phi = 0.41$, $p \leq 0.01$) oder weniger intensiv zum Unterrichtsgegenstand wird (Cramers $V = 0.48$, $p \leq 0.05$). Gleichzeitig ist zu beachten, dass in Klassen mit einer hohen Quote von Kindern mit Einwanderungsgeschichte, die Anzahl der Bücher im Haushalt geringer ist ($\Phi = -0.47$, $p \leq 0.01$). Diese Zusammenhänge führen im Modell 3 zu einer Unterschätzung der Effekte.

**Tabelle 2:** Effekte von Schüler- und Klassenmerkmalen auf das Wissen

| Ebene 1 – Prädiktoren | M1 b (SE) | M2 b (SE) | M3 b (SE) |
|---|---|---|---|
| *1. Mädchen* | -0.36*** (0.07) | -0.36*** (0.07) | -0.36*** (0.07) |
| *2. Geschichtsinteressiert* | 0.27* (0.11) | 0.29** (0.11) | 0.28** (0.11) |
| 3. Gespräche mit Eltern | 0.36*** (0.09) | 0.35*** (0.09) | 0.35*** (0.09) |
| 4. Fernseherfahrungen | 0.41*** (0.08) | 0.41*** (0.08) | 0.41*** (0.08) |
| 5. Berufe | ns | ns | ns |
| 6. Vater ist in Dt. geboren | ns | ns | ns |
| 7. Über 100 Bücher | 0.41*** (0.09) | 0.36*** (0.09) | 0.36*** (0.09) |
| 8. Häufige Museumsbesuche | 0.23** (0.09) | 0.22** (0.09) | 0.23** (0.09) |
| 9. Mutter ist erwerbslos | -0.26** (0.09) | -0.26** (0.09) | -0.24** (0.09) |
| $R^2_{\text{Ebene 1}}$ in % | 26,38 | 26,38 | 26,24 |
| Ebene 2 – Prädiktoren | | | |
| 10. Anzahl der Unterrichtsstunden | 0.08* (0.04) | ns | ns |
| 11. Im Mittel unter 100 Bücher | | -0.34* (0.17) | ns |
| 12. Anteil Einwanderungsgeschichte kleiner 60% | | | ns |
| $R^2_{\text{Ebene 2}}$ in % | 52,20 | 56,08 | 57,96 |
| ICC | 0,23 | 0,21 | 0,20 |

**Anmerkungen:** Refererenzgruppen: 11. Im Mittel über 100 Bücher; 12. Anteil Einwanderungsgeschichte über 60%; 10. ist eine kategoriale Variable: 0 = keine, 1 = eine, 2 = zwei bis fünf, 3 = sechs bis neun, 4 = $\geq$ 10.

Im Modell 3 wird sichtbar, dass allein diese drei Merkmale 58% der Varianz auf der Klassenebene erklären. Auch die Zusammensetzung der Klasse scheint bedeutungsvoll für den Wissenserwerb von Kindern zu sein.

# 4. Impulse und Diskussion

**Impuls 1: Gründe für eine Nicht-Thematisierung hinterfragen**
Insgesamt treffen in NRW und Berlin erstaunlich viele Lehrkräfte die Entscheidung für eine mehr oder weniger umfangreiche Thematisierung in der Grundschulzeit – oft, weil Kinder danach fragen oder sie selbst an einer frühen Thematisierung interessiert sind. In diesem Zusammenhang fällt auf, dass in Grundschulklassen, die von einer größeren Anzahl von Kindern mit Einwanderungsgeschichte besucht werden, seltener die NS-Geschichte zum Gegenstand des Unterrichts wird. Wichtig scheint in diesem Kontext, dass es keine bedeutsamen herkunftsbedingten Unterschiede im Interesse der Kinder (vgl. Klätte 2012b, S. 98) gibt und die festgestellten Wissensunterschiede eher auf soziale und kulturelle Ressourcen im Elternhaus als auf eine Einwanderungsgeschichte der Familie zurückzuführen sind.

**Impuls 2: Jungen und Mädchen ansprechen**
In der Untersuchung wurde deutlich, dass Jungen und Mädchen unterschiedlich viel wissen und es Wissensbereiche gibt, die nicht von beiden gleichermaßen häufig erinnert werden. Aus diesen Ergebnissen ergibt sich für das Lernen die Konsequenz, Mädchen und Jungen gleichermaßen anzusprechen. Dies könnte für eine Orientierung am Lernen an Biografien (vgl. dazu Pech/ Becher 2005) sprechen, also den Biografien von realen Personen, da ausgehend von der Lebensgeschichte vielfältige Möglichkeiten eröffnet werden, unterschiedlichen thematischen Interessen nachzugehen.

**Impuls 3: Geschichtskultur als möglicher Ausgangspunkt des Lernens**
Sicher ist, dass die Vorbereitung von Lerneinheiten über die Zeit des Nationalsozialismus von Pädagoginnen und Pädagogen, welcher Schulstufe auch immer die Schülerinnen und Schüler angehören, viele schwierige Entscheidungen über Inhalte und Methoden erfordert. Oft wird in NRW im evangelischen Religionsunterricht ein Lernen über das Judentum mit der NS-Zeit verbunden. Mögliche Problematiken, die aus diesem Zugang entstehen können, diskutiert Isabel Enzenbach ausführlich (vgl. Enzenbach 2012).
Die Ergebnisse zum Einfluss der Fernseherfahrungen auf das Wissen der Kinder legen nahe, gezielt filmische und dokumentarische Darstellungen für

historisch-politisches Lernen zu nutzen. Dieses Vorgehen bietet zum einen die Möglichkeit, Ursprünge von Wissen und Konzepten der Kinder sichtbar und diskutierbar zu machen. Zum anderen kann geübt werden, fertige Narrationen zu dekonstruieren und der Fokus von Aspekten, die besonders viel Aufmerksamkeit auf sich ziehen (z.B. Hitler), gezielt auf weitere wichtige (z.B. Widerstand) gelenkt werden. Das bemerkenswert große Interesse der Kinder für Geschichte und im Besonderen für diese Zeit (vgl. Klätte 2012b, S. 91, 98), kann helfen, Wissen zu tragfähigen Konzepten weiterzuentwickeln sowie Geschichtsbewusstsein zu fördern. Um ein längerfristiges Interesse an Ereignissen der Zeitgeschichte zu begünstigen, bieten sich verschiedene Möglichkeiten an. Eine besteht darin, in der Arbeit mit Kindern die Bedeutung des Themas für die Gegenwart herauszuarbeiten. Denkbar ist dies, wenn beispielsweise Geschichtskultur und ihre Erscheinungsformen (Filme, aber auch aktuelle Debatten, Gedenktage, Jubiläen, Denkmäler, Straßennamen etc.) zum Ausgangspunkt des historisch-politischen Lernens in der Grundschule wird.

# Literatur

Bourdieu, P. (1982): Die feinen Unterschiede: Kritik der gesellschaftlichen Urteilskraft. Frankfurt am Main.

Enzenbach, I; Pech, D.; Klätte, C. (Hrsg.) (2012): Kinder und Zeitgeschichte: Jüdische Geschichte und Gegenwart, Nationalsozialismus und Antisemitismus. Berlin. (8. Beiheft von widerstreit-sachunterricht.de)

Enzenbach, I. (2012): Historisches Lernen in der Grundschule als Prävention gegen Antisemitismus? In: Enzenbach, I.; Pech, D.; Klätte, C. (a.a.O.), S.51-62.

Klätte, C. (2012a): „Opa hat gegen das Böse gekämpft." Kenntnisse von Grundschulkindern über Nationalsozialismus und Judenverfolgung. In: Hellmich, F.; Förster, S.; Hoy, F. (Hrsg.): Bedingungen des Lehrens und Lernens in der Grundschule, Bilanz und Perspektiven. Wiesbaden, S. 253-256. (Jahrbuch Grundschulforschung, Nr. 16)

Klätte, C. (2012b): Frühes historisches Lernen über Nationalsozialismus und Judenverfolgung. Familiäre Bedingungen, Interessen und Wissenserwerb bei Viertklässlern. In: Enzenbach, I.; Pech, D.; Klätte, C. (a.a.O.), S. 85-99.

Ministerium für Schule und Weiterbildung des Landes Nordrhein-Westfalen (Hrsg.) (2008): Richtlinien und Lehrpläne für die Grundschule in NRW. Frechen, S. 160.

Pech, D.; Becher, A. (2005): Holocaust Education als Beitrag zur Gesellschaftlichen Bildung in der Grundschule. In: Cech, D.; Giest, H. (Hrsg.): Sachunterricht in Praxis und Forschung – Erwartungen an die Didaktik des Sachunterrichts. Bad Heilbrunn, S. 87-101. (Probleme und Perspektiven des Sachunterrichts, Bd. 15.)

Pech, D. (2012): Sachunterricht und frühes historisches Lernen über jüdische Geschichte, Nationalsozialismus und den Holocaust – Entwicklung einer Diskussion. In: Enzenbach, I.; Pech, D.; Klätte, C. (a.a.O.), S. 51-62.

*Sabine Herrmann, Jörg Nicht und Hilde Köster*

# Praxiserfahrungen im Sachunterricht stärken – ein Schulkooperationsprojekt an der FU Berlin

*In the school cooperation project lays a main focus on the advancement of the subject general studies with respect to enhancing independent and self-determined learning. Methods of instruction are developed by the intensive cooperation of teachers with students. Questions are raised together, different attempts and concepts are controversially discussed, plans are realized and new perspectives for teaching are won. The intensive, continuous and long-term exchange of the cooperation partners allows a new type of connection between theory and practice which also affects the teachers training.*

## 1. Einleitung

Die universitäre Lehrerausbildung sieht sich nicht selten mit dem Wunsch von Studierenden einerseits und Lehrkräften andererseits konfrontiert, praxisnäher auszubilden (vgl. Schüssler et al. 2012, Multrus 2012). In Berlin stieg in der Vergangenheit zudem, auch durch die auf ein Jahr verkürzte Referendariatszeit, der Druck, schon im Rahmen der ersten Phase einen stärkeren Berufsfeldbezug zu etablieren.[1]

An der Freien Universität Berlin ist für Studierende der Grundschulpädagogik mit dem Orientierungspraktikum und den Schulpraktischen Studien ein systematischer Praxisbezug vorgesehen. Dieser Praxisbezug wird von den Studierenden jedoch einerseits oft als nicht ausreichend empfunden, andererseits als zu stark eingegrenzt durch Vorgaben und institutionelle Leistungserwartungen. Der Wunsch nach offeneren Formen der Praxisbegegnung mündete im Sommersemester 2011 im Rahmen sogenannter Zukunftswerkstätten, die in mehreren Sachunterrichtsseminaren durchgeführt wurden, in

---

[1] Dabei bleiben die zum gegenwärtigen Zeitpunkt sich abzeichnenden Veränderungen im Lehramtsmaster und dem Referendariat im Land Berlin unberücksichtigt.

dem Projekt „uni at school".[2] Unterstützt durch die Arbeitsgruppe Sachunterricht an der Freien Universität kooperieren in diesem Projekt Studierende und Lehrkräfte miteinander.

Dabei leistet das Schulkooperationsprojekt anderes als die bisherigen Praxisphasen: Auf der Basis von Freiwilligkeit und Interesse, Vertrauen und Verlässlichkeit werden sehr individuelle Arrangements getroffen, die in ihrer Struktur beispielsweise mit der Idee des „Service-Learning" (vgl. Sliwka 2007) vergleichbar sind.

Im Beitrag werden die Ziele sowie die Umsetzung des Projekts dargelegt, und es wird eine erste theoretische Einordnung vorgenommen. Abschließend werden Unterschiede zu Schulpraktika diskutiert sowie weitere Vorhaben beschrieben.

## 2. Ziele und Struktur des Schulkooperationsprojekts

Durch den kontinuierlichen Austausch universitärer und schulischer Fachexpertise ergeben sich neue Möglichkeiten für tiefer gehende Theorie-Praxis-Bezüge, die sich sowohl auf den Unterricht in den Schulen als auch auf die Gestaltung des Lehramtsstudiums positiv auswirken (s.u.). Das Projekt soll vor allem das selbständige und selbstbestimmte Lernen von Schülern und Studierenden fördern, initiiert aber auch neue Lernformen für einen kompetenzorientierten Sachunterricht und widmet sich dem inklusiven Lernen in jahrgangsübergreifenden und heterogenen Lerngruppen. Neue Unterrichtsformen und die Arbeit im Team können erprobt und reflektiert werden.

Ein großes Gewicht liegt dabei auf der Freiwilligkeit und der intrinsischen Motivation sowohl bei den Studierenden als auch bei den Lehrkräften. Konzeptionell bilden sowohl die Optimierung der Ausbildungsbedingungen für den Lernbereich Sachunterricht als auch die Weiterentwicklung des Sachunterrichts in den Schulen die Motive für das universitäre Engagement.

Weitere Facetten des Projekts bilden die Förderung von Kontakten der Universität zu pädagogisch besonders ausgewiesenen Schulen in der Region – einerseits im Hinblick auf eine Unterstützung der Reformbemühungen in der Praxis, andererseits zur Verbesserung der Schulpraktika. Als eine Ausgangsbasis dafür dienen z.B. Treffen, gemeinsam von allen Akteuren konzipierte Workshops und Fortbildungen.

Eine besondere Gewichtung erfährt im Projekt das Forschende Lernen: In Forschungsprojekten im Rahmen zahlreicher Bachelor- und Masterarbeiten

---

[2] Der Projektname wurde inzwischen in „SuNaWi trifft Schule" umgewandelt.

werden Aspekte der Kooperationen empirisch untersucht. Die Ergebnisse fließen in die Weiterentwicklung des Projekts ein. Darüber hinaus werden neue kooperative Mitgestaltungsmöglichkeiten erprobt, wie z.b. die Einbindung von Kooperationspartnern und Schulklassen in die Präsentationen des Arbeitsbereichs zur „Langen Nacht der Wissenschaften", der „Bildungsmeile in Zehlendorf" oder zu Fachtagungen.

## 3. Die Umsetzung des Schulkooperationsprojekts

In der Planungsphase wurden gemeinsam mit den beteiligten Studierenden einerseits theorie- und andererseits bedarfsbezogene Kriterien für die Auswahl von Kooperationsschulen sowie auch Regeln für den Umgang mit den schulischen Partnern formuliert. Für das Projekt wurden und werden Kooperationsschulen gesucht, die aktuellen Ansprüchen an eine „gute" bzw. innovative Schule genügen können. Die Studierenden sollten in den Schulen beispielsweise erfolgreich umgesetztes jahrgangsübergreifendes Lernen, offene Unterrichtsformen, die Arbeit in aktivierenden Lernumgebungen, einen rhythmisierten Ganztag, Inklusion oder alternative Formen der Leistungsbeurteilung kennen lernen können. Interessant im Sinne der Projektziele sind aber auch Schulen, die an einer Weiterentwicklung und Profilierung des Sachunterrichts interessiert und bereit sind, Formen selbstständigen und selbstbestimmten Lernens umzusetzen, im Unterricht zu erproben und gemeinsam weiterzuentwickeln.

Zurzeit nehmen am Schulkooperationsprojekt 17 Schulen teil: u.a. sechs Gemeinschaftsschulen, drei Europaschulen und vier Privatschulen sowie ein sonderpädagogisches Förderzentrum.

Lehrer-Studierenden-Tandems bilden das Kernstück der Kooperation zwischen der Sachunterrichtsdidaktik der Freien Universität und den am Projekt beteiligten Schulen. Die Kooperationsinteressenten verabreden sich individuell und selbständig für verschiedenste Formen der Zusammenarbeit, z.B. zu festen Treffen ein- bis zweimal wöchentlich oder auch für situationsbezogene, unregelmäßige Termine. 24 Lehrkräfte und 31 Studierende bilden zurzeit 29 Tandems, die gemeinsam planen und sich gegenseitig unterstützen. Neben dem intensiven Austausch von Ideen und Materialien für den Unterricht bietet sich den Studierenden z.B. die Möglichkeit, in Seminaren entwickelte Unterrichtsmaterialien oder -ideen zu erproben.

Eine weitere Form der Kooperation bezieht sich auf die Zusammenarbeit ganzer Seminargruppen mit Kollegien an Schulen. Im Rahmen dieser Zusammenarbeit entstehen vor allem größere pädagogisch und didaktisch orientierte Vorhaben oder umfassende Sachunterrichtsprojekte, für die intensiv recherchiert wird, die theoretisch fundiert und in der Lernwerkstatt des Sachunterrichtsbereichs der Universität intensiv vorbereitet und schließlich gemeinsam durchgeführt werden. Damit ergeben sich nicht nur die gewünschten Praxisbezüge für die Studierenden, sondern auch für die Lehrkräfte vielfältige neue Einsichten und Erfahrungen.

Wie diese Schulkooperationen aussehen können, zeigen die folgenden drei Beispiele:

- Die Kronach-Grundschule ist eine gebundene Ganztagsschule im Berliner Stadtteil Steglitz. Das Lehrerkollegium hatte sich zum Ziel gesetzt, das selbständige Lernen der Schülerinnen und Schüler im Sachunterricht in den Focus zu rücken. Auf dieser Basis wurde eine langfristige Zusammenarbeit mit dem Sachunterrichts-Masterseminar geplant, durchgeführt und evaluiert. In Tandems und Kleingruppen aus Studierenden und Lehrkräften wurden sowohl die theoretischen Grundlagen erarbeitet als auch praktische Vorschläge und Ideen gesammelt und intensiv beraten. Umgesetzt wurden diese Ideen dann in von den Lehrkräften und Studierenden gemeinsam initiierten und durch die Kinder mitgestalteten Unterrichtsprojekten zu unterschiedlichen Themenbereichen. Ausgewertet wurde diese Kooperation nicht nur bei einem später anschließenden gemeinsamen Fachtag in der Sachunterrichts-Lernwerkstatt der Freien Universität, sondern auch durch die wissenschaftliche Begleitforschung, die im Wesentlichen im Rahmen von sechs Master- und zwei Bachelorarbeiten stattfand.

- Die Hunsrück-Grundschule ist eine gebundene Ganztagsschule im Stadtbezirk Kreuzberg, die plant, ein neues Rhythmisierungskonzept einzuführen. Innerhalb eines zweistündigen Mittagsbandes sollen die Kinder zukünftig selbst entscheiden können, wann und mit wem sie zu Mittag essen wollen. Für die verbleibende Zeit sollen offene Lern- und Freizeitangebote geschaffen werden, zwischen denen die Schülerinnen und Schüler frei wählen können. Nach einem Besuch der Seminargruppe in der Schule wurden sowohl die Rhythmisierung als auch die Überlegungen zu geeigneten Lernangeboten zum Inhalt eines Seminars im Arbeitsbereich Sachunterricht. Das von Studierenden geplante und vorbereitete Lernangebot „Naturwissenschaften zum Anfassen und Ausprobieren" wurde von den Studierenden des Sachunterrichts und des Studienfachs „Integrierte Naturwissenschaften" während des vierwöchigen Erprobungszeitraumes in der vorlesungsfreien Zeit selbständig betreut. Die Entwicklung des Rhythmisierungsangebots basiert auf Ideensammlungen zu den Themenfeldern des Berliner Rahmenlehrplans Sachunterricht aus einem vorangegangenen Sachunterrichtsseminar und wurde von den Studierenden von der Planungsphase bis zur abschließenden Evaluation in Portfolios dokumentiert.

- In der Wald-Grundschule in Charlottenburg wollte ein gut eingespieltes JüL-Team (Jahrgangsübergreifendes Lernen) in der Schulanfangsphase seine Erfahrungen weitergeben, um für eine stärkere Verbreitung offener Lernformen zu werben. Die Lehrkräfte wünschten sich einen konstruktiven Austausch mit engagierten und interessierten Studierenden und boten von sich aus Praktikumsplätze für das gesamte Seminar sowie eine spätere Fortführung der gemeinsamen Arbeit im Rahmen des Schulkooperationsprojekts an. Die Studierenden hatten bereits Wochen vor Beginn des Praktikums die Gelegenheit, mit den jeweiligen anleitenden Lehrkräften zu sprechen und die Klassen bereits im Vorfeld kennen zu lernen. Während des Vorbereitungsseminars für das Unterrichtspraktikum wurden zwei Seminarsitzungen in die Schule verlegt und gemeinsam mit den Lehrkräften durchgeführt. Durch diese frühzeitigen intensiven Kontakte zeichnete sich das Praktikum durch eine besonders hohe Effektivität aus. Acht Studierende absolvierten gleichzeitig ihr Unterrichtspraktikum in den JüL1-3-Klassen der Wald-Grundschule, waren einbezogen in Teamsitzungen und Elterngespräche und sammelten Erfahrungen mit der Umsetzung einer fächerübergreifenden Unterrichtsplanung, in deren Zentrum in der Regel ein sachunterrichtliches Thema stand. Die Studierenden planten gemeinsam und mit Unterstützung der Lehrkräfte ein Lernangebot, das nacheinander von allen Saph-Klassen genutzt wurde, und sie stellten durch intensive Reflexion einen differenzierten Theorie-Praxisbezug her.

## 4. Theoretische Einordnung und Evaluation

Die Studierenden des Sachunterrichts wurden im Allgemeinen auch vor dem Projekt schon als engagiert und interessiert wahrgenommen, zeigen sich aber im Einsatz für das Projekt, innerhalb ihrer Tandems und in der Vorbereitung von Veranstaltungen in einem noch viel höheren Maße selbständig und eigenverantwortlich arbeitend. Die offenbar gesteigerte intrinsische Motivation wirkt sich nun nicht nur auf die Lernatmosphäre innerhalb der Seminare und des Fachbereichs, sondern auch auf die Kooperationsbereitschaft der Lehrkräfte in den Schulen aus. Immer öfter gehen „Bewerbungen" von Schulleitungen ein, in denen ausführlich dargelegt wird, weshalb die Kooperation mit der jeweiligen Schule besonders lohnenswert sei. Anfragen von Lehrkräften, die konkrete Vorschläge und Ideen für eine Kooperation unterbreiten und Angebote für Praktikumsplätze, die Studierende zuvor oft nur unter erheblichen Schwierigkeiten fanden, weisen darauf hin, dass die Projektinitiative an den Schulen positiv wahrgenommen wird.

Mit dieser Struktur und der „Nutzung" des Angebots einerseits und durch die Unterschiede zum etablierten Praktikum andererseits ergeben sich Ähnlichkeiten zum so genannten „Service Learning" (Sliwka 2007). Service Learning ist im Unterschied zum Lernen in „normalen" Praktika dadurch gekennzeichnet, dass es an Problemen orientiert ist, die nicht didaktisch erzeugt, sondern in der Praxis bereits vorhanden sind. So betont Sliwka, dass sich im Unterschied zu traditionellen Lehrformen an der Universität, bei denen das Wissen inhaltlich systematisiert dargeboten wird, im Service Learning die Probleme durch die Analyse ergeben:

> „Service Learning ist problembasiertes Lernen und daher strukturell vergleichbar mit Ansätzen des problembasierten Lernens, wie sie in der Medizinerausbildung, an Business und Law Schools seit einigen Jahren international Verbreitung finden" (Sliwka 2007, S. 32).

Die Studierenden werden praktisch aktiv, die Aktivität wird anhand einschlägiger Literatur vorbereitet und reflektiert (vgl. a.a.O.) und das bearbeitete Problem (der Praxis) wird in einer Lehrveranstaltung an der Hochschule aufgegriffen und diskutiert.

Mindestens eine Facette des Schulkooperationsprojektes korrespondiert mit diesem Aspekt des Service Learning sehr gut, denn Schulleitungen oder einzelne Lehrkräfte nehmen die Angebote bewusst wahr, um Probleme an den Schulen zu bearbeiten oder neue Unterrichtsinhalte und -formen zu etablieren. Das Lernen zielt dabei in beiden Ansätzen nicht nur auf das zu erwerbende Wissen oder die auszuprägenden Kompetenzen ab, sondern auch auf Authentizität und die dadurch bedingte Erhöhung der Lern- und Arbeitsmotivation (vgl. Sliwka 2007, S. 33).

Ebenso wie das Service Learning besteht auch die Arbeit im Schulkooperationsprojekt – zumindest teilweise – aus zwei Komponenten (vgl. a.a.O.): In der „Service"-Komponente helfen die Studierenden konkrete Probleme der Praxisstelle zu lösen. In der „Learning"-Komponente setzen sie die Praxis in Bezug zur Theorie. So werden wie beim Service Learning sowohl die Probleme der Praxisstelle und die Bildungsziele der Hochschule als auch die Belange der Studierenden gleichermaßen berücksichtigt (vgl. Santilli/ Falbo 2001).

Darüber hinaus bietet das Schulkooperationsprojekt aber auch die Möglichkeit, unabhängig von Problemen der Praxisstelle sehr individuelle Erfahrungen zu sammeln. So nehmen die Studierenden am Unterricht teil oder führen selbstständig Unterricht durch, unterstützen einzelne Kinder im Lernprozess, begleiten Gruppen auf Klassenfahrten, gestalten Angebote für Hortgruppen usw. Sowohl im Hinblick auf Ähnlichkeiten als auch auf die Unterschiede erscheint es lohnenswert, in einem nächsten Schritt eine umfassendere wissenschaftliche Evaluation des Schulkooperationsprojekts durchzuführen, bei der sowohl die Kooperationsbeziehungen als auch die Auswirkungen der im Projekt gewonnenen Praxiserfahrungen bei den Studierenden näher beleuchtet werden. Dabei liefern Forschungsergebnisse zum Service Learning ebenso wie zu etablierten Praxisphasen die Rahmung, um die Qualität der Praxiserfahrungen im Projekt näher zu untersuchen: Die Evaluationsergebnisse für Service Learning-Angebote[3] erscheinen beispielsweise vielversprechend: So kann Reinders (2010) zeigen, dass Studierende, die ein Service Learning-Angebot wahrnehmen, im Vergleich zu konventionellen Seminarformen u.a. von einem höheren Wissenszuwachs berichten.

Die derzeitige Forschungslage bezüglich der Zusammenhänge zwischen Merkmalen der Kompetenzentwicklung bei Studierenden und der Durchführung von Schulpraktika wird durch Racherbäumer/ Liegmann (2012) zwar momentan noch als uneindeutig beschrieben, dennoch konnten einige „Gelingensbedingungen" identifiziert werden: Praktika sollten sich an verbindlichen und transparenten Lernzielen orientieren, systematisch und kontinuierlich vorbereitet, begleitet und nachbereitet werden und Universität und Schule sollten kontinuierlich kooperieren. Als bedeutsam wird auch hervorgehoben, dass die verschiedenen Praktika im Laufe der Ausbildung inhaltlich verknüpft werden sollten (vgl. a.a.O., S. 128f.). Reinhoffer/ Dörr benennen als wichtige Ziele u.a. die Anbahnung und Reflexion grundlegender Kompetenzen des Lehrberufs und die Verschränkung von Theorie und Praxis (vgl. Reinhoffer/ Dörr 2008, S. 14) und auch beim Service Learning spielen diese Ziele in unterschiedlicher Ausprägung eine Rolle. Insbesondere wird auf die Bedeutung einer systematischen Verschränkung von Theorie und Praxis hingewiesen (vgl. u.a. Hofer 2007, S. 37).

An diese Eckpunkte anschließend können bereits Unterschiede zwischen institutionell geplanten und durchgeführten Praktika und den Kooperationen aus dem Projekt festgestellt werden, die eine Untersuchung und einen Vergleich besonders reizvoll erscheinen lassen: Es werden im Projekt weder im Vorfeld der Kontakte Lernziele oder Lerninhalte festgelegt, die Kontaktform

---

[3] Als Beispiele für Service Learning-Seminare werden Streitschlichter-Trainings, die Optimierung des Produkthaushaltes einer Gemeinde oder die Evaluation pädagogischer Maßnahmen genannt (vgl. Reinders 2010, S. 533).

ist eher unsystematisch und kann durchaus auch diskontinuierlich erfolgen, und die Erfahrungen werden nicht unbedingt systematisch begleitet. Zwar findet ein Begleitseminar statt, in dem Erfahrungen gemeinsam reflektiert und Praxisprojekte vorbereitet werden können, jedoch besteht hierzu keine Verpflichtung. Eine Kooperation der Hochschule mit den Schulen findet zwar statt, jedoch eher allgemein im Hinblick auf die Themen bzw. Probleme, für die Unterstützung gewünscht wird oder die für die Studierenden als potentiell interessant erscheinen. Und der Theorie-Praxis-Transfer bezieht sich in der Regel auf die ganz individuellen Erfahrungen in der Praxis. Die Effekte dieser Form des Praxis-Lernens sollen mittels eines quasi-experimentellen Prä-Post-Designs in Anlehnung an Reinders (2010) untersucht werden.

## Literatur

Hofer, M. (2007): Ein neuer Weg in der Hochschuldidaktik: Die Service Learning-Seminare in der Pädagogischen Psychologie an der Universität Mannheim. In: Baltes, A.M.; Hofer, M.; Sliwka, A. (Hrsg.): Studierende übernehmen Verantwortung. Service Learning an deutschen Universitäten. Weinheim und Basel, S. 35-48.

Multrus, F. (2012): Forschung und Praxis im Studium. Befunde aus Studierendensurvey und Studienqualitätsmonitor. Bonn, Berlin.

Racherbäumer, K.; Liegmann, A.B. (2012): Theorie-Praxis-Transfer: Anspruch und Wirklichkeit in Praxisphasen der Lehrerbildung. In: Hascher, T.; Neuweg, G.H. (Hrsg.): Forschung zur (Wirksamkeit der) Lehrer/innen/bildung. Wien, Berlin, S. 123-141.

Reinders, H. (2010): Lernprozesse durch Service Learning an Universitäten. Zeitschrift für Pädagogik, 56, 4, S. 531-547.

Reinhoffer, B.; Dörr, G. (2008): Zur Wirksamkeit schulpraktischer Studien. In: Rotermund, H.; Dörr, G.; Bodensohn, R. (Hrsg.): Bologna verändert die Lehrerbildung. Auswirkungen der Hochschulreform. Leipzig, S. 10-31.

Santilli, N.R.; Falbo, M.C. (2001): Bringing adolescents into the classroom by sending your students out: Using service learning in adolescent development courses. Newsletter of the Society for Research on Adolescence, vol. 4-6, pp. 4-7.

Schüssler, R.; Keuffer, J. (2012): „Mehr ist nicht genug (...)!" Praxiskonzepte von Lehramtsstudierenden – Ergebnisse einer qualitativen Untersuchung. In: Schubarth, W.; Speck, K.; Seidel, A.; Gottmann, C.; Kamm, C.; Krohn, M. (Hrsg.): Studium nach Bologna: Praxisbezüge stärken?! Praktika als Brücke zwischen Hochschule und Arbeitsmarkt. Wiesbaden, S. 185-195.

Sliwka, A. (2007): „Giving Back to the Comunity" – Service Learning als universitäre Pädagogik für gesellschaftliches Problemlösen. In: Baltes, A.M.; Hofer, M.; Sliwka, A. (Hrsg.): Studierende übernehmen Verantwortung. Service Learning an deutschen Universitäten. Weinheim und Basel, S. 29-34.

*Markus Kübler*

# Kompetenzorientierter Lehrplan im Sachunterricht in der Schweiz – ein Arbeitsbericht

*The new Swiss curriculum is about to be formulated in the next two years and will be implemented in the year 2015. It will be a competency orientated curriculum that is combining skills with contents. The "Lehrplan 21" will define the goals for the end of the 2nd, sixth and ninth class describing steps of reaching the competency aims. It will be implemented by each canton itself.*

## 1. Einleitung – Grundlagen des neuen Lehrplans in der deutschsprachigen Schweiz

„Für das Schulwesen sind die Kantone zuständig." Das ist in der Schweizerischen Bundesverfassung in Artikel 62 zu lesen. Das heißt in der Konsequenz, dass in jedem der 26 Kantone ein eigenes Bildungssystem existiert. Zudem sind drei Kantone (BE, VS, FR) noch zweisprachig, so dass 29 Lehrpläne zu finden sind. Auch die obligatorische Schulzeit, die Schulstruktur und die Übertrittszeitpunkte waren bislang kantonal geregelt.[1] In den meisten Kantonen treten die Kinder mit fünf Jahren in den Kindergarten ein. Verschiedene internationale Vergleichsstudien wie PISA, TIMMS und Iglu erschütterten die föderalistische Selbstvergewisserung hinsichtlich des teuersten Bildungssystems der Welt.[2] Im Mai 2006 beschloss die Schweizer Bevölkerung in einer Volksabstimmung mit 85,6% Ja-Stimmen eine Harmonisierung des

---

[1] Die Harmonisierung der schweizerischen Schulsysteme dauert nun seit 1989 mit der Einführung eines schweizweiten Schuljahresanfanges. Der Abschluss der strukturellen Harmonisierung ist momentan nicht genau absehbar, da diese von diversen Volksabstimmungen in den Kantonen abhängig ist

[2] Gemäß Bundesamt für Statistik wendet die Schweiz mit 16 Prozent den höchsten Anteil an den öffentlichen Ausgaben für die Bildung aus – vgl. URL: http://www.bfs.admin.ch/bfs/portal/de/index/themen/15/02/data/blank/01.html [25.9.2012].

Schulsystems. In einem Konkordat zwischen den 26 Kantonen unter dem Namen HarmoS (Harmonisierung Schulstrukturen in der Schweiz) besiegelten die kantonalen Erziehungsdirektoren im Juni 2007, dass schweizweit die Schulpflicht ab dem 4. Lebensjahr beginnt, der Kindergarten und die Primarschule acht Jahre, die Sekundarstufe I drei Jahre dauern, Blockzeiten und Tagesstrukturen vorgesehen werden, als Fächer die erste und zweite Landessprache, eine Fremdsprache, Mathematik, Naturwissenschaften, Geistes- und Sozialwissenschaften, Musik/ Kunst und Gestaltung, Bewegung und Gesundheit in den Lehrplänen figurieren. Als weitere Ziele wurden definiert, verbindliche Bildungsstandards Ende des 2., 6. und 9. Schuljahrs zu formulieren, als Kontrollinstrument ein permanentes Bildungsmonitoring einzurichten sowie Lehrpläne, Lehrmittel und Referenztests – delegiert an die Regionalkonferenzen der EDK – zu harmonisieren. Der französischsprachige Lehrplan von 7 Kantonen der Westschweiz (Plan d'étude romand, PER) wurde bereits im August 2009 verabschiedet und befindet sich in der Umsetzungsphase. Der deutschschweizerische Lehrplan (Lehrplan 21) von 21 Kantonen wird ab 2010 erarbeitet und soll 2014 für die Kantone zur Einführung in die Schulen bereit liegen. Die Einführung und die Implementierung des Lehrplans bleiben jedoch weiterhin in der kantonalen Hoheit, d.h., die Kantone beschließen einzeln über Einführung bzw. Nichteinführung in einem nachgeordneten politischen Prozess. Die Autonomie der Schulen, die Methodenfreiheit der Lehrpersonen und die Stundentafeln in den Kantonen können kantonal unterschiedlich – wie bisher –geregelt werden.

## 1.1 Die Grundkonzeption des Lehrplans 21 – Zeitplan und Struktur

In einem Grundlagenbericht vom März 2010 wurden nun Zeitplan, Kompetenzorientierung, Fächerstruktur und Erarbeitungsmodus definiert.[3] Die Autorenteams der Fachbereiche Deutsch, Fremdsprachen, Mathematik, Natur-Mensch-Gesellschaft (Sachunterricht), Gestalten, Musik sowie Bewegung und Sport begannen ihre Arbeit im Oktober 2010. Im Frühling 2012 konnte eine erste Fassung des Lehrplans präsentiert werden; diese wurde in landesweiten Fachhearings einer fachlichen und fachdidaktischen Begutachtung unterzogen. Die Autorenteams werden nun bis 2013 eine zweite Fassung formulieren. Diese wird dann im Jahre 2013 einer landesweiten politischen Vernehmlassung unterstellt. Neben den Fachzielen sollen auch überfachliche Kompetenzen in ICT und Medien, Bildung für nachhaltige Erziehung (BNE), Demokratie und Menschenrechte, Gender und Gleichstellung, Gesundheit,

---

[3] siehe dazu die Webseite des Projektes: www.lehrplan.ch.

Globale Entwicklung und Frieden, Kulturelle Identität und interkulturelle Verständigung, Umwelt und Ressourcen sowie Wirtschaft und Konsum erarbeitet werden. Vorgängig der Ernennung der Autorenteams und der Formulierung der Lehrplaninhalte wurden vom Steuerungsausschuss der EDK die Rahmenbedingungen des Lehrplans in der Form von Planungsannahmen definiert. Das heißt: Die Fächer und ihre Stundenanteile sind für die neun Schuljahre bereits festgelegt: Deutsch mit 17,5%, die Fremdsprachen mit 11,9%, Mathematik mit 17,5%, Gestalten und Musik mit 19,7% sowie Sport mit 10,1%. Sachunterricht als „Natur-Mensch-Mitwelt" (NMG) erhält zukünftig einen Anteil von 23,1% mit 2418 Lektionen oder 62 Jahreswochenlektionen verteilt über neun Schuljahre.

**1.2 Kompetenzorientierter Lehrplan als Grundsatz**

Im Gegensatz zu den heute bestehenden schweizerischen Lehrplänen, die gemäß Fachdiskursen als „Input"-orientierte Inhaltskataloge bezeichnet werden (Oelkers 2010, Klieme et al. 2007), formulierte der Grundlagenbericht 2010: „Moderne Bildungssysteme und neue Lehrpläne orientieren sich an Kompetenzen. Dabei wird der Blick verstärkt auf die Anwendbarkeit von Kenntnissen, Fähigkeiten und Fertigkeiten gerichtet" (Grundlagen 2010, S. 14). Abgestützt wird der neue Lehrplan dabei auf eine Kompetenzdefinition von F.E. Weinert, in der formuliert wird, dass eine Schülerin/ ein Schüler kompetent in einem Fach ist, wenn sie oder er
- über Fähigkeiten und Fertigkeiten zum Lösen von Problemen verfügt,
- auf vorhandenes Wissen zurückgreift bzw. sich das notwendige Wissen beschafft,
- zentrale fachliche Zusammenhänge versteht,
- angemessene Handlungsentscheidungen trifft,
- Lerngelegenheiten nutzt,
- motiviert ist, ihre bzw. seine Kompetenzen auch in Zusammenarbeit mit anderen einzusetzen (ebenda).

Mit dieser Kompetenzorientierung werde – so der Grundlagenbericht – eine veränderte Sichtweise auf Unterricht implementiert. Der Lernprozess werde verstärkt als aktiver, selbstgesteuerter, reflexiver, situativer und konstruktiver Prozess verstanden (vgl. ebenda). Im Fachbereich Natur-Mensch-Gesellschaft (NMG) – wie das Fach Sachunterricht im Lehrplan 21 heißt – wurde der Begriff Kompetenz nun lehrplantechnisch fassbarer gemacht, indem Kompetenz als Verschränkung von Themenbereichen und Fähigkeitsbereichen angesehen wird.

Die vielen Facetten einer Kompetenz lassen sich nun aber nicht kurzfristig und in einer einzigen Unterrichtseinheit erwerben. Sie erfordern eine kontinuierliche und längerfristige Bearbeitung. Deshalb sollen im Lehrplan 21 nicht nur Kompetenzziele am Ende der Schulstufen (Zyklen, also 2., 6. und 9. Klasse) beschrieben, sondern auch die Aufbauschritte zu diesen Kompetenzzielen ausformuliert werden und so – dies der Anspruch des Lehrplans – den Lehrpersonen als planerische Grundlage für ihre Jahres- und Unterrichtsplanung dienlich sein. Diese Kompetenzaufbauten sind in Lernschritten formuliert (siehe das Beispiel unter 2.1). In diesen Lernschritten bzw. Entwicklungsschritten werden dabei auch die minimal zu erreichenden Ziele (Mindestanspruch) für alle Kinder bezeichnet.

## 2. Kompetenzen und Kompetenzziele im Fachbereich Natur-Mensch-Gesellschaft (NMG)

### 2.1 Die Kompetenzbereiche in Natur-Mensch-Gesellschaft

Dem AutorInnenteam des Fachbereichs NMG gehören zurzeit (August 2012) 24 Personen an, davon die Hälfte amtierende Lehrpersonen vom Kindergarten bis zur Sekundarstufe 1. In einem anderthalb Jahre dauernden Prozess wurden 12 Kompetenzbereiche (siehe unten) ausformuliert. Sechs davon (1, 4, 5, 7, 10, 11) sind fach- bzw. perspektivenübergreifend angelegt, während die sechs anderen je eine naturwissenschaftliche, geografische, historische, politisch-soziale, ethische, religiöse, hauswirtschaftliche Perspektive enthalten. Pro Kompetenzbereich in NMG sind im Zyklus 1 und 2 des Lehrplans zwischen fünf und sieben Kompetenzziele ausformuliert worden. Die definierten Kompetenzbereiche sind folgende:

1. Mensch und Gesundheit – sich Sorge tragen
2. Tiere, Pflanzen und ihre Lebensräume erkunden, Natur erhalten und gestalten
3. Stoffe, Energie und Bewegungen beschreiben, untersuchen und nutzen
4. Phänomene der belebten und unbelebten Natur wahrnehmen, erforschen und erklären
5. Technische Entwicklungen und Umsetzungen erschließen, einschätzen und anwenden
6. Konsum und Lebensstil gestalten, Produktions- und Arbeitswelten erkunden
7. Lebensweisen und Lebensräume von Menschen erkunden und vergleichen

214

8. Menschen nutzen und gestalten Räume – sich orientieren und mitgestalten
9. Zeit, Dauer und Wandel verstehen; Geschichte von Geschichten unterscheiden
10. Gemeinschaft und Gesellschaft – Zusammenleben gestalten und sich engagieren
11. Nach menschlichen Grunderfahrungen, Werten und Normen fragen
12. Religionen und verschiedene Weltsichten begegnen

Ein kurzer Überblick zeigt, dass die naturwissenschaftliche Bildung wesentlich verstärkt wurde. Dies führte an den Hearings teilweise zu kritischen Bemerkungen. Die historische Bildung umfasst einen Kompetenzbereich (9). Die politische Bildung wird zusammen mit der sozialen Bildung in einem Kompetenzbereich (10) aufgeführt.

## 2.1 Das historische Lernen im Fachbereich Natur-Mensch-Gesellschaft

Die Kompetenzziele und die Kompetenzaufbauten im Kompetenzbereich 9 (Zeit, Dauer und Wandel verstehen; Geschichte von Geschichten unterscheiden) basieren auf den theoretischen Vorarbeiten (vgl. für einen Überblick Kübler 2011) und dem neuen Perspektivrahmen der GDSU. Dabei sind als Stichworte zu nennen: Die Narration als Prinzip, die Rekonstruktion von Vergangenheit und Dekonstruktion von Geschichte, die Historizität als Dimension; die Unterscheidung von Fakten und Fiktion, die historischen Methoden, die Fähigkeit zur Empathie und zum Perspektivenwechsel. Das historische Lernen wird im Lehrplan 21 in drei Teilbereiche gegliedert: „Zeit", „Dauer und Wandel" sowie „Geschichte und Geschichten unterscheiden". Als Beispiel und als Konkretisierung soll ein Kompetenzaufbau zum Kompetenzziel „Zeitbegriffe aufbauen und korrekt verwenden sowie Zeit als Konzept verstehen, nutzen und den Zeitstrahl anwenden" dargelegt werden:

**Tabelle 1:** Beispiel eines Kompetenzaufbaus im Lehrplan 21

| Schülerinnen und Schüler können... | (Zyklus 1; Kindergarten, 1.-2. Klasse) | | | | |
|---|---|---|---|---|---|
| Kompetenzziel | A | B | C | D | E |
| ...Zeitbegriffe aufbauen und korrekt verwenden sowie Zeit als Konzept verstehen, nutzen und den Zeitstrahl anwenden | ... Zeitbegriffe (morgen, heute, gestern usw.) korrekt anwenden | ... Reihen und Listen bilden: Wochentage und Monate aufsagen, markante Punkte im Jahresverlauf bezeichnen | ... Zeit grafisch darstellen (Uhr, Monate, Jahreskreis). ... die Uhr lesen; ... Handlungsabfolgen vordenken, durchführen, reflektieren | ... Zeitdauer erleben und beschreiben, schätzen, messen, mathematisieren. ... gleichbleibende und variierende Tagesstrukturen unterscheiden und reflektieren | ... Zeitdauer von Handlungen schätzen, messen und einüben; ... den Zeitstrahl verstehen |

Das Beispiel in Tabelle 1 zeigt, wie der Lehrplan von den Lehrkräften gelesen werden soll: Ganz links das Kompetenzziel bzw. das Zyklusziel, das die Lehrpersonen mit ihren Schülerinnen und Schüler am Ende des 2. Schuljahres erreichen sollen. Die Großbuchstaben machen lediglich den „Fortschritt" im Hinblick auf das Kompetenzziel deutlich, sind aber nicht als Schuljahre oder zwingende zeitliche Stufung zu lesen (siehe dazu das Stichwort „Progressionslogiken").

## 3. Kritische Reflexionen zur Erarbeitung eines kompetenzorientierten Lehrplanes

### 3.1 Das Problem unterschiedlicher Progressionslogiken
Sowohl bei der Erarbeitung der Kompetenzaufbauten wie auch bei deren kritischer Reflexion im Autorenteam zeigte sich, dass die Progressionslog-

iken in den Kompetenzaufbauten nicht einem einheitlichen System folgen werden. So kann dieser Aufbau verschiedenen Logiken folgen:

1. zunehmende Komplexität *(Schwierigkeit)* der Anforderungen
2. zunehmende Ausweitung *(Menge/ Breite)* der Anforderungen
3. zunehmende Differenzierung *(Tiefe/ Genauigkeit/ Ausdifferenzierung)* der Anforderungen
4. zunehmende Abstraktion *(Generalisierung/ Abstraktionsgrad)* der Anforderungen
5. zunehmender Grad der Selbständigkeit *(Eigensteuerung)* in der Aufgabenbearbeitung
6. verschiedene Aspekte und Perspektiven *(Mehrperspektivität)* von Anforderungen

Die Progression kann sich dabei auf die inhaltliche Dimension *(Themen, Begriffe, Zusammenhänge, Konzepte, Systeme)* als auch auf die prozessuale Dimension *(Fähigkeiten, Fertigkeiten, Methoden, Verfahren)* beziehen. Folgt ein Kompetenzaufbau ausschließlich *einer einzigen* definierten Progressionslogik, kann von einer linearen Zunahme der Anforderungen an die Schüler ausgegangen werden. Werden in einem Kompetenzaufbau *verschiedene* beziehungsweise *mehrere unterschiedliche* Progressionslogiken oder Dimensionen angewandt – wie das häufig der Fall ist –, können die Anforderungen an die Schüler/innen exponentiell zunehmen. Das Problem unterschiedlicher Progressionslogiken zeigt nun aber deutlich, dass Kompetenzaufbau nicht unabhängig vom Inhalt sein kann, wie dies einige politisch Verantwortliche glaubten, sondern dass man kompetent in einem bestimmten Thema wird. Dabei ist der gewünschte Transfer von erworbenen Kompetenzen auf andere Domänen durchaus als unwahrscheinlich zu taxieren (Stern 2006, S. 46).

### 3.2 Die Integration des Kindergartens in das Schulsystem

Die Integration des Kindergartens in die Lehrplanformulierung enthält einerseits die Chance, ein kohärentes Curriculum über elf Schuljahre zu konstruieren. Die Gefahr wird nun aber intensiv diskutiert, dass der Kindergarten – also die ersten zwei obligatorischen Schuljahre – im Sinne einer „Verschulung und „Verfachlichung" in einer Topdown-Strategie aufgelöst wird [4] und dass wir einer Vorverlegung instruktionaler Settings erliegen.[5] Dies wäre problematisch, ist doch erwiesen, dass Kinder in diesem Alter die höchsten kognitiven Leistungen erbringen, wenn sie selbstbestimmt und von eigenem

---

[4]  Siehe dazu die Untersuchung von Montie et al. (2007).
[5]  Dies wird in jüngster Zeit zunehmend kritisch diskutiert – siehe Dollase (2007, S. 6).

Interesse geleitet sich in einen Themenbereich vertiefen (Sodian 2008, Montie et al. 2007). Es scheint erst nach und nach klar zu werden, dass ein kompetenzorientierter Lehrplan für den Zyklus 1 nicht nur eine vereinfachte oder propädeutische Form der Primar- oder Sekundarschule sein kann, sondern dass ein solcher eigene Lernmöglichkeiten – von den kognitiven Möglichkeiten der Kinder und im Spiel selber gesteuert – enthalten muss. Aus diesem Grund wird der Lehrplan ein Konzept zur sozialkonstruktivistischen Gestaltung des „Freispiels" (child initiated learning) enthalten, da er ansonsten am zur Zeit vorgesehenen „instruktivistischen" Zugriff[6] politisch und praktisch womöglich scheitern wird.

### 3.3 Kompetenzorientierung als theoretisches und praktisches Problem

Die *Kompetenzorientierung* ist sprachlich mit dem Verb „können" definiert. Daraus kann das Missverständnis erwachsen, dass „Können" eine beobachtbare Handlung darstellen und auf jeden Fall eine messbare Leistung beinhalten muss. Den Urknall, die Politik oder das Konzept Zeit zu „verstehen", sind aber nur bedingt in Handlungen zu beschreiben. Da die Kompetenzorientierung im engeren Sinne messbare Leistungen (Ausbildung) favorisiert, diskriminiert diese die kulturellen und künstlerischen Aspekte tendenziell (Bildung) (siehe dazu Kahlert 2008, Künzli 2010, Kübler 2013). Dazu ist jedoch eine spannende und intensive Debatte im Gange.

## Literatur

Dollase, R. (2007): Bildung im Kindergarten und Früheinschulung. Ein Fall von Ignoranz und Forschungsamnesie. Gasteditoral. In: Zeitschrift für Pädagogische Psychologie, 21, 1, S. 5-10.

Grundlagen für den Lehrplan 21 (2010): Plenarversammlung der deutschsprachigen EDK-Regionen vom 18.3.2010. Hrsg. v. d. Geschäftsstelle der deutschsprachigen EDK-Regionen. Luzern. URL: www.lehrplan.ch [21.12.2012].

Kahlert, J. (2008): Messen, messen, messen. Warum Lehrern die Bildungsforschung wenig nützt. Ein Gastbeitrag. In: Frankfurter Rundschau v. 21. Juli 2008. URL: http://www.fr-online.de/ wissenschaft/messen--messen--messen,1472788,3271282.html [15.1.2013].

Klieme, E.; Avenarius, H.; Blum, W.; Döbrich, P.; Gruber, H.; Prenzel, M.; Reiss, K.; Riquarts, K.; Rost, J.; Tenorth, H.; Vollmer, H. (2007): Zur Entwicklung nationaler Bildungsstandards. Expertise. Bildungsforschung, Band 1. Bonn/ Berlin.

Konsortium HarmoS Naturwissenschaften+ (2010): Naturwissenschaften. Wissenschaftlicher Kurzbericht und Kompetenzmodell. Provisorische Fassung (vor Verabschiedung der Standards). Stand: Juli 2009, mit Ergänzungen und Korrekturen Januar 2010. Bern. URL: www.edudoc.ch/static/web/.../harmos/harmoS_kurzbericht_neu.pdf [15.1.2013].

---

[6] Nicht im methodisch-didaktischen, sondern im Sinne eines bildungspolitischen Zugriffs.

Kübler, M. (2013): Sachunterricht in der Schweiz – Lehrpläne zwischen Föderalismus und Zentralisierung. In: Peschel, M.; Favre, P.; Mathis, C.: Sachen unterrichten. Ausbildung im Bereich „Natur-Mensch-Gesellschaft" in der schweizerischen Lehrerinnen- und Lehrerbildung. Hohengehren, S. 21-40.

Kübler, M. (2011): Frühes Historisches Denken bei jüngeren Kindern – ein Werkstattbericht. In: Giest, H., Kaiser, A., Schomaker, C. (Hrsg.): Sachunterricht – auf dem Weg zur Inklusion. (Probleme und Perspektiven des Sachunterrichts, Bd. 21.) Bad Heilbrunn, S. 181-185.

Künzli, R. (2010): Lehrpläne, Bildungsstandards und Kompetenzmodelle – eine problematische Vermischung von Funktionen. In: Beiträge zur Lehrerbildung, 28, 3, S. 440-452.

Montie, J.E.; Claxton, J.; Lockhart, S.D. (2007): A multinational study supports child-initiated learning. Using the findings in your chassroom. In: Young Children, 62, 6, pp. 22-26.

Oelkers, J. (2010): Bildungsstandards und deren Wirkung auf die Lehrmittel. Vortrag auf dem 4. Lehrmittelsymposium am 29. Januar 2010 im Konferenzzentrum Wolfsberg. URL: http://www.ife.uzh.ch/research/ap/vortraegeprofoelkers/vortraege2010.html [15.1.2013].

Sodian, B. (2008): Entwicklung des Denkens. In: Oerter, R.; Montada, L. (Hrsg.): Entwicklungspsychologie. 6. vollst. überarbeitete Auflage. Weinheim, S. 436-479.

Stern, E. (2006): Lernen. Was wissen wir über erfolgreiches Lernen in der Schule? Sonderdruck Pädagogik, 58, 1, S. 45-49.

*Susanne Miller und Vera Brinkmann*

# Subjektiv bedeutsame Lernprozesse planen und analysieren anhand von Schülerfragen

*Over the past years educators have indicated and investigated the im-
portance of student's questions in the teaching and learning process. Numer-
ous reasons as well as objectives have been conveyed for the need to encour-
age student questions. A review of observational studies in classrooms, however, showed that students asked remarkably few questions. In this article the
authors illustrate first results of a qualitative phenomenographic study which
goes into the relationship between the development of topical understanding
and the ways of putting questions. The qualitative pre-post-test-design study
was performed in a third grade primary class.*

## 1. Problemstellung

Zieht man Bilanz und fragt nach zukunftsfähigen Unterrichtskonzeptionen
für den Sachunterricht, so lässt sich resümieren, dass das didaktische Potenzial von Schülerfragen bereits früh erkannt wurde. Es geht zurück über re-
formpädagogische Unterrichtsprinzipien bis zur „abendländischen philosophischen Tradition" und der „sokratischen Kunst des Fragens" (vgl.
Thünemann 2009, S. 116). Eine entsprechende Unterrichtskonzeption lässt
sich insbesondere in der Allgemeinen Didaktik verorten. Bereits die Pädagogik Copeis sah das Stellen einer Schülerfrage als *den* „fruchtbaren Moment
im Bildungsprozess" an (vgl. Sprenger in Copei 1958, S. 10f.).
In der Sachunterrichtsdidaktik wird das Ausgehen von Schülerfragen im
Sinne des zu erfüllenden Bildungsauftrages als Chance betrachtet, den Kindern ein eigenständiges Erschließen ihrer Lebenswelt zu ermöglichen: „Erst
durch das fragende Kind, den fragenden Menschen, werden Sachverhalte
wieder lebendig und bedeutsam". Sie können als „Anstoß und auch Motor
unterrichtlicher Aktivitäten" fungieren (Garlichs 1996, S. 46). Ihnen wird
dabei nicht nur eine intrinsische Motivation zugesprochen, sondern es wird

auch immer wieder auf ihren diagnostischen Wert aufmerksam gemacht (vgl. Kaiser 2006, S. 163). Obwohl auf einer normativen Ebene vielfältige Gründe für ein Ausgehen von Schülerfragen im Unterricht sprechen, zeichnet eine Bilanz des Forschungsstandes ein anderes Bild. Rosenshine/ Meister/ Chapman (1996) und Niegemann (2004) bestätigten in internationalen Forschungsüberblicken den Befund, dass die Anzahl der Schülerfragen im Mittel als eher gering zu bezeichnen ist. Warum ist die Umsetzung der Unterrichtskonzeption in der Praxis also mit Schwierigkeiten verbunden? Scheinbar ist sie sehr anspruchsvoll, wie die folgenden Fragen verdeutlichen:
- Wie fördere ich die Fragenfindung? Können die Kinder überhaupt brauchbare Fragen stellen oder können nicht nur diejenigen fragen, die von der Sache schon etwas verstehen? Wie erkenne ich Vorkenntnisse durch die Schülerfragen? Welche Fragen bearbeite ich mit allen gemeinsam? Wie sieht die Zeitperspektive für einen auf Schülerfragen basierenden Unterricht aus (vgl. Claussen 1998, S. 13)?

## 2. Pädagogische Grundlagen

Die Erfahrungstheorie John Deweys sowie das Konzept des „Erfahrungslernens" von Combe/ Gebhard (2007, S. 104) geben Auskunft, welche Aspekte sich hinsichtlich der Fragenfindung durch die Schülerinnen und Schüler als förderlich erweisen. In beiden Ansätzen wird ein enger Zusammenhang zwischen den Begriffen Erfahrung, Fragen und Lernen hergestellt. In Bezug auf die Förderung des Fragenstellens wird eine besondere Wertschätzung der Vorerfahrungen der Lernenden als grundlegend angesehen.
Combe/ Gebhard verstehen unter „Erfahrungslernen" Lernprozesse, die vom Subjekt als sinnstiftend erlebt werden. Bezüglich des Erfahrungslernens differenzieren sie weiter zwischen den beiden Aspekten „Erfahrung(en) haben" und „Erfahrungen machen". Schülerinnen und Schüler haben Erfahrungen, die sich zunächst noch von den erwünschten (fachlichen) Vorstellungen der Wissenschaften unterscheiden (vgl. Rehm/ Murmann 2007, S. 38). Combe/ Gebhard kritisieren die in der Fachliteratur vertretene Charakterisierung von diesen als „irrational" geltenden Alltagsvorstellungen. Diese müssten bei der Erarbeitung von fachlichen Inhalten nicht hinderlich sein, sondern können, wenn sie mit dem Fachlichen in Beziehung gesetzt werden, den Lernprozess als sinnvoll erfahrbar und nachhaltiger wirksam machen und so die Entstehung von Fragen fördern (vgl. Combe/ Gebhard 2007, S. 63).
Unter Rückbezug auf die Erfahrungstheorie John Deweys betonen sie die Funktion der Frage als „Umschlagstelle in der Prozessstruktur". Um eine

Frage formulieren zu können, sieht sich das Subjekt veranlasst zu erkennen, welche Vorerfahrungen sich plötzlich als nicht mehr haltbar erweisen. Dieser Aspekt des Noch-nicht-Verstehens oder Nicht-mehr-Verstehens wird durch die Fassung in eine „sprachlich-konstruktive" Form ins Bewusstsein gehoben. Dementsprechend wird die Fragenfindung gefördert, indem man die Vorerfahrungen der Schülerinnen und Schüler aktiviert und Unterrichtssituationen initiiert, die eine Inkompatibilität mit diesen offenbaren. Offen bleibt jedoch, wie mit den Fragen genau umgegangen werden soll.

## 3. Forschungsfragen und Untersuchungsdesign

Inwiefern kann die Analyse der Fragen nun bedeutsame Erkenntnisse für die Unterrichtsplanung bieten? Eine Untersuchung von Maskill/ Pedrosa de Jesus (1997) weist darauf hin, dass Schülerfragen wertvolle didaktische Rückschlüsse zulassen, indem sie verdeutlichen, welche Konzepte die Lernenden als besonders irritierend empfinden. Nach Chin (2004, S. 107) kann die Analyse der Fragen Einblicke in innere Denk- und konzeptuelle Verstehensprozesse und individuelle Interessen der Schülerinnen und Schüler geben und dementsprechend eine Orientierungshilfe bei der Unterrichtsplanung bieten. Des Weiteren wird befürchtet, ob nicht nur diejenigen fragen, die von der Sache schon etwas verstehen. Nach Karin Ernst (1996, S. 8f.) ist hierbei zwischen den ersten Fragen, die die Lernenden zu Beginn einer Unterrichtseinheit einbringen und den zweiten Fragen zu unterscheiden, die sich in der Auseinandersetzung mit dem Lerngegenstand ergeben.

Im vorliegenden Promotionsprojekt von Vera Brinkmann wird deshalb untersucht, durch welche Merkmale sich qualitativ unterschiedliche Frageniveaus auszeichnen und inwieweit sich in den „zweiten Fragen" der Lernenden eine Entwicklung ihres Gegenstandsverständnisses widerspiegelt. Durchgeführt wurde eine auf einem Vor-Nachtest-Design basierende Untersuchung, in deren Mittelpunkt eine Unterrichtseinheit zum Thema „Erde, Mond und Sonne im Weltall" in einer dritten Jahrgangsstufe stand. Die Einheit wurde entlang der Fragen der 11 Jungen und 9 Mädchen konzipiert, wobei die Zusammensetzung der Klasse als äußerst heterogen bezeichnet werden kann (vgl. Miller/ Brinkmann 2011, S. 71). Als Erhebungsinstrumente dienten ein Vor- und Nacherhebungsbogen, bei deren inhaltlicher Konzeption an Untersuchungen aus dem englischsprachigen Raum etwa von Vosniadou (1991) und Barnett/ Morran (2002) angeknüpft werden konnte. Um eine genauere Analyse des Gegenstandsverständnisses wie der Fragen zu ermöglichen, wurde die schriftliche Erhebung mit der Durchführung von Leitfadeninterviews, die jeweils mit zwei Kindern vor und nach der Unterrichtseinheit stattfanden, trianguliert. Die Daten der Erhebungsbögen wie der Interviews wurden zur Analyse des Gegenstandsverständnisses phänomenografisch ausgewertet (vgl. Marton/ Booth 1997, S. 124). Im Mittelpunkt der vorliegenden Untersuchung standen die Phänomenaspekte „Tag und Nacht", „Warum ist der Mond hell?" sowie die „Mondphasen". Anhand der Kategoriensätze aus der Vor- und Nacherhebung können Lernvoraussetzungen und Lernerfolg betrachtet sowie didaktische Rückschlüsse gezogen werden (vgl. Murmann 2008, S. 187). Sie erlauben zudem eine genauere Analyse der Schülerfragen, indem sie mit dem analysierten Gegenstandsverständnis in Beziehung gesetzt werden. Nachfolgend werden am Beispiel von Karim und Louise erste Ergebnisse der Vorerhebung skizziert. Die Fälle sind nach dem Prinzip der maximalen Kontrastierung ausgewählt worden.

Im Verständnis von Karim wird das Tag-Nacht-Phänomen durch eine Bewegung der Sonne verursacht. Er weiß, dass die Sonne, wenn sie bei ihm untergeht, an einer anderen Stelle auf der Erde wieder aufgeht. In der Nacht ist der Mond zu sehen. Die Bewegungsrichtung der Sonne bleibt jedoch diffus (vgl. Vosniadou 1991). Karim bewegt sich mit dieser Verstehensweise auf der Ebene 2 von insgesamt acht festgestellten und hierarchisch angeordneten Kategorien zum Tag-Nacht-Phänomen. Auch im Hinblick auf die anderen Phänomenaspekte (Ebene 1 und 4) verfügt er über geringe Vorerfahrungen.

Louise befindet sich bei allen Phänomenaspekten auf der höchsten Niveaustufe und verfügt somit über ein komplexes Vorverständnis. Bei ihr liegt bereits ein astronomisches Konstellationenverständnis vor. Ihr Wissen um die Drehbewegungen der Himmelskörper kann Louise bei der Erklärung des Tag-Nacht-Phänomens anwenden und mit den Beleuchtungsverhältnissen auf der Erde in Zusammenhang bringen: Die Erde dreht sich um sich selbst und der Mond bewegt sich in einer Umlaufbahn um die Erde, gleichzeitig bewegen sich beide in einer Umlaufbahn um die Sonne und diese Drehbewegungen verursachen das Tag-Nacht-Phänomen.

## 4. Modell zur Analyse von Schülerfragen

Studien zur Qualität von Schülerfragen zeigen auf, dass die einzelnen Niveaustufen in der Regel nicht durch die Zuschreibung bestimmter Kriterien festgelegt wurden (vgl. Levin 2005, S. 28). Vielmehr wurden sie, wie etwa auch in der 1994 von Graesser und Person entwickelten kognitionspsychologisch basierten Taxonomie von Fragen, etwa durch bestimmte Fragearten oder -stämme definiert (Verifikationsfragen – Ist X wahr oder falsch? – auf der untersten Ebene, Bewertungsfragen – Welchen Wert misst der Befragte einer Idee zu? – auf der Stufe 16) (vgl. Wisher/ Graesser 2007).

Innerhalb des Promotionsprojektes wurde ein eigenes Stufenmodell entwickelt, das eine genauere Analyse der Fragen erlaubt. Die Schülerfragen ließen sich danach unterschieden, inwieweit sich in der Frage *„Vorerfahrungen und Vorkenntnisse"* zeigen, ob der *„Aufmerksamkeitsfokus"* hinsichtlich der erwarteten Antwort als eng oder weit bezeichnet werden kann, ob mit der Frage ein neues Konzept/ Deutungsmuster angestrebt wird und inwieweit die Frage einen philosophischen Horizont öffnet. Daran anknüpfend ergab sich die Struktur für ein fünfstufiges Modell.

Der ersten Ebene wurden Schülerfragen zugeordnet, die auf kein spezielles Vorwissen mit dem Lerngegenstand hinweisen. Sie zeichnen sich durch einen engen Aufmerksamkeitsfokus aus, d.h. um zu einer befriedigenden Beantwortung der Frage zu gelangen, müssen lediglich wenige neue Aspekte bewusst werden. Die Fragen zielen darauf, ein bestehendes Konzept durch zusätzliche Informationen zu erweitern, nicht aber zu verändern oder umzustrukturieren. Hierzu zählen zum Beispiel Fragen nach Ordnungsparametern, die auch Louise, *„Wie heiß ist die Sonne?"* und Karim *„Wie lang ist der Mond?"* eingebracht haben. Für diese Fragen wurde die Bezeichnung „Quartettfragen" gewählt.

Kontrastierend dazu zeichnen sich Fragen auf der Stufe 5 aufgrund der Verknüpfung verschiedenster Elemente durch eine besondere Komplexität aus. Die Schülerinnen und Schüler können auf Erfahrungen und Kenntnisse zurückgreifen, die deutlich über das Alltägliche ihrer Lebenswelt hinausgehen. Die Fragestellungen zeigen, dass sie erworbene Fachbegriffe reflektiert einsetzen. Sie zielen auf ein tiefer gehendes Verständnis des Phänomens und korrelieren mit einem weiten Aufmerksamkeitsfokus. Ein kleiner Teil der Fragen weist darüber hinaus eine moralische Färbung auf bzw. öffnet einen philosophischen Horizont, wie die Frage von Louise *„Was war als erstes da? Das Huhn (Universum) oder das Ei (Sonne)?"* Die Fragenformulierung ist Louise vermutlich bereits aus einem anderen Kontext bekannt. Dass sie den dahinter liegenden Sinn allerdings für sich verstanden hat und nun auf den aktuellen Lerngegenstand anwendet, zeigen die in Klammern gesetzten Begriffe „Universum" und „Sonne".

Analysiert man die ersten Fragen von Karim und Louise, so fällt auf, dass beide trotz ihrer sehr unterschiedlichen Vorerfahrungen Fragen auf nahezu allen Niveaustufen formulieren. Betrachtet man die Verteilung auf die Stufen, so ist ein unterschiedlicher Schwerpunkt ersichtlich: Während der überwiegende Teil der Fragen von Karim auf den Ebenen 1 und 2 eingestuft werden kann, ergibt sich bei Louise mit Ausnahme der dritten Stufe eine gleichmäßige Verteilung. Dennoch gelingt es auch Karim, eine Frage auf der Niveaustufe 4 zu formulieren: *„Warum drehen sich nicht Jupiter, Mars, Venus (Planeten)?"* Hier soll einem komplexen Phänomen auf den Grund gegangen werden. Innerhalb des Vorerhebungsinterviews hat er sich mit den möglichen Drehbewegungen von Sonne und Erde auseinander gesetzt. Dies veranlasst ihn vermutlich, nun auch die möglichen Drehbewegungen der anderen Planeten in den Blick zu nehmen. Er hat die Vermutung, dass sie sich nicht drehen und wünscht sich eine Aufklärung. Angestrebt wird hier somit ein neues Deutungsmuster.

Die Analyse der ersten Fragen insgesamt hat verdeutlicht, wo die Schülerinnen und Schüler sich in ihrem jeweiligen Verstehensprozess gerade befinden. Die auf den Stufen 1 und 2 eingeordneten Fragen zeigen an, bei welchen Konzepten die Lernenden eine Ausdifferenzierung anstreben, während mit den auf den Ebenen 3, 4 und 5 eingestuften Fragen, wie *„Wo ist die Sonne nachts?"* von Sarah, *„Warum verschwindet der Mond?"* von Nadia oder *„Wieso fällt die Sonne nicht runter?"* von Bijan, auf eine Veränderung vorhandener Konzepte und Strukturen gezielt wird. Bei der Unterrichtsplanung können Schülerfragen daher helfen, den Lerngegenstand in seiner Komplexität zu reduzieren und die Entwicklung von subjektiv „tragfähigen Deutungen" zu fördern, indem die Aspekte für Lernerfahrungen im Unterricht ausgewählt werden, bei denen die Kinder selbst eine Weiterentwicklung wünschen.

## 5. Unterricht entlang der Schülerfragen

Wie kann nun im Unterricht mit und an den Fragen gearbeitet werden, um die Entwicklung des Gegenstandsverständnisses der Lernenden zu fördern? In der vorliegenden Untersuchung, wurde der Unterricht entlang der Schülerfragen konzipiert und von zwei Kameras videografiert. Zu Beginn der Unterrichtseinheit stand eine Aktivierung des Vorwissens im Mittelpunkt, wobei die Kinder zunächst in einem Kreisgespräch ihre Erfahrungen und erste Fragen einbrachten und anschließend in Forschergruppen ihr Vorwissen auf Plakaten dokumentierten. Im Sinne des Erfahrungslernens von Combe/ Gebhard (vgl. 2007, S. 17) ist dabei die Bereitstellung von „Räumen für die Artikulation ihrer Lern- und Gegenstandserfahrung" elementar, damit sich die Kinder so zunächst ihrer Alltagsvorstellungen bewusst werden und auf Informations- oder Verständnislücken stoßen können. Durch die Präsentation der Plakate und Fragen und ein gemeinsames Gruppieren der Fragen nach

Sinngebieten erleben die Kinder, dass sie mit ihren Fragen den Lerngegenstand bestimmen. Dies wird durch eine Visualisierung der Fragen an einer Fragewand noch unterstrichen. Im Weiteren ist es an der Lehrkraft, die Reihenfolge der Bearbeitung der Fragen didaktisch sinnvoll zu strukturieren und Lernarrangements anzubieten, die den Schülerinnen und Schülern den Raum öffnen, möglichst eigenständig zu einer Beantwortung der Fragen zu gelangen. Angeknüpft werden konnte bei der inhaltlichen Strukturierung etwa an das SPACE-Projekt von Osborne et al. (1994) und Untersuchungen von Vosniadou (vgl. etwa 1991). Nach Vosniadou ist es bedeutsam, dass die Auseinandersetzung mit relevanten Konzepten in der Art und Weise erfolgt, dass diese hierarchisch aufeinander aufbauen (1991, S. 229). Am Anfang stand dementsprechend die Auseinandersetzung mit den Fragen zur Erde, um bei den Lernenden das Verständnis von der Erde als Kugelgestalt zu festigen. Anschließend wurde mit allen Kindern gemeinsam den Fragen zum Tag-Nacht-Phänomen nachgegangen. Zu Beginn jeder Sequenz stellten die Kinder, deren Fragen das Stundenthema bildeten, diese der Klasse noch einmal vor. Indem die Frage einen bestimmten Antworthorizont öffnet, kann sie im Stundenverlauf als Leitstern fungieren. Sie gibt die Richtung vor, bietet Orientierung und kann immer wieder in den Aufmerksamkeitsfokus gerückt werden, wenn man einmal droht, zu weit vom eigentlichen Vorhaben abzuweichen (vgl. Tänzer 2007, S. 8). Da nach Forschungsergebnissen von Gut-Sembill und Chin (2004) sich die Arbeit in Gruppen förderlich auf das Fragenstellen im Unterricht auswirkt, arbeiteten die Schülerinnen und Schüler schwerpunktmäßig in Forschergruppen an der Antwortfindung (vgl. auch Chin/ Brown/ Bruce 2002). Anschließend wurden die Fragen zu den Größenverhältnissen der Himmelskörper und ihren Entfernungen zueinander in den Mittelpunkt gerückt. Die Antwortfindung wurde mit einem Experten, dem Leiter einer Astronomieschule erfahrungsorientiert gestaltet, indem er mit den Kindern das Erde-Sonne-Mond-System (Größenverhältnisse, Entfernungen, Drehbewegungen) auf dem Schulhof nachstellte und eine Tag-Beobachtung des Mondes mit dem Teleskop durchführte. Gemäß Vosniadou ist es eine sinnvolle Vorgehensweise, sich daraufhin mit dem Mond und dem Konzept der Reflexion auseinander zu setzen, da erst daran anknüpfend ein Verständnis von den Mondphasen erfolgen kann (vgl. 1991, S. 229). Bei der Antwortsuche wurden dem Erfahrungslernen nach Combe entsprechend zunächst die unterschiedlichen Schülervorstellungen gemeinsam reflektiert. Hierzu zählt in der Sequenz „Mondphasen" etwa die Vorstellung, dass „Wolken davor stehen". Dabei handelt es sich um eine bei Kindern gängige Verstehensweise, wie etwa eine Untersuchung von Sharp bestätigt hat (vgl.

1996, S. 704f.). Die Zielsetzung bei der Gestaltung der Lernarrangements bestand darin, durch eine eigentätige und selbstbestimmte handelnde Auseinandersetzung mit dem Lerngegenstand, etwa durch Experimentieren oder durch konkrete Beobachtungen bei einem gemeinsam mit der Landessternwarte Heidelberg durchgeführten Astrocamp „konstituierende Elemente des Erlebens und Erfahrens" sowie die Entstehung weiterer Fragen zu ermöglichen (vgl. Laux 2002, S. 50). Ausgehend von den zweiten Fragen von Karim „Wann gibt es eine Mondfinsternis?" und von Maurice „Warum ist der Mond bei einer Mondfinsternis komplett dunkel?" setzten sich die Lernenden beispielsweise in einer zusätzlichen Sequenz mit dem Zustandekommen einer Mondfinsternis auseinander.

Am Ende der jeweiligen Sequenz stand in einem Unterrichtsgespräch zur Diskussion, inwieweit die Frage für den Fragensteller beantwortet werden konnte. Gegen Ende der Unterrichtseinheit konnten die Schülerinnen und Schüler je nach Interesse eigenen Fragen nachgehen, die Expertengruppen zu den Themengebieten „Erde, Mond, Sonne, Planeten, Weltall, Sterne" zugeordnet waren. Den Abschluss bildete eine Präsentation und Ausstellung der Forschungsergebnisse für die Eltern und andere Klassen. Es empfiehlt sich, die Fragensammlung am Ende noch einmal gemeinsam durchzugehen. So wird erkennbar, dass die Auseinandersetzung mit einigen Fragen zu einer Vertiefung des Inhaltes geführt hat. Es zeigte sich, dass die Schülerinnen und Schüler in jeder der Unterrichtssequenzen „zweite Fragen" entwickelten, die Anzahl bei der Arbeit mit Experten und dem Besuch von außerschulischen Lernorten, wie dem Astrocamp, jedoch besonders hoch war. Eine Analyse der zweiten Fragen, die die Schülerinnen und Schüler schriftlich notierten, offenbarte, dass sie qualitativ insgesamt auf einem höheren Niveau angesiedelt sind, als die ersten Fragen. Besonders deutlich ist der Zuwachs bei den Stufen 2 und 4, da diesen Fragen zugeordnet sind, in denen sich deutlich Vorkenntnisse etwa in der reflektierten Verwendung von Fachbegriffen widerspiegeln. Diese Entwicklung zeigt sich auch in den zweiten Fragen von Karim: „Passt unser Sonnensystem in einen großen Stern wie Antares?" „Wann gibt es eine Sonnenfinsternis?" Kann es sein, dass es eine Vollerde gibt? Dass die Erde ganz hell ist?". Insbesondere die letzte Forscherfrage offenbart ein komplexes Verständnis. Karim nimmt hier einen sehr schwierigen Perspektivenwechsel vor und überträgt das Phänomen der Mondphasen auf die Erde: Lassen sich vom Mond aus verschiedene Beleuchtungsphasen der Erde beobachten? Hierbei handelt es sich um eine komplexe Schlussfolgerung, die auf ein tiefer gehendes Verständnis des Phänomens zielt. Bei Louise steht mit ihrer zweiten Frage „Wie heißen die Mondmeere?" zunächst eine Ausdifferenzierung ihres schon komplexen Verständnisses im Mittelpunkt. Eine im Rahmen der Nacherhebung angefertigte Zeichnung zeigt aber, dass auch sie ihr Verständnis vom System weiter entwickelt hat: So ordnet sie das Erde-Sonne-Mond-System in das Sonnensystem ein, indem sie zwei Planeten zwischen der Sonne und der Erde hinzufügt. Ergänzt hat sie zudem Sternbilder und den Stern Arcturus.

## 6. Konsequenzen

Abschließend lässt sich resümieren, dass eine Analyse der Schülerfragen wichtige Erkenntnisse bezüglich der Lernvoraussetzungen wie der Lernentwicklung liefern kann, weil die Fragen in Inhalt und Formulierung Aufschluss über die Denkprozesse geben, die bei den Kindern auf individuell unterschiedlichen Niveaus ablaufen. Sowohl Schülerinnen und Schüler mit geringen Vorerfahrungen als auch Kinder mit einem komplexen Vorverständnis bringen sich gleichermaßen mit Fragen auf verschiedenen Niveaustufen ein, d.h. sie nutzen die Chance zur Partizipation. Zudem spiegelt sich eine Weiterentwicklung des Gegenstandsverständnisses deutlich in den zweiten Fragen wider, was zeigt, dass eine solche Unterrichtskonzeption geeignet ist, subjektiv bedeutsame Lernprozesse im Sinne des Erfahrungslernens von Combe und Gebhard auf einem unterschiedlichen Niveau zu fördern. Erfahrungslernen, das zur Entwicklung von Fragen führt, bedeutet aber auch: „Erfahrungsräume schaffen, […] die eigenaktives Handeln fördern. Denn Erfahrung ist ein durch eigenes Erleben und eigene Anschauung erworbenes Wissen" (Combe/ Gebhard 2007, S. 92).
Ein Unterricht, der entlang der Schülerfragen erfolgt, beansprucht jedoch deutlich mehr Zeit, als eine herkömmliche Unterrichtseinheit (7 Wochen in der Untersuchung). Es gilt also abzuwägen: „Das Leben in einer Zeit, in der wissenschaftliche Erklärungsmuster allgegenwärtig sind, kann leicht dazu führen, dass den Kindern ihre Fragen enteignet und einer Antwort, die unsere Erwachsenenvernünftigkeit für richtig hält, zugeführt werden, noch ehe sie in ihrem Eigensinn recht begriffen werden" (Garlichs 1996, S. 47).

## Literatur

Barnett, M.; Morran, J. (2002): Addressing children's alternative frameworks of the Moon's phases and eclipses. In: International Journal of Science Education, 8, 24, pp. 859-879.
Chin, C. (2004): Students' questions: fostering a culture of inquisitiveness in science classrooms. In: School Science Review, vol. 86 (314), S. 107-112.

Chin, C.; Brown, D.; Bruce, B. (2002): Student-generated questions: a meaningful aspect of learning in science. In: International Journal of Science Education, vol. 5, pp. 521-549.

Claussen, C. (1998): Eine Maispflanze im Klassenzimmer. In: Grundschulmagazin, 2, S. 13-15.

Combe, A.; Gebhard, U. (2007): Sinn und Erfahrung. Zum Verständnis fachlicher Lernprozesse in der Schule. Opladen & Farmington Hills. (Studien zur Bildungsgangforschung, Band 20.)

Copei, F. (1958): Der fruchtbare Moment im Bildungsprozess. Vierte Auflage, eingeleitet und herausgegeben von Hans Sprenger. Heidelberg.

Ernst, K. (1996): Den Fragen der Kinder nachgehen. In: Die Grundschulzeitschrift, 98, S. 6-11.

Garlichs, A. (1996): Sachunterricht zwischen Kinderfragen und Zielorientierung. In: Die Grundschulzeitschrift, 98, S. 46-49.

Gut-Sembill, K.; Sembill, D. (2004): Fragen hinter Schülerfragen – Schülerfragen hinterfragen. In: Unterrichtswissenschaft, 32, 4, S. 321-333.

Kaiser, A. (2006): Neue Einführung in die Didaktik des Sachunterrichts. Baltmannsweiler.

Laux, H. (2002): Originäres Lernen: Selbstbestimmung für Grundschüler. Basiswissen Grundschule. Band 8. Baltmannsweiler.

Levin, A. (2005): Lernen durch Fragen. Wirkung von strukturierenden Hilfen auf das Generieren von Studierendenfragen als begleitende Lernstrategie. Münster/ New York/ München/ Berlin.

Marton, F.; Booth, S. (1997): Learning and Awareness. Mahwah, New Jersey.

Maskill, R.; Pedrosa de Jesus, H. (1997): Pupils questions, alternative frameworks and the design of science teaching. In: International Journal of Science Education, 19, S. 781-799.

Miller, S.; Brinkmann, V. (2011): Von Schülerfragen ausgehen und mit heterogenen Lernvoraussetzungen umgehen in einem Sachunterricht für alle Kinder. In: Giest, H.; Kaiser, A.; Schomaker, C. (Hrsg.): Sachunterricht – auf dem Weg zur Inklusion. Bad Heilbrunn, S. 67-77.

Murmann, L. (2008): Phänomenographie und Didaktik. In: Meyer, M.; Prenzel, M.; Hellekamps, St. (Hrsg.): Perspektiven der Didaktik. Wiesbaden, S. 187-199.

Niegemann, H. (2004): Lernen und Fragen: Bilanz und Perspektiven der Forschung. In: Unterrichtswissenschaft, 32, 4, S. 345-356.

Osborne, J.; Wadsworth, P.; Black, P.; Meadows, J. (1994): The earth in space. Liverpool.

Rehm, M.; Murmann, L. (2007): Verstehen lehren und Erfahrungslernen. In: Lehren und Lernen. Zeitschrift für Schule und Innovation in Baden-Württemberg, 33, 2, S. 34-39.

Rosenshine, B.; Meister, C.; Chapman, S. (1996): Teaching Students to Generate Questions: A Review of the Intervention Studies. In: Review of Educational Research, 2, 66, pp. 181-221.

Sharp, J. (1996): Children's astronomical beliefs: a preliminary study of Year 6 children in south-west England. In: International Journal of Science Education, 6, 18, pp. 685-712.

Tänzer, S. (2007): Kinderfragen zum (Sach-)Unterrichtsthema für die gesamte Klasse machen!? Fragen aus didaktischer Sicht. In: Grundschulunterricht, 12, S. 6-11.

Thünemann, H. (2009): Fragen im Geschichtsunterricht. Forschungsstand und Forschungsperspektiven. In: Zeitschrift für Geschichtsdidaktik, 8, S. 115-124.

Vosniadou, St. (1991): Designing curricula for conceptual restructuring: Lessons form the Study of knowledge acquisition in astronomy. In: Journal of curriculum studies, 23, pp. 219-237.

Wisher, R.; Graesser, A. (2007): Question asking in advanced distributed learning environments. In: Fiore, S.M.; Salas, E. (Eds.): Toward a science of distributed learning and training. Washington, D.C.

*Ines Oldenburg*

# Wie sieht heutiger Sachunterricht eigentlich aus?! – Die Chancen externer Evaluation nutzen

*Data from teaching supervision of the Lower-Saxony school inspection offers a broad, empirical and secure basis for determining the quality of primary science education in Lower-Saxony. The description of the actual condition of primary science education is invaluable for subject-didactical research as well as for teacher training at university level and beyond. This data also offer first insights into results of the progressing introduction of inclusive didactics of individualized instruction into actual teaching practice – not only in primary science education.*

## 1. „Wie sieht heutiger Sachunterricht eigentlich aus?" – Stand der Forschung

Das Forschungsvorhaben zielt auf die Nutzung der bereits erhobenen Daten der Niedersächsischen Schulinspektion ab, um auf dieser Basis Qualitätsanforderungen an ein Kernfach darstellen zu können. Zentral sind dabei die Forschungsfragen:
1. Wie gestaltet sich derzeit die Unterrichtsqualität im Sachunterricht in Niedersachsen im Urteil der Schulinspektion?
2. Welche Assoziationen zwischen den Kriterien einer guten Schule und guten Unterrichts im Urteil der Schulinspektion lassen sich beschreiben?
Schulinspektionen der Bundesländer bieten einen riesigen Datenschatz: Jährlich werden allein in Niedersachsen 12000 bis 15000 Unterrichtsbeobachtungen durchgeführt. (Nicht nur) in Niedersachsen droht nun ein „Datenfriedhof", da bisher kein multiperspektivischer Zugriff auf den Datensatz erfolgte. Als Desiderat kann festgestellt werden, dass es für die meisten aufgenommenen Fächer gar keine Daten über die Unterrichtsqualität aus der Sicht externer Beobachter gibt.

Guter Sachunterricht muss alle Merkmale eines guten Unterrichts, wie sie Meyer (2004), Helmke (2009) und Hattie (2012) formulieren, aufweisen. Kaiser widmet den Aspekten guten Unterrichts bezogen auf den Sachunterricht ein ganzes Kapitel ihrer „Neuen Einführung in die Didaktik des Sachunterrichts" (2007).

Hempel (2011, S. 153) verweist darauf, dass sich „im Rahmen der Didaktik des Sachunterrichts [...] wissenschaftliche Studien mit fachbezogenen Einzelaspekten des Lernens (Stromkreis, Magnetismus...), mit der Inhaltsauswahl im Sachunterricht [...], mit dem Kompetenzerwerb [...], mit der Anschlussfähigkeit der Bildung im Sachunterricht [...] oder auch mit der Professionalität des Lehrerhandelns [...]" und mit peripheren Fragestellungen des Unterrichtsarrangements (z.B. Hempel 2003) beschäftigen. Eine Studie von Giest aus dem Jahr 1997 nimmt auf der Basis von 70 Unterrichtsbeobachtungen die Qualität des Sachunterrichts unter dem Aspekt der Handlungsorientierung in den Blick. Die untersuchten Kategorien sind in begrifflicher Nähe der Kategorien des QK 5 „Unterstützung eines aktiven Lernprozesses" (vgl. Tabelle 1) des Unterrichtsbeobachtungsbogens der Niedersächsischen Schulinspektion zu verorten.

Die von Geiser, Langeheine und Marquardt-Mau vom IPN in Kiel in Zusammenarbeit mit Giest (Potsdam) aus dem Jahre 1997 geplante „Erhebung zur Praxis des Sachunterrichts (EBESA)" ist nicht beendet worden. Das Instrument der Schulinspektion in Niedersachsen nimmt Dimensionen „guten Unterrichts" in den QK 3 bis 6 im Unterrichtsbeobachtungsbogen auf (zum Verfahren der Niedersächsischen Schulinspektion bis Ende 2012 s. Oldenburg 2012, S. 73-83).

Der Unterrichtsbeobachtungsbogen der niedersächsischen Schulinspektion erhebt grundsätzlich ausschließlich Prozessvariablen des Unterrichts und bewertet nicht die eingetretenen Lernerfolge durch eine quantifizierte Erhebung. Diese Bewertung einer Prozessqualität von Unterricht lässt sich allerdings gut durch Hatties Metaanalyse (z.B. 2012) rechtfertigen – dies konstatiert Meyer, wenn er feststellt: „Für nahezu jedes Item im niedersächsischen Inspektionsbogen lassen sich Begründungen in der deutschsprachigen und internationalen empirischen Lehr-Lernforschung bzw. Unterrichtsforschung finden" (2012, S. 27). Der niedersächsische Beobachtungsbogen kombiniert verschiedene „Oberflächen-Merkmale erfolgreichen Unterrichts" (Hattie 2012, S. 251-254).[1] Sommer (2011) verweist darauf, dass die Variabilität von Unterrichtsqualität innerhalb von Schulen sowohl problematisch ist, aber

---

[1] Zur Kritik vgl. Meyer 2004 und 2012.

auch die Chance bietet, diese Best-Practice-Beispiele einer genauen Analyse zu unterziehen: Er stellt dar, dass im Datensatz der Niedersächsischen Schulinspektion Schulen zu identifizieren sind, die eine hohe Qualität des Unterrichts in der Wahrnehmung der Inspektion aufweisen und dies mit einer geringen Streuung innerhalb der Schule (vgl. a.a.O., S. 117). Die wissenschaftliche Forschung zur Schulinspektion und damit auch der Unterrichtseinsichtnahmen, die durch die Schulinspektionen in allen Bundesländern aufgenommen werden, steht erst am Anfang (eine Übersicht hierzu bietet Dedering 2012, S. 69-88).

**Tabelle 1:** Übersicht über die Qualitätskriterien (QK) und die Teilkriterien (TK) des Unterrichtsbeobachtungsbogens der Niedersächsischen Schulinspektion (Stand: 2011)

| |
|---|
| *QK 3 „Zielorientierung und Strukturierung"* |
| 3.1 Die Lehrkraft sorgt für Ziel- bzw. Leistungstransparenz |
| 3.2 Aufgabenverständlichkeit |
| 3.3 Struktur und Sinnhaftigkeit des Lernprozesses (Lernprozessstruktur) |
| 3.4 Lernwirksame Nutzung der Zeit (Zeitausnutzung) |
| 3.5 Geordneter Verlauf |
| *QK 4 „Didaktisch-methodische Stimmigkeit und Differenzierung des Unterrichts"* |
| 4.1 Angemessenheit von Inhalt und Anforderungsniveau |
| 4.2 Methodenpassung |
| 4.3 Berücksichtigung unterschiedlicher Anforderungsbereiche des Unterrichts |
| 4.4 Binnendifferenzierung |
| 4.5 Material- und Medienpassung |
| *QK 5 „Unterstützung eines aktiven Lernprozesses"* |
| 5.1 Aktivität der Schülerinnen und Schüler |
| 5.2 Förderung selbstständigen Lernens (selbstständiges Lernen) |
| 5.3 Partner- / Gruppenarbeit |
| 5.4 Selbstständige Mediennutzung |
| 5.5 Wahrnehmung Lernfortschritt (durch LK) |
| 5.6 Lernzuwachs |
| *QK 6 „Pädagogisches Klima"* |
| 6.1 Freundliche Atmosphäre |
| 6.2 Ermutigung (durch die LK) |
| 6.3 Präsentation der LK |
| 6.4 (Lernförderlichkeit der) Umgebung |

## 2. Wie gestaltet sich derzeit die Unterrichtsqualität im Sachunterricht in Niedersachsen im Urteil der Schulinspektion?

Das Datenmaterial an sich, welches die Schulinspektionen erhebt, wird kaum einer weitreichenden Analyse unterzogen. Für Niedersachen liegt beispielsweise nur ein Bericht vor (vgl. Periodischer Bericht 2008), der eine eindimensionale Auszählung bietet. Multivariate Korrelations-, Regressions-, Clusteranalysen sind bisher nicht erfolgt. Im Rahmen einer explorativen Datenanalyse werden im folgenden Abschnitt erste bivariate Analysen durchgeführt, die interessante Assoziationen zeigen.

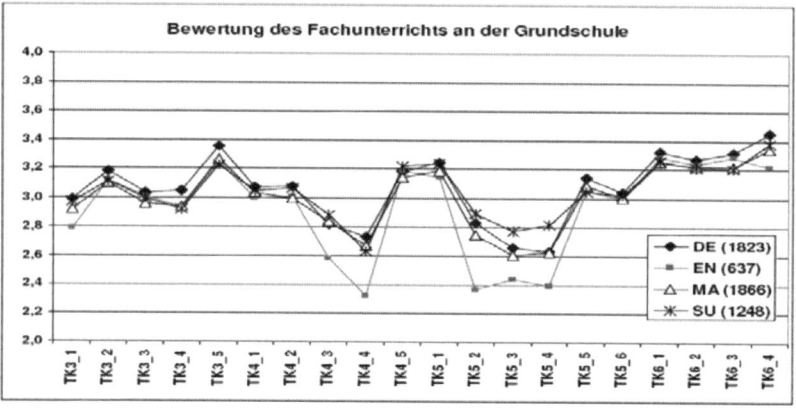

**Abb. 1:** Bewertung des Fachunterrichts an Grundschulen in Niedersachsen im Urteil der Schulinspektion 2006-2008 (Quelle: Periodischer Bericht der Nds. Schulinspektion 2008, S. 113.)

Abb. 1 zeigt deutlich, dass sich Aspekte eines individualisierenden Unterrichts im Rahmen der bewerteten „Binnendifferenzierung" (TK 4.4) auch im Sachunterricht in den Ergebnissen von 1248 Unterrichtseinsichtnahmen in Grundschulen in den Jahren 2006 bis 2008 nicht widerspiegeln. Das große Problem mangelnder Individualisierung des Unterrichts zeigt sich in 85 Einsichtnahmen im gleichen Zeitraum an Förderschulen ebenfalls deutlich (Quelle: Periodischer Bericht 2008, S. 112, siehe Abb. 2).

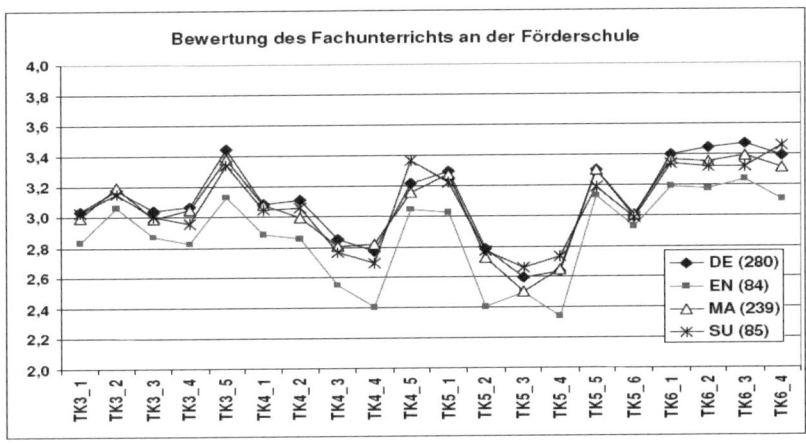

**Abb. 2:** Bewertung des Fachunterrichts an Förderschulen in Niedersachsen im Urteil der Schulinspektion 2006-2008 (Quelle: Periodischer Bericht der Nds. Schulinspektion 2008, S. 112)

# 3. Welche Assoziationen zwischen den Kriterien einer guten Schule und guten Unterrichts sind beschreibbar?

Aufgrund der Bedeutung des Unterrichts als schulisches Kerngeschäft beziehen sich mehr als die Hälfte der Qualitätskriterien der Niedersächsischen Schulinspektion auf Unterricht, darunter auch die von der Schule zu gestaltenden Rahmenbedingungen (zum Verfahren der Niedersächsischen Schulinspektion bis 2012 s. Oldenburg 2012, S. 73-83):

### 3.1 Ergebnisse

Im Folgenden werden Assoziationen dargestellt, die sich aus einer explorativen Datenanalyse mittels bivariater Korrelationen auf der Basis einer Zufallsstichprobe ergeben, welche die gesamten Datensätze der Schulinspektion aus 55 Schulen umfasst. Die in die Analyse mit einbezogene Bewertung des Unterrichts ist allerdings nicht fachspezifisch ausgewiesen. Die Analysen können dazu dienen, Hypothesen über Qualifikationsfaktoren für Sachunterricht aus dem Gesamtdatensatz der Niedersächsischen Schulinspektion zu generieren.

### 3.1.1 Ergebnisse: Unterricht/ Differenzierung (Individualisierung)

**Tabelle 2:** Assoziationen von QK 4 „Differenzierung" mit ausgewählten Qualitätskriterien

| Qualitätskriterium (QK) | Korr. Pearson | Sign. (2-stg) | N |
|---|---|---|---|
| Unterricht: Differenzierung | | | |
| Leistungsanforderungen (QK 7) | ,636** | ,000 | 54 |
| Beratung (QK 9) | ,344* | ,010 | 55 |
| Kooperationen (QK 12) | ,404** | ,002 | 55 |
| Schulleitung (QK 13) | ,355** | ,008 | 55 |
| Verwaltung (QK 14) | ,302* | ,025 | 55 |

Eine gute Bewertung des Unterrichts im Bereich der Individualisierung und Differenzierung (QK 4) ist assoziiert mit differenzierten und transparent kommunizierten Leistungsanforderungen (QK 7) und einem wirkungsvollen Beratungssystem für die Schülerinnen und Schüler (QK 9). Außerdem fällt auf: Je stärker eine Schule über eine kompetent agierende Schulleitung in Verbindung mit einem gezielten Verwaltungsmanagement und einer effektiven wie effizienten Personalentwicklung hervortritt (QK 13 und QK 14), desto besser fallen die Werte für die Unterrichtseinsichtnahmen im Sinne eines „guten Unterrichts" aus (hier Differenzierung, abgebildet durch QK 4, s. auch Tab. 3 „Aktiver Lernprozess").

### 3.1.2 Ergebnisse: Unterricht/ Aktiver Lernprozess
Es zeigt sich, dass gute Werte im Bereich des Qualitätskriteriums „Unterstützung eines aktiven Lernprozesses" (QK 5) im Unterricht mit einem breiten Netz an Kooperationen der Schule (QK 12) assoziiert sind, die außerschulische Partner und außerschulische Lernorte mit in die Unterrichtsgestaltung einbeziehen. Solche Schulen weisen u.a. auch dezidierte Ziele und Strategien zur Qualitätssicherung und -entwicklung auf (QK 16).

**Tabelle 3:** Assoziationen von QK 5 „Aktiver Lernprozess" mit ausgewählten Qualitätskriterien

| Qualitätskriterium (QK) | Korr. Pearson | Sign.(2-stg) | N |
|---|---|---|---|
| Unterricht: Aktiver Lernprozess | | | |
| Leistungsanforderungen (QK 7) | ,313** | ,021 | 54 |
| Unterstützung der Schüler und Schülerinnen (QK 8) | ,545** | ,000 | 55 |
| Eltern-/Schülerbeteilg. (QK 11) | ,279* | ,039 | 55 |
| Kooperationen (QK 12) | ,519** | ,000 | 55 |
| Personalentwicklung (QK 15) | ,371** | ,005 | 55 |
| Qualitätsentwicklung (QK 16) | ,398** | ,003 | 55 |

### 3.1.3 Ergebnisse: Unterricht/ Differenzierung (Individualisierung)

Einen erstaunlichen Befund zeigt den Einfluss des Geschlechts der Lehrkräfte auf die Qualität des Unterrichts: Je mehr Frauen im Kollegium unterrichten, desto besser schneiden die Schulen in der Bewertung des Unterrichts ab, sowohl im Hinblick auf die Gestaltung eines aktiven (QK 5) als auch individualisierenden (QK 4) Unterrichts. Die Anzahl der Lehrerinnen im Kollegium scheint sich auch auf die Anzahl der Wiederholerinnen und Wiederholer auszuwirken: Je mehr Frauen unterrichten, desto weniger Kinder müssen Klassen wiederholen. Der hohe Anteil von weiblichen Lehrkräften ist auch assoziiert mit Schulen, die besonders vielfältige und wirkungsvolle Kooperationen installiert haben. Diese Schulen zeigen auch ein differenziertes und effektiv installiertes Unterstützungssystem für Schülerinnen und Schüler mit besonderen Förderbedarfen.

## 4. Resümee und Ausblick

Seit Herbst 2011 läuft ein Antragsverfahren der Verfasserin an das niedersächsische Kultusministerium auf Freigabe der Daten der Schulinspektion mit den Ergebnissen der Unterrichtseinsichtnahmen für das Fach Sachunterricht an Grund- und Förderschulen und die dafür erforderlichen Kontextvariablen. Diese in diesem Beitrag dargestellten ersten Befunde müssen in weiteren Analyseschritten entsprechend ausdifferenziert werden, und zwar besonders durch eine Analyse fachspezifischer Variablen zur Unterrichtsqualität.

# Literatur

Dedering, K. (2012): Schulinspektion als wirksamer Weg der Systemsteuerung? In: Zeitschrift für Pädagogik, 58, 1, S. 69-88.

Geiser H.; Marquardt-Mau, B.; Langeheine, R. (1997): Erhebung zur Praxis des Sachunterrichts (EBESA). In: Marquardt-Mau, B.; Köhnlein, W.; Lauterbach, R. (Hrsg.): Forschung zum Sachunterricht. Bad Heilbrunn, S. 122-133.

Giest, H. (1997): Wie handlungsorientiert ist der Sachunterricht? In: Marquardt-Mau, B.; Köhnlein, W.; Lauterbach, R. (Hrsg.): Forschung zum Sachunterricht. Bad Heilbrunn, S. 61-76.

Hattie, J. (2012): Visible Learning for Teachers. London, New York.

Helmke, A. (2009): Unterrichtsqualität und Lehrerprofessionalität. (4. Auflage 2012). Seelze.

Hempel, M. (2003): Lernwege im Sachunterricht aus der Sicht von Kindern. In: Cech, D.; Schwier, H.-J.: Lernwege und Aneignungsformen im Sachunterricht. Bad Heilbrunn, S. 159-172.

Hempel, M. (2011): Sachunterricht – Qualitätsanforderungen an ein Kernfach der Grundschule. In: Bauer, K.-O.; Logemann, N. (Hrsg.): Unterrichtsqualität und Fachdidaktische Forschung. Münster, S. 149-158.

Kaiser, A. (2007): Neue Einführung in die Didaktik des Sachunterrichts. Baltmannsweiler.

Lambrecht, M.; Rürup, M. (2008): Bildungsforschung im Rahmen einer evidence based policy: Das Beispiel „Schulinspektion". In: Böttcher, W.; Bos, W.; Döbert, H.; Holtappels, H.G. (Hrsg.): Bildungsmonitoring und Bildungscontrolling in nationaler und internationaler Perspektive. Münster, S. 57-77.

Meyer, H. (2012): Theoretische Grundlegung der Inspektorentätigkeit. In: Oldenburg, I. (Hrsg.): Schule und Inspektion. 9 kritische Studien. Baltmannsweiler, S. 17-64.

Meyer, H. (2012): Was messen die Inspektorinnen und Inspektoren? In: Oldenburg, I. (Hrsg.): Schule und Inspektion. 9 kritische Studien. Baltmannsweiler, S. 93-135.

Meyer, H. (2004): Was ist guter Unterricht? Berlin.

Oldenburg, I. (2012): Schulinspektion und Qualitätsentwicklung. Zur Einordnung des Inspektionsverfahrens unter besonderer Berücksichtigung niedersächsischer Erfahrungen. In: Oldenburg, I. (Hrsg.): Schule und Inspektion. 9 kritische Studien. Baltmannsweiler, S.73-83.

Periodischer Bericht der Niedersächsischen Schulinspektion (2008). Bad Iburg.

Sommer, N. (2011): Unterrichtsqualität im Urteil der externen Schulinspektion. In: Müller, S.; Pietsch, M.; Bos, W. (Hrsg.): Schulinspektion in Deutschland. Münster, S. 97-136.

# Autorinnen und Autoren

*Sören Asmussen, Dr.*
Leuphana Universität Lüneburg

*Iris Baumgardt, Dr.*
Universität Hannover

*Andrea Becher, Prof. Dr.*
Universität Paderborn

*Vera Brinkmann*
PH Heidelberg

*Stefanie Carell*
Pädagogische Hochschule FHNW

*Hans-Joachim Fischer, Prof. Dr.*
PH Ludwigsburg

*Maria Fölling-Albers, Prof. Dr.*
Universität Regensburg

*Hartmut Giest, Prof. Dr.*
Universität Potsdam

*Eva Gläser, Prof. Dr.*
Universität Osnabrück

*Nadine Golly*
Leuphana Universität Lüneburg

*Jana Groß Ophoff*
Pädagogische Hochschule
Freiburg

*Michael Haider, Dr.*
Universität Erlangen-Nürnberg

*Thomas Haider*
Universität Regensburg

*Andreas Hartinger, Prof. Dr.*
Universität Augsburg

*Sabine Herrmann*
Freie Universität Berlin

*Verena Holz*
Leuphana Uni Lüneburg

*Marika Keck*
Universität Erlangen-Nürnberg

*Christina Klätte*
Humboldt-Universität zu Berlin

*Walter Köhnlein, Prof. Dr.*
Hildesheim

*Thorsten Kosler*
Leuphana Uni Lüneburg

*Hilde Köster, Prof. Dr.*
Freie Universität Berlin

*Markus Kübler, Dr.*
PH Schaffhausen

*Jochen Lange*
Universität Siegen

*Roland Lauterbach, Prof. Dr.*
Gettorf

Swen Linke
Universität Leipzig

Katrin Lohrmann, Prof. Dr.
Pädagogische Hochschule
Freiburg

Kerstin Michalik, Prof. Dr.
Universität Hamburg

Susanne Miller, Prof. Dr.
Universität Bielefeld

Bernhard Müller
PH Schwäbisch Gmünd

Jörg Nicht
Freie Universität Berlin

Arnd-Michael Nohl, Prof. Dr.
Helmut Schmidt Universität
Hamburg

Susanne Offen
Leuphana Universität Lüneburg

Ines Oldenburg, Dr.
CvO Universität Oldenburg

Detlef Pech, Prof. Dr.
Humboldt Universität zu Berlin

Markus Peschel, Prof. Dr.
Pädagogische Hochschule FHNW

Dagmar Richter, Prof. Dr.
Technische Universität
Braunschweig

Daniela Schmeinck, Prof. Dr.
Universität zu Köln

Helmut Schreier, Prof. Dr., Dr.
h.c.
Gusborn

Veronika Schwelle
Pädagogische Hochschule
Freiburg

Ute Stoltenberg, Prof. Dr.
Leuphana Universität Lüneburg

Bahadir Uzun
Leuphana Uni Lüneburg

Bernd Wagner, Prof. Dr.
Universität Siegen

Christine Waldenmaier, Dr.
PH Schwäbisch Gmünd

Jutta Wiesemann, Prof. Dr.
Universität Siegen

Friederike Wille
Universität Siegen